Pedagogia profana

Danças, piruetas e mascaradas

Coleção
Educação: Experiência e Sentido

Jorge Larrosa

Pedagogia profana
Danças, piruetas e mascaradas

6ª edição
Revista e ampliada
1ª reimpressão

 autêntica

Copyright © 1998 Jorge Larrosa

Título original: Pedagogía profana: estudios sobre lenguaje, subjetividad, formación

Todos os direitos reservados pela Autêntica Editora Ltda. Nenhuma parte desta publicação poderá ser reproduzida, seja por meios mecânicos, eletrônicos, seja via cópia xerográfica, sem a autorização prévia da Editora.

Agradecemos à Editora Contrabando, responsável pela 1ª edição deste livro, por ceder os direitos de publicação para a Autêntica Editora.

COORDENADORES DA COLEÇÃO "EDUCAÇÃO: EXPERIÊNCIA E SENTIDO"
Jorge Larrosa
Walter Kohan

EDITORA RESPONSÁVEL
Rejane Dias

EDITORA ASSISTENTE
Cecília Martins

TRADUÇÃO DA PRIMEIRA EDIÇÃO
Alfredo Veiga-Neto

REVISÃO TÉCNICA DA PRIMEIRA EDIÇÃO
Tomaz Tadeu da Silva

REVISÃO
Aline Sobreira
Lúcia Assumpção

CAPA
Alberto Bittencourt
(sobre O asno na escola, de Bruegel, o Velho, 1556)

DIAGRAMAÇÃO
Waldênia Alvarenga

Dados Internacionais de Catalogação na Publicação (CIP)
(Câmara Brasileira do Livro, SP, Brasil)

Larrosa, Jorge
  Pedagogia profana : danças, piruetas e mascaradas / Jorge Larrosa. -- 6. ed. rev. amp.; 1. reimp. -- Belo Horizonte : Autêntica, 2022.

  Título original: Pedagogía profana: estudios sobre lenguaje, subjetividad, formación

  ISBN 978-85-513-0262-0

  1. Criança - Desenvolvimento 2. Educação 3. Educação (Filosofia) 4. Pedagogia I. Título.

17-07938   CDD-370.1

Índices para catálogo sistemático:
1. Educação : Filosofia 370.1

Belo Horizonte
Rua Carlos Turner, 420
Silveira . 31140-520
Belo Horizonte . MG
Tel.: (55 31) 3465 4500

São Paulo
Av. Paulista, 2.073 . Conjunto Nacional
Horsa I . Sala 309 . Cerqueira César
01311-940 . São Paulo . SP
Tel.: (55 11) 3034 4468

www.grupoautentica.com.br
SAC: atendimentoleitor@grupoautentica.com.br

APRESENTAÇÃO DA COLEÇÃO

A experiência, e não a verdade, é o que dá sentido à escritura. Digamos, com Foucault, que escrevemos para transformar o que sabemos e não para transmitir o já sabido. Se alguma coisa nos anima a escrever é a possibilidade de que esse ato de escritura, essa experiência em palavras, nos permita liberar-nos de certas verdades, de modo a deixarmos de ser o que somos para ser outra coisa, diferentes do que vimos sendo.

Também a experiência, e não a verdade, é o que dá sentido à educação. Educamos para transformar o que sabemos, não para transmitir o já sabido. Se alguma coisa nos anima a educar é a possibilidade de que esse ato de educação, essa experiência em gestos, nos permita liberar-nos de certas verdades, de modo a deixarmos de ser o que somos, para ser outra coisa para além do que vimos sendo.

A coleção *Educação: Experiência e Sentido* propõe-se a testemunhar experiências de escrever na educação, de educar na escritura. Essa coleção não é animada por nenhum propósito revelador, convertedor ou doutrinário: definitivamente, nada a revelar, ninguém a converter, nenhuma doutrina a transmitir. Trata-se de apresentar uma escritura que permita que enfim nos livremos das verdades pelas quais educamos, nas quais nos educamos. Quem sabe assim possamos ampliar nossa liberdade de pensar a educação e de nos pensarmos a nós próprios, como educadores. O leitor poderá concluir que, se a filosofia é um gesto que afirma sem concessões a liberdade do pensar, então esta é uma coleção de filosofia da educação. Quiçá os sentidos que povoam os textos de *Educação: Experiência e Sentido* possam testemunhá-lo.

*Jorge Larrosa e Walter Kohan**
Coordenadores da Coleção

---

* Jorge Larrosa é Professor de Teoria e História da Educação da Universidade de Barcelona e Walter Kohan é Professor Titular de Filosofia da Educação da UERJ.

SUMÁRIO

PEDAGOGIA PROFANA

11 Apresentação

27 **Primeira parte – Como se chega a ser o que se é**
    29 Os paradoxos da autoconsciência. Um conto com prólogo, epílogo e moral, segundo alguns fragmentos das *Confissões* de Rousseau
    57 Do espírito de criança à criança de espírito. A ideia de formação em Peter Handke
    91 Três imagens do *Paradiso* ou um convite ao *Wilhelm Meister habanero*

119 **Segunda parte – A experiência da leitura**
    121 Leitura e metamorfose. Em torno de um poema de Rilke
    145 A novela pedagógica e a pedagogização da novela
    173 Sobre a lição ou do ensinar e do aprender na amizade e na liberdade

185 **Terceira parte – Figuras do porvir**
    187 Agamenon e seu porqueiro. Notas sobre a produção, a dissolução e o uso da realidade nos aparatos pedagógicos e nos meios de comunicação
    209 Elogio do riso. Ou de como o pensamento põe, para dançar, um chapéu de guizos
    229 O enigma da infância ou o que vai do impossível ao verdadeiro
    247 Imagens do estudar e duas histórias jassídicas sobre a transmissão e a renovação

20 ANOS DEPOIS

261 Apresentação

265 Prólogos (Dos leitores)
    267   Quem, quando e onde?
              João Wanderley Geraldi
    275   O que ensina a escrita de um professor:
              aos 20 anos da Prof. Ana
              Walter O. Kohan

285 Notas (Dos editores)
    287   Lembranças
              Alfredo Veiga-Neto
    293   Uma espécie de experiência da leitura
              Magaldy Téllez
    297   O contraveneno
              Philippe Meirieu

301 Quarta parte – Histórias exemplares
    303   Insignificâncias: o que faço aqui?
    329   Intervalos: ou 20 minutos na fila
    361   Inutilidades: ou políticas da igualdade

PEDAGOGIA PROFANA

Apresentação

Este livro contém alguns dos textos que publiquei entre os anos 1994 e 1998. Trata-se de textos de difícil enquadramento, do ponto de vista disciplinar, e duvidosamente úteis, do ponto de vista de sua aplicação prática. Eles não contêm um saber elaborado ou um enfoque explícito sobre o que poderiam ser os seus temas; tampouco pretendem responder a perguntas mais ou menos urgentes; nem sequer tentam orientar a ação com ideias mais ou menos praticáveis: nada do que o hipotético leitor pudesse apropriar-se direta e imediatamente para seu próprio uso. Mas creio que, para além ou para aquém de saberes disciplinados, de métodos disciplináveis, de recomendações úteis ou de respostas seguras, para além até mesmo de ideias apropriadas e apropriáveis, talvez seja hora de tentar trabalhar no campo pedagógico pensando e escrevendo de uma forma que se pretende indisciplinada, insegura e imprópria. O discurso pedagógico dominante, dividido entre a arrogância dos cientistas e a boa consciência dos moralistas, está nos parecendo impronunciável. As palavras comuns começam a nos parecer sem qualquer sabor ou a nos soar irremediavelmente falsas e vazias. E, cada vez mais, temos a sensação de que temos de aprender de novo a pensar e a escrever, ainda que para isso tenhamos de nos separar da segurança dos saberes, dos métodos e das linguagens que já possuímos (e que nos possuem).

Os textos que seguem aspiram a ser indisciplinados, inseguros e impróprios porque pretendem situar-se à margem da arrogância e da impessoalidade da pedagogia técnico-científica dominante, fora dos tópicos morais em uso com os quais se configura a boa consciência, e fora também do controle que as regras do discurso pedagógico instituído exercem sobre o que se pode e não se pode dizer no campo. Distanciados de qualquer pretensão de objetividade, de universalidade ou de sistematicidade, e inclusive de qualquer pretensão de verdade, nem por isso renunciam a produzir efeitos de sentido. Sem vontade de prescrever formas de atuação, não abdicam de iluminar e modificar as práticas. E mesmo que não ocupem um lugar seguro e assegurado no seio da verdade, talvez apontem na direção de outra forma de pensar e de escrever em Pedagogia: uma forma em que as respostas não sigam às perguntas, o saber não siga à dúvida, o repouso não siga à inquietude e as soluções não sigam aos problemas. Penso que o maior perigo para a Pedagogia de hoje está na arrogância dos que sabem, na soberba dos proprietários de certezas, na boa consciência dos moralistas de toda espécie, na tranquilidade dos que já sabem o que dizer aí ou o que se deve fazer e na segurança dos especialistas em respostas e soluções. Penso, também, que agora o urgente é recolocar as perguntas, reencontrar as dúvidas e mobilizar as inquietudes.

Para evitar modos totalizadores ou dogmáticos de pensamento e para fugir de qualquer uso autoritário da palavra, utilizei, com maior ou menor êxito, uma escrita aberta, transversal e fragmentária. Os textos que compõem esta antologia são autônomos e pode-se lê-los isoladamente, mas creio que se podem encontrar ressonâncias entre eles. Não formam nem uma totalidade nem um sistema, não se articulam argumentativa ou demonstrativamente, não estão dispostos de forma analítica ou contínua, mas pulsa neles e entre eles uma vontade de coerência. Ao invés da escrita fechada, homogênea e totalizante do tratado, busquei uma expressão aberta, mista e fragmentária à qual talvez convenha o nome de ensaio. Por outro lado, a diversidade de registros de escrita que se deriva da diversidade de origem dos textos (conferências, artigos, relatos, cursos, etc.) contribui ainda mais para o caráter "experimental" que compartilham entre si.

As três seções em que dividi esta pequena antologia expressam os três núcleos de interrogação que me inquietaram nesses últimos anos. No que segue, vou tentar explicitá-los e resumi-los num percurso que mostre, ainda que de forma implícita, alguma possível relação entre os textos que as compõem.

A primeira seção gira em torno da articulação narrativa da ideia de formação. Seu título – "Como se chega a ser o que se é" – traduz o *Wie man wird, was man ist* do subtítulo do *Ecce Homo*, de Nietzsche, que, por sua vez, traduz o lema de Píndaro – *Chega a ser o que és!* – talvez as diferentes versões do processo da formação humana, incluindo as obras clássicas do *Bildungsroman*, não passem de diferentes traduções dessa frase.

A *Bildung* goethiana, por exemplo, está estruturada em torno de duas ideias reguladoras essenciais: um determinado ideal de personalidade harmônica e unitária e a possibilidade de um mundo habitável e dotado de sentido. A partir da primeira dessas duas ideias, pode-se considerar a formação do indivíduo como um desenvolvimento integral e continuado de suas inclinações e possibilidades, conduzido por um tipo de força organizadora que, através de uma sucessão de encontros e vicissitudes, conduz à constituição de uma personalidade livre e integrada numa humanidade realizada. A partir da segunda ideia, o mundo é um solo onde se enraizar e crescer, uma totalidade de sentido em que as existências individuais podem habitar, e a formação humana consiste na inserção na continuidade de uma tradição e de uma linguagem e na integração numa comunidade cultural orgânica. Ninguém conhece melhor do que Goethe a dificuldade da relação entre a construção individual e o sentido do mundo, mas ninguém afirma também com tanta veemência a necessidade de enfrentar essa dificuldade e a possibilidade de vencê-la, ainda que de uma forma irônica e sinuosa. Mas a literatura posterior a Goethe atesta a existência de uma dilaceração da própria ideia de *Bildung* e talvez não faça outra coisa senão expressar sempre essa destruição. O abismo entre o eu e o mundo é irresgatável: o indivíduo não pode encontrar o valor e o sentido de sua própria existência, não pode afirmar que vive uma vida plenamente sua, e só pode viver expatriado de um mundo composto por estruturas anônimas e impessoais.

Por outro lado – e, nesse ponto, poder-se-ia considerar exemplar a elaboração nietzschiana do lema de Píndaro –, nós já não podemos manter nem um modelo unitário da formação alcançada a qual pudéssemos tomar como objetivo, nem uma ideia linear e homogênea de seu processo que pudéssemos considerar como padrão. Nietzsche sabia muito bem que não se pode fixar um método seguro nem uma via direta para chegar à verdade sobre si mesmo: não há um caminho traçado de antemão que bastasse segui-lo, sem desviar-se, para se chegar a ser o que se é. O itinerário que leve a um "si mesmo" está para ser inventado, de uma maneira sempre singular, e não se pode evitar nem as incertezas nem os desvios sinuosos. De outra parte, não há um eu real e escondido a ser descoberto. Atrás de um véu, há sempre outro véu; atrás de uma máscara, outra máscara; atrás de uma pele, outra pele. O eu que importa é aquele que existe sempre mais além daquele que se toma habitualmente pelo próprio eu: não está para ser descoberto, mas para ser inventado; não está para ser realizado, mas para ser conquistado; não está para ser explorado, mas para ser criado.

"Os paradoxos da autoconsciência"[1] é um conto com um prólogo e uma moral, segundo alguns fragmentos das *Confissões* de Rousseau. A ideia era comentar um dos textos clássicos em que a pergunta antropológica, a pergunta acerca da condição humana está ligada a uma pergunta existencial que se formula na primeira pessoa e que dá lugar a uma trajetória autobiográfica. O que me interessava fazer com esse comentário era perverter um pouco as ideias convencionais sobre a tomada de consciência

---

[1] LARROSA, J. et al. *Déjame que te cuente. Ensayos sobre narrativa y educación.* Barcelona: Laertes, 1995. p. 191-219.

e me pareceu que jogar com uma prosa, como a de Rousseau, poderia expressar muito bem algumas das aporias dessas ideias comuns. O gênero me pareceu evidente quando pensei que, utilizando quatro ou cinco fragmentos, poderia contar um conto interrompido por algumas digressões. Além de enfatizar o caráter essencialmente linguístico e existencialmente interminável da consciência de si, me atraía também a ideia de especular um pouco sobre por que motivo alguns textos são nobres: me interessava mostrar como um professor seleciona o cânone dos textos obrigatórios, dos assim chamados textos importantes que constituem seu curso, e ver como isso vai mudando com as modas e como nós, professores, sabemos jogar muito bem o jogo que consiste em dar a entender que lemos os livros que não lemos, mas que é academicamente necessário citar.

"Do espírito de criança à criança de espírito"[2] percorre algumas obras do escritor austríaco Peter Handke, sobretudo *La repetición*, na medida em que podem ser lidas numa relação, sem dúvida problemática, com a novela de formação. A formação aparece aí como um trajeto não normatizado no qual se apreende a ler (e a percorrer) o mundo. Mas para isso, para que o mundo seja legível (e "percorrível"), tem-se de, primeiro, dissolver todos os esquemas de interpretação que nos são dados já lidos e interpretados. Por isso, a viagem handkeana de formação é, mais propriamente, uma viagem de desaprendizagem ao fim da qual o mundo aparece aberto e disposto para ser lido de outra maneira. Por outro lado, essa viagem de formação e metamorfose se faz sempre acompanhada por livros que ajudam a romper os sistemas habituais de percepção. Desse ponto

---

[2] A versão que incluo aqui está publicada sob o título "Un mundo por fin legible y deambulable", no cap. 8, de *La experiencia de la lectura* (Barcelona: Laertes, 1996, p. 261-296). Preferi, no entanto, o título de uma versão anterior mais extensa e mais prolixa que havia sido escrita para uma conferência que proferi num ciclo sobre a novela de formação, realizado na Universidade de Barcelona, em maio de 1993, e que foi publicada em: LARROSA, J. (Ed.). *Trayectos, escrituras, metamorfosis. La idea de formación en la novela*. Barcelona: PPU, 1995. p. 49-106.

de vista, a leitura que proponho de alguns textos de Handke está guiada por um dos motivos fundamentais de sua obra: a permanente colocação em questão do palavrório convencional que nos faz dizer o que temos de dizer, ver o que temos de ver e ler o que temos de ler.

O último capítulo da seção intitula-se "Três imagens do *Paraíso*"[3] e é uma leitura de alguns fragmentos da célebre novela do escritor cubano José Lezama Lima, do ponto de vista da experiência de formação. O texto é um convite à recuperação da inocência da experiência: a experiência entendida como uma expedição em que se pode escutar o "inaudito" e em que se pode ler o não lido, isto é, um convite para romper com os sistemas de educação que dão o mundo já interpretado, já configurado de uma determinada maneira, já lido e, portanto, ilegível. Além disso, o texto inclui também uma meditação acerca do professor como aquele que não oferece uma fé, mas uma exigência: o professor não oferece uma verdade da qual bastaria apropriar-se, mas oferece uma tensão, uma vontade, um desejo. Por isso, ao professor não convém a generosidade enganosa e interessada daqueles que dão algo (uma fé, uma verdade, um saber) para oprimir com aquilo que dão, para, com isso, criar discípulos ou crentes. E tampouco não lhe convém os seguidores dogmáticos e pouco ousados que buscam apoderar-se de alguma verdade sobre o mundo ou sobre si mesmos, de algum conteúdo, de algo que lhes é ensinado. O professor domina a arte de uma atividade que não dá nada. Por isso, não pretende amarrar os homens a si mesmos, mas procura elevá-los à sua altura, ou melhor, elevá-los mais alto do que a si mesmos, ao que existe em cada um deles que é mais alto do que eles mesmos. O professor puxa e eleva, faz com que cada um se volte para si mesmo e vá além de si mesmo, que cada um chegue a ser aquilo que é.

A segunda seção intitula-se "A experiência da leitura" e é uma tentativa de reatualizar a vigência pedagógica da questão da leitura a partir de dois pontos de vista: o de seu controle

---
[3] LARROSA *et al.*, 1995, p. 137-164.

pedagógico e o de sua relação com a formação e a transformação daquilo que somos.

Quanto ao controle pedagógico da leitura, penso que se poderia percorrer quase toda a história do pensamento pedagógico como uma história da desconfiança em relação à experiência selvagem, não controlada da leitura, e como uma história da invenção de mecanismos para conjurar seus perigos. Em alguns casos, a literatura tem de ser expulsa ou, pelo menos, submetida a um rigoroso controle. A expulsão platônica dos poetas seria, talvez, o exemplo inaugural e privilegiado disso. Algo semelhante ocorre na primeira recepção cristã das letras clássicas, quando uma tradição literária, ainda dotada de certa dignidade, continua seduzindo perigosamente os jovens cristãos. Mas também o itinerário cartesiano rumo à razão, por fim emancipada de todo preconceito, realiza-se justamente mediante o desprendimento de todo saber "livresco" adquirido. Descartes, que se confessa enamorado pela poesia durante sua juventude, constrói seu método na oposição explícita à literatura e, em geral, às humanidades, como modo legítimo de acesso ao conhecimento ou à virtude. E, como se sabe, Rousseau determinou que a única leitura do seu Emílio fosse o Robinson Crusoé, pelo menos até que Emílio estivesse suficientemente maduro para entregar-se, sem riscos, à literatura. E poderíamos multiplicar os exemplos. Mas, ao mesmo tempo, nossa cultura constitui-se também privilegiando a leitura. Toda a tradição pedagógica humanística (aquela que se expressa nos conceitos de *Paideia*, *Humanitas*, *Bildung*) implica que a educação, no que essa tem de mais nobre, pode ser pensada como uma relação "formativa e humanizante" com os livros canônicos que constituem o depósito espiritual de uma comunidade humana: o conceito primário de uma cultura literária, humanística, implica que o conhecimento do melhor que se escreveu e pensou amplia e depura os recursos do espírito humano. Em toda a tradição humanística, pelo menos até o início deste século, a relação da cultura literária com a perfeição moral do indivíduo e da sociedade foi evidente por si mesma. Na ideia humanística de educação pulsa um otimismo racional e moral não redimido. Todavia, a literatura é também, para os humanistas, moralmente ambígua. O que acontece é que essa ambiguidade não se resolvia mediante a expulsão do livro, mas sim que o problema era o da seleção dos (bons) textos e o da tutela pedagógica que garantisse a (boa) leitura. Talvez não seja exagerado pensar que toda a história da alma europeia poderia ser rastreada no modo pelo qual o Ocidente se pensou em relação aos seus textos. De uma maneira sempre complexa, sempre ambivalente, como se os livros tivessem o segredo da salvação e da condenação da alma.

Por outro lado, nessa seção tentei também repensar a ideia de formação em relação com a leitura ou, se quisermos, a ideia da leitura como experiência de formação e de transformação. A ideia tradicional de formação tem duas faces. Formar significa, de um lado, dar forma e desenvolver um conjunto de disposições preexistentes. Por outro, levar o homem até a "conformidade" em relação a um modelo ideal do que é "ser humano" que foi fixado e assegurado de antemão. Minha aposta seria pensar a formação sem ter uma ideia "prescrita" de seu desenvolvimento, nem um modelo normativo de sua realização. Algo assim como um devir plural e criativo, sem padrão nem projeto, sem uma ideia prescritiva de seu itinerário e sem uma ideia normativa, autoritária e excludente de seu resultado, disso a que os clássicos chamavam "humanidade" ou "ser plenamente humano". E creio que uma prática da leitura como acontecimento da pluralidade e da diferença, como aventura rumo ao desconhecido e como produção infinita de sentido poderia contribuir para esse pensamento aberto sobre a formação. Frente às operações pedagógicas destinadas a controlar a experiência da leitura, a reduzir o espaço em que ela poderia produzir-se como acontecimento, a impossibilitar o que pudesse ter de pluralidade, a prevenir o que pudesse ter de incerto e a submetê-la a finalidades preestabelecidas, trata-se de pensar o ensino e a aprendizagem da leitura como a abertura do sujeito à linguagem. Desse ponto de vista, a educação literária já não é nem conservação do passado, como queriam os tradicionalistas, nem fabricação do futuro, como queriam os progressistas, nem mesmo formação do humano no Homem, como queriam os velhos humanistas de todos os matizes. A educação literária não se baseia em nenhuma nostalgia, em nenhuma esperança, nem mesmo no consolo da cultura, esse lugar ao mesmo tempo acabado e inacabado, cada vez mais "rico", no qual as obras existem como coisas duradouras, ordenadas, acumuláveis e transmissíveis. Sua única virtude é a sua infinita capacidade para a interrupção, para o desvio, para a "desrealização" do real e do dado (inclusive do real e do dado de alguém) e para a abertura ao desconhecido. A iniciação à leitura aparece, assim, como o início de um movimento excêntrico, no qual o sujeito leitor abre-se à sua própria metamorfose.

"Leitura e metamorfose"[4] é um comentário sobre um poema de Rilke, intitulado "O leitor". Além de algumas considerações gerais e mais ou menos heideggerianas sobre a experiência da leitura e, especialmente, sobre a relação entre o dito e o não dito do texto e sobre o "copertencimento" do leitor e da obra a um mesmo âmbito ontológico, o tema que centra o comentário é o da relação complexa entre o mundo da obra e o mundo interpretado e administrado. A partir daí, a experiência da leitura aparece como uma experiência de abandono das seguranças do mundo administrado, incluindo as que constituem a própria identidade do leitor, e como uma entrega a um outro mundo que "inquieta", interrompe e transforma o primeiro.

"A novela pedagógica e a pedagogização da novela"[5] consiste num conjunto de reflexões sobre a transformação

---

[4] COLLELLDEMONT, E. (Ed.). *Estudios sobre estética y educación*. Barcelona: Universidad de Barcelona, 1998.

[5] A origem desse texto é uma conferência intitulada *A novela histórica e a experiência do passado. Notas sobre a apropriação pedagógica da literatura*, preparada para um seminário sobre a novela histórica, dirigido pelo novelista Horacio Vázquez Rial e realizado na sede de Santander, da Universidade Internacional Menéndez y Pelayo, em agosto de 1996. O texto está publicado como cap. 13 de: LARROSA, 1996, p. 393-420.

que sofre a literatura quando essa é introduzida na ordem pedagógica. As perguntas, em torno das quais gira o texto, poderiam ser assim resumidas: se toda a Pedagogia consiste na apropriação de diferentes textos numa ordem comunicativa especializada, o que ocorre quando a novela é convertida num texto pedagógico e submetida às regras metodológicas e ideológicas do discurso pedagógico dominante? Em que medida a novela pode escapar ao controle dessas regras e contribuir para o seu questionamento? Se o pedagógico de um texto literário depende de como se lê, que é ler uma novela quando se a recontextualiza como uma novela didática? De que modo a Pedagogia programa a atividade do leitor com a finalidade de assegurar a univocidade do sentido? Até que ponto a novela resiste à sua pedagogização? Se a Pedagogia funciona fazendo ler e tutelando a leitura, de que modo se pratica a leitura nas instituições de ensino? Como se selecionam os textos? Em torno dessas perguntas – e tomando como pré-textos um fragmento de *O nascimento da tragédia*, de Nietzsche, e um ensaio programático de Peter Handke, intitulado *Eu vivo numa torre de marfim* –, o texto é uma tentativa de explorar as possibilidades da novela para escapar a toda a tutela e contribuir para constituir um logos pedagógico mais plural e mais aberto.

Por fim, "Sobre a lição"[6] é uma meditação sobre a *lectio*, enquanto leitura em comum do ponto de vista do ensino e da aprendizagem e, ao mesmo tempo, um ensaio sobre a liberdade da leitura e sobre esse tipo particular de comunidade constituída pelos leitores. Frente à identificação convencional do livro (e da lição) com a educação dogmática e tradicional, sempre pensei que o ensino baseado na leitura dá muitíssimo maior liberdade que o ensino baseado nesse "diálogo" espúrio que muitas vezes não é mais do que mera elaboração do sentido comum. A oralidade no ensino supõe habitualmente um controle muito estrito sobre a recepção correta do sentido

---

[6] O texto faz parte de uma monografia intitulada *Sobre ler e escrever,* que coordenei para o n. 11 (1998) da revista *Palimpsestos.*

e sobre as produções linguísticas dos estudantes; ao contrário, a leitura escapa muito mais facilmente a todo controle e sua dimensão solitária e silenciosa permite exercícios de interpretação muito mais arriscados e plurais, pelo menos se não consideramos a leitura como mera apropriação de algo (informações, ideias, verdades, etc.) que já está no texto. De outro lado, a comunidade dos leitores sempre me pareceu uma das encarnações exemplares de uma comunidade plural, ou seja, de uma comunidade que não se baseia no acordo ou no consenso, mas que se constitui escapando de qualquer totalidade e de qualquer síntese: justamente sobre a diferença de interpretações em torno de algo que, no entanto, permanece comum e compartilhado, ainda que seja apenas como espaço de pluralização.

A terceira seção intitula-se "Figuras do porvir" e parte da hipótese de que a educação encarna nossa relação com o homem-por-vir, com a palavra-por-vir, com o tempo-por-vir. Desse ponto de vista geral, o tema que articula os textos que a compõem é o das condições de possibilidade de uma educação que, como figura de porvir, escape do sonho totalitário, seja ele conservador ou revolucionário, da fabricação do futuro através da fabricação dos indivíduos que o encarnam: de uma educação que, em suma, não seja incompatível com a abertura de um porvir novo e imprevisível, de um outro porvir que não seja o resultado daquilo que sabemos, daquilo que queremos, daquilo que podemos ou daquilo que esperamos. Se levarmos em conta que a categoria de intencionalidade foi utilizada, nada mais, nada menos, como a que define o próprio conceito de educação, compreender-se-á que um dos temas que permanecerá no fundo dos textos que compõem essa seção é, justamente, o de quais seriam as condições de um pensamento da educação que não estivesse normatizado pela intencionalidade do educador. Ou, pelo menos, um pensamento da educação que, reconhecendo que a educação é, em muitos casos, um processo em que se realiza o projeto que o educador tem sobre o educando, também é o lugar em que o educando resiste a esse projeto, afirmando sua alteridade, afirmando-se como alguém que não se acomoda aos projetos que possamos ter sobre ele, como alguém que não aceita a medida de nosso saber e de nosso poder, como alguém que coloca em questão o modo como nós definimos o que ele é, o que quer e do que necessita, como alguém que não se deixa reduzir a nossos objetivos e que não se submete a nossas técnicas.

"Agamenon e seu porqueiro" constitui-se num texto que, inicialmente, não fazia parte deste livro. Ele foi escrito para o V Seminário Internacional Reestruturação Curricular, promovido pela Secretaria Municipal de Educação de Porto Alegre, a cujos organizadores agradeço – bem como à Editora Vozes – a gentileza de terem concordado com sua publicação neste livro. Como consta no subtítulo, eu aí discuto a produção, a dissolução e o uso da realidade nos aparatos pedagógicos e nos meios de comunicação.

"Elogio do riso"[7] constitui-se, por sua vez, numa reflexão sobre a "seriedade" do discurso pedagógico, consequência talvez de seu caráter essencialmente moral e moralizante, e numa crítica à ideia de que a formação tem um final que poderia ser compreendido como a consecução de uma identidade entendida como o pleno conhecimento e o pleno domínio de si mesmo (autoconsciência e autodeterminação), compreendendo esse "si mesmo" como um atributo ou uma propriedade: a ideia de que o final da formação seria um tipo de autoapropriação. Frente a essa ideia de "ter-se a si mesmo" de uma forma estável, ou de "ser alguém" de uma forma definitiva, frente à pretensão de uma identidade própria sem desvios e sem fissuras, frente à tirania desse modo de ser enclausurado sobre si mesmo que os filósofos denominaram substância (aquilo que pode existir por si mesmo e em si mesmo), o texto elabora o riso como condição

---

[7] Esse texto foi escrito como uma conferência a ser proferida num seminário intitulado Formar o Pensamento e Pensar a Formação, que teve lugar na Universidade de Barcelona, em 1994. Posteriormente, foi publicado em: *Aprender a pensar*, n. 11, p. 43-59, 1995.

de possibilidade e, por sua vez, como o resultado de um tipo de rompimento com o mundo e com nós mesmos, que nos impede de ser idênticos e que, em certas ocasiões, descobre que não somos nada ou, melhor, que não somos ninguém. Essa consciência irônica é que nos salva de qualquer identificação firme e estável com o mundo e com nós mesmos, de qualquer solidez e de qualquer fixidez, uma vez que não se identifica com nada nem com ninguém, nem sequer consigo mesma e, portanto, tampouco pode ser identificada por nada nem por ninguém.

"O enigma da infância"[8] questiona a ideia de educação como fabricação, reelaborando a noção arendtiana de natalidade a partir da categoria de alteridade. Na educação como fabricação, como realização do possível, somos nós que definimos a infância, que decidimos como ela é, o que falta para ela, de que ela necessita, quais são as suas carências e as suas aspirações. E a alteridade daquele que nasce fica como que reabsorvida em nossa identidade, reforçando-a ainda mais; torna-a, cabe dizer, mais arrogante, mais segura e mais satisfeita consigo mesma. Minha intenção nesse texto foi minar essa perspectiva através do procedimento de inverter a direção do olhar: a infância não como aquilo que olhamos, senão como aquilo que nos olha e nos interpela. A infância entendida como o outro que nasce e que é aquilo que, ao olharmos, nos coloca em questão, tanto em relação àquilo que somos quanto em relação a todas essas imagens que construímos para classificá-la, para excluí-la, para nos protegermos de sua presença incômoda, para enquadrá-la em nossas instituições, para submetê-la às nossas práticas e, no limite, para fazê-la como nós mesmos, isto é, para reduzir o que ela pode ter de inquietante e de ameaçadora. A atenção à alteridade da infância talvez permita a emergência de outra forma de pensamento na educação e, talvez, de outro tipo de prática educativa. Enquanto relação com a alteridade daquele que nasce, a educação não é apenas o resultado da segurança de

---

[8] Em: LARROSA, J.; PÉREZ DE LARA, N. (Eds.). *Imágenes del otro*. Barcelona: Virus, 1997. p. 59-76.

nosso saber e da arrogância de nosso poder, mas ela implica, também, nossa incerteza, nossa inquietude e nosso autoquestionamento. Só assim a educação abre um porvir indeterminado, situado sempre além de todo poder sobre o possível, literalmente infinito. E um porvir infinito implica, justamente, a infinitude da descontinuidade e da diferença, um porvir irredutível à reprodução do Mesmo.

Por último, "Imagens do estudar" parte de um texto pensado como contribuição a um debate sobre o ensino da Filosofia, incitado pelos estudantes da Universidade de Barcelona.[9] O texto não é mais do que um pré-texto para encadear algumas citações e alguns relatos. Começa com uma imagem do estudante construída a partir de alguns fragmentos de Nietzsche, Kafka, Benjamin, Handke e Agamben; tal imagem é elaborada com a pretensão de mostrar a autonomia do estudo a respeito de qualquer finalidade exterior. Em continuação, comento dois relatos sobre o ensino e a aprendizagem, extraídos da tradição jassídica.[10] O tema de ambas as histórias é o da necessidade de preservar a liberdade de ler do estudante, frente ao saber de seus professores. No final, a seção intitulada "Elogio do fogo" é uma alegoria sobre a liberdade do estudo e sobre a importância do "ainda por dizer", através do incêndio da biblioteca e da queima dos livros que reúnem o "já dito". A leitura, e essa forma especial de leitura que é o estudo, aí aparecem como uma tensão nunca resolvida entre o dito e o ainda não dito e como uma operação que tem, entre seus componentes, a ânsia de desdizer o dito para abrir no seu interior uma possibilidade de novidade.

---

[9] Esse texto foi publicado sob o título "Elogio do fogo". Uma imagem do estudante e duas histórias sobre a transmissão e a renovação, em *Manía*, n. 1, p. 113-119, 1995. Posteriormente o incluí como cap. 17 de: LARROSA, 1996, p. 483-494. Existe uma (outra) tradução, em português, em: *Paixão de Aprender*, n. 9, p. 84-90, 1995.

[10] Esse adjetivo, não dicionarizado na língua portuguesa, refere-se à cultura dos habitantes de Jass, antiga cidade bíblica, situada no sudoeste da Ásia Menor. [N.T.]

Para concluir esta apresentação – certamente muito longa –, só resta agradecer aos editores espanhóis a permissão para traduzir e publicar este pequeno conjunto de textos, e a Alfredo Veiga-Neto e a Tomaz Tadeu da Silva, por seu interesse sobre meu trabalho e sua generosidade ao propor a edição da tradução brasileira desta antologia, em língua portuguesa, dando assim a estes escritos uma vida nova em uma nova língua.

Primeira parte
COMO SE CHEGA A SER O QUE SE É

1
Os paradoxos da autoconsciência
Um conto com prólogo, epílogo e moral, segundo alguns fragmentos das *Confissões* de Rousseau

> *Aquele que não sabe o que se passa recorda para salvar a interrupção de seu relato, pois não é de todo infeliz aquele que pode contar a si mesmo a sua história.*
> María Zambrano
>
> *Sim, em minha vida... houve três coisas: a impossibilidade de falar, a impossibilidade de calar e a solidão.*
> Samuel Beckett

Há um personagem de Borges – um estudante de medicina chamado Baltasar Espinosa – a quem um dia "ocorreu que os homens, ao longo do tempo, repetiram sempre duas histórias: a de um navio perdido que busca pelos mares mediterrâneos uma ilha querida, e a de um deus que se faz crucificar no Gólgota".[1] A história de uma viagem e de um sacrifício. E de uma viagem e de um sacrifício trata também essa outra história de um escravo libertado que ascende com dificuldade até a luz e que logo regressa à caverna, convertido em portador de um

---
[1] BORGES, J. L. El Evangelio según San Marcos. In:_____. *El informe de Brodie*. Madrid: Alianza, 1974. p. 128-129.

projeto de emancipação. E algo de Ulisses, algo de mártir cristão e algo dessa paixão impossível pela liberdade tem também esse personagem, mais próximo a nós, cuja história escreveu, na primeira pessoa, alguém que se chamava Jean Jaques Rousseau. E, talvez nessa história em que um homem se narra a si mesmo, nessa história que talvez não seja senão a repetição de outras histórias, possamos adivinhar algo daquilo que somos.

Trata-se, sem dúvida, de contos – coisas que se contam e que só contam porque se segue contando – e de lendas – coisas para serem lidas. Mas são contos e lendas que capturaram a imaginação ocidental, que foram indefinidamente repetidos e renovados, e em cujas reiterações e variações se poderia traçar, em parte, a história da alma europeia: a história, definitivamente, de todos e de cada um de nós. Todos somos um pouco Ulisses, um pouco Cristo, um pouco Sócrates, um pouco Rousseau. E também um pouco Abraão, Prometeu, Antígona, Gulliver, Alonso Quijano, Macbeth, Édipo, Robinson, Fausto, Wilhelm Meister, capitão Ahab, Ulrich ou o agrimensor K.. Suas histórias ocupam o lugar de nossa inquietude, o vazio essencial e trêmulo em que se abriga nossa ausência de destino. Talvez nós, homens, não sejamos outra coisa que um modo particular de contarmos o que somos. E, para isso, para contarmos o que somos, talvez não tenhamos outra possibilidade senão percorrermos de novo as ruínas de nossa biblioteca, para tentar aí recolher as palavras que falem para nós. Ulisses começa a sua odisseia repetindo e renovando os restos já gastos das narrativas mitológicas; Dom Quixote sai pelos campos de Castela, por sua vez, incorporando e fazendo despedaçar o que restava da novela cortesã, da novela pastoril, da novela picaresta e da novela de cavalaria; Rousseau retira-se para escrever na solidão do bosque, com os pedaços que sobravam da oratória clássica e com o pó das biografias pietistas e exemplares que faziam as delícias dos leitores de sua época; Wilhelm Meister abandona a casa de seu pai transcendendo as ruínas da novela sentimental, da novela biográfica, da novela de viagens e da novela didática. Cada um deles configura o que ele próprio é, sua própria história, a partir dos fragmentos descosidos das histórias que recebeu. Incorporando-as e, por sua vez, negando-as, desconfiando delas e transformando-as de maneira que ainda possam ser habitáveis, que ainda conservem uma certa capacidade de pô-los de pé e abrigar, seja por um momento, sua indigência.

Desse mesmo modo, que podemos cada um de nós fazer sem transformar nossa inquietude em uma história? E, para essa transformação, para esse alívio, acaso contamos com outra coisa a não ser com os restos desordenados das histórias recebidas? E isso a que chamamos autoconsciência ou identidade pessoal, isso que, ao que parece, tem uma forma essencialmente narrativa,[2] não será talvez a forma sempre provisória e a ponto de desmoronar que damos ao trabalho infinito de distrair, de consolar ou de acalmar com histórias pessoais aquilo que nos inquieta? É possível que não sejamos mais do que uma imperiosa necessidade de palavras, pronunciadas ou escritas, ouvidas ou lidas, para cauterizar a ferida. Cada um tem a sua lista; por exemplo: abaixo [o velho regime, etc.], céu, amor, progresso, destino, revolução, inferno, ciência, liberdade, história, justiça, pecado, moral, raça, virtude, começo, vida, consciência, verdade, viva, vingança, cultura, infância, responsabilidade, arte, saída, deus, nada, remorso, alma, compromisso, eternidade, eu. E cada um dispõe, também, de uma série de tramas nas quais as entrelaça de um modo mais ou menos coerente. E cada um tenta dar um sentido a si mesmo, construindo-se como um ser de palavras a partir das palavras e dos vínculos narrativos que recebeu:

> [...] há de se tentar depressa, com as palavras que restam; o que tentar eu ignoro, não importa, nunca o soube, tentar que elas me conduzam à minha história, as pa-

---

[2] "[...] nossa própria existência não pode ser separada do modo pelo qual podemos nos dar conta de nós mesmos. É contando nossas próprias histórias que damos, a nós mesmo, uma identidade. Reconhecemo-nos, a nós mesmos, nas histórias que contamos sobre nós mesmos. E é pequena a diferença se essas histórias são verdadeiras ou falsas, tanto a ficção como a história verificável, nos provêm de uma identidade" (RICOEUR, P. *Temps et récit*. Paris: Seuil, 1985. v. 3, p. 213).

lavras que restam [...]; há de se dizer palavras, enquanto ainda existam; há de se dizê-las, até que me encontrem, até que me digam, estranho castigo, estranha falta, há de se seguir [...].³

Como evitar, então, a suspeita de que a crescente profusão de nossas palavras e de nossas histórias não tem como correlato o engrandecimento de nosso desassossego? Como não pensar que nosso já quase insuportável falatório talvez tenha algo a ver com a também insuportável certeza de nossa própria inexistência?⁴

Prólogo

Foi dito que a série Confissões-Diálogos-Sonhos, de Rousseau, inaugura a autobiografia moderna, que com ela se abre o arco da literatura subjetiva: essa literatura na qual reina o ponto de vista de um ser que diz eu e que chega, com Proust e com Joyce, às suas últimas possibilidades. Nesse sentido, Rousseau converte a razão universal ilustrada numa fonte de erros e dá ao sujeito isolado, e a si mesmo enquanto porta-voz desse sujeito, a tarefa

---

³ BECKETT, S. *El Innombrable*. Barcelona: Lumen, 1966. p. 267.

⁴ Ter-se-ia de dizer aqui, em primeiro lugar, que nós somos produtores e consumidores compulsivos de histórias cuja forma eminente é a novela. E a novela ocidental nasceu no Oriente próximo helenizado, para um indivíduo que se achava num âmbito "onde a amplitude de relações em seu mundo e a incerteza dos confins de seu país era um dos traços de sua existência" (GARCÍA GUAL, C. *Orígenes de la novela*. Madrid: Istmo, 1972. p. 26). Desde suas origens, a novela é o gênero do desajuste entre o eu e o mundo, da vida problemática do indivíduo, de seu estranhamento, de sua separação (essa, pelo menos, é a tese de G. Lukács, em sua ainda indispensável *Teoría de la novela*. Barcelona: Grijalbo, 1970): com ela, converte-se em forma literária o fato de que nem o eu nem o mundo aparecem já como uma totalidade de sentido. Mas dever-se-ia dizer também, em segundo lugar, que passamos nossa vida numa chácara pessoal quase compulsiva, à qual não nos são alheios todos aqueles dispositivos sociais mais ou menos terapêuticos que constituem o rentável "mercado da autenticidade". Num e noutro caso, a proliferação das histórias que consumimos e que contamos não pode se separar, creio, da necessidade de preencher e ocultar o vazio existencial num mundo administrado.

de dizer a verdade na primeira pessoa. Para isso, tem de ancorar o eu, fixá-lo, colocá-lo ao resguardo de tudo o que ameaça, assegurar sua identidade e sua continuidade. Mas, ao mesmo tempo, para estabelecer a sua soberania, tem de desembaraçá-lo também de tudo o que o distorce, de tudo o que no eu não é mais, ou não é ainda, o eu. Rousseau, o homem da inocência, da natureza e da origem, busca seu próprio aval e seu próprio sentido nessa consciência soberana e autossuficiente da qual faz um dos maiores elogios: instinto divino, voz celeste e imortal, guia seguro de um ser ignorante e débil, porém inteligente e livre; juiz infalível do bem e do mal, chave da excelência da natureza humana e da moralidade das ações; única qualidade que eleva o homem acima das bestas e que o impede de "divagar de erro em erro, com a ajuda de um entendimento sem regra e de uma razão sem princípio".[5] Elevado sobre sua consciência e seguro de si mesmo, atreve-se a começar suas *Confissões* com essas palavras: "concebo uma tarefa da qual jamais houve um exemplo e cuja execução não terá imitação. Quero mostrar, a meus semelhantes, um homem em toda a verdade de sua natureza; e esse homem serei eu".[6] Todavia, a força do convite está em que, para essa tarefa cuja enormidade ainda apenas pressente, Rousseau propõe-se, também, a pôr entre parênteses todas as seguranças que permitem à consciência amparar-se nelas a fim de constituir-se em pessoa, a fim de eleger um eu, apropriar-se dele e enraizar-se nele. Rousseau sabe também da "falsa consciência", dessa tendência da subjetividade a se constituir de uma forma exterior e aparente, a fazer-se uma máscara confortável e convencional: sabe que os homens não se conhecem a si mesmos, que se enganam a si mesmos, que não são o que dizem que são e o que creem que são. Portanto, e para afirmar a soberania de sua consciência, sua tarefa tem de ser também negativa: tem de limpá-la de tudo aquilo que a recobre e a falseia, de tudo aquilo que a faz alheia, inclusive para si mesma. A aposta está clara. Mas

---

[5] ROUSSEAU, J.-J. *Emile*. Paris: Classiques Garnier, 1992. p. 355.

[6] ROUSSEAU, J.-J. *Les Confessions*. Paris: Classiques Garnier, 1980. p. 3.

essa determinação de soberania, a princípio nítida e orgulhosa, vai-se fazendo cada vez mais fraca e mais distante à medida que avança a escrita. A tarefa à qual se propôs Rousseau devolve a ele, constantemente, a indigência, a fragilidade e a instabilidade desse eu cuja soberania tentava recuperar. Por isso, sua obra tem um caráter paradoxal: por um lado, é uma constante e orgulhosa reivindicação da soberania do eu; por outro lado, é uma luta interminável contra o desmoronamento desse eu, contra sua radical ausência. Eliminando todo o alheio ao eu, tudo o que lhe é estranho, ele não pode senão afastar-se cada vez mais de si mesmo, aumentar o vazio. Terminadas as *Confissões*, Rousseau, que tudo já havia dito, deve apanhar a pena, outra vez, para continuar dizendo-se a si mesmo, nos *Diálogos*.[7] E, depois de centenas de páginas, ainda começa os *Sonhos* mantendo a pergunta essencial: "Que sou eu? Eis aqui o que me resta procurar".[8] Tendo já se convertido num longo conjunto de folhas escritas, só lhe resta seguir escrevendo para ver se, entre a multiplicação indefinida das palavras, consegue ouvir aquele que, seja quem for, diz *eu*.

No itinerário das relações entre Rousseau e a sua própria escrita autobiográfica, podemos adivinhar o paradoxo da consciência de si. O que o nosso autor pretende não é contar uma história externa, a série de feitos que pontua a sua vida, mas o estado de sua alma ao longo dessa história: a história interna, complexa e secreta de sua consciência, o que só ele pode dizer. Dadas essas condições de partida, o paradoxo poderia ser formulado como segue. Por um lado, o eu, inclusive o mais íntimo, está feito de palavras ou, dito de outra maneira, a linguagem é condição necessária do eu, e não somente expressão, meio, instrumento ou veículo de um hipotético eu substancial: o eu não é o que existe *por trás* da linguagem, mas o que existe *na* linguagem. Por outro lado, a linguagem é cultura, convenção, algo muito pouco digno de confiança, algo que se desgasta,

---

[7] ROUSSEAU, J.-J. Rousseau juge de Jean Jaques. Dialogues. In: _____. *Oeuvres Complètes*. Paris: La Pléiade, 1959. v. I.

[8] Les rêveries du promeneur solitaire (ROUSSEAU, 1959, v. I, p. 995).

que se converte em clichê, algo cuja caducidade e cuja mentira deve-se desmascarar: a linguagem já começou a perder a sua antiga segurança, sua antiga capacidade de dizer e de fazer, de dar sentido. Nesse paradoxo, a escrita de Rousseau diz algo como o seguinte: sou palavras, estou feito de palavras, mas as palavras não me dizem, tenho de fazer calar as palavras que não me dizem, tenho de calar, e quando as palavras calam e me encontro na intempérie, pergunto "que sou?", não posso deixar de me perguntar porque já não tenho as palavras que me asseguravam, essas palavras que queriam me dizer, mas nas quais não me reconheço, e já estou outra vez nesse espaço sem palavras, mas sem palavras não posso responder a essa pergunta que me inquieta, e tenho de falar, mas falar é impossível, e calar é impossível, e estou só, e, para não me sentir completamente desgraçado, tenho de continuar contando meu conto a mim mesmo, mas meu conto não me diz, e logo o contar já me escapa, e a pergunta por quem sou volta a me inquietar, e tenho de falar, e não posso falar, e estou só.

Não se trata apenas de que Rousseau inicie essa ambígua posição, tão contemporânea, de uma literatura que se dirige contra a literatura, mas também de que sua própria autoconsciência emerge desse espaço misterioso e inalcançável em que a palavra ainda por dizer pretende anular a palavra já dita, a fim de que surja uma voz cada vez mais indigente, cada vez mais trêmula, liberada da vaidade dos discursos que poderiam tranquilizá-la e, por isso mesmo, exposta à maior inquietude, ao maior desassossego, à maior pobreza.

Como todo texto, até mesmo o mais íntimo e o mais espontâneo, a escrita das *Confissões* resume convenções formais.[9]

---

[9] Em sua estrutura, pode-se ler o vestígio de toda a tradição de autobiografia religiosa que percorre a Idade Média, inspirada nas *Confissões* de Santo Agostinho, repetida e transformada, por sua vez, pela literatura jansenista francesa dos séculos XVII e XVIII, e crescentemente secularizada na forma de "diários", "memórias" ou "ensaios" de intenção mais ou menos moralizante; também se pode encontrar influências da grande tradição de literatura psicológica e moralista francesa que vai de Montaigne a La

A obra na qual Rousseau pretende pintar seu retrato ao natural está também construída com os restos de sua biblioteca, com as convenções narrativas de seu tempo. Seguindo uma imagem particularmente feliz, poderíamos dizer que o texto das *Confissões* é como um palimpsesto, como um desses antigos pergaminhos que eram apagados para se escrever em cima, mas nos quais ainda eram legíveis os restos das escritas anteriores.[10] Toda escritura pessoal, enquanto escritura, contém vestígios das palavras e histórias recebidas. Mas Rousseau, um grande escritor num século de grandes escritores, não pode se apropriar de uma linguagem que, no entanto, domina com uma enorme facilidade, quase "naturalmente". Se as palavras tranquilizam a voz, o gesto de Rousseau consiste numa renúncia a todas as que poderiam aliviá-lo, e, ao mesmo tempo, numa persistência nas palavras. O que Rousseau faz é dar forma com palavras à inquietude que atormenta sua voz quando essa voz se esvaziou de todas as palavras que poderiam aliviá-la de seu desassossego. Para mostrar seu eu, ele tem de fazer calar a mentira da literatura, a falsidade da linguagem que diz esse eu de antemão, que já está aí predisposto a lhe dar um sentido preconcebido ao que ele é e àquilo que lhe acontece. Nada de "histórias", de "vidas", de "retratos", de "caracteres", nada de narrativas engenhosas, nada de invenções brilhantes e confortáveis, nada das convenções literárias estabelecidas nas quais se abriga, desconhecendo e falseando, o sujeito de sua época. Rousseau tem de apagar os vestígios no palimpsesto, assegurar-se que a página em que escreve é uma página em branco: "para o que tenho de dizer seria necessário inventar uma linguagem tão nova quanto

---

Bruyère; há também vários procedimentos de jogo literário apreendidos em Diderot; devido ao caráter apologético das *Confissões*, Rousseau utiliza também profusamente os tropos jurídicos da retórica e da oratória clássica; por último, a articulação da trama renova os tópicos temáticos tradicionais da queda, da conversão, da prova, da viagem, da perseguição, do martírio, etc.

[10] GENNETE, G. *Palimpsestos. La literatura en segundo grado.* Madrid: Taurus, 1989.

meu projeto".[11] Rousseau não pode sustentar seu eu a não ser escrevendo. Mas, escrevendo, ele não pode senão emascará-lo e distanciar-se da certeza imediata que tem de si mesmo. E tem de seguir escrevendo interminavelmente, cada vez mais indigente, mais frágil, mais despossuído de si mesmo. O final de sua escrita nunca é o final de sua história, mas se converte, cada vez, no presente da palavra enunciada. E essa palavra, já convertida em texto, trai e volta a trair aquilo que deveria iluminar e expressar. E se faz necessário tornar a começar, cada vez com mais tédio, com menos esperança.

Embarcado nessa aventura que é também a aventura da literatura e, com ela, da nossa própria consciência, Rousseau não pode voltar, como Ulisses, para casa. Sua viagem converte-se, melhor dizendo, numa "errância" infinita em que não há destino a que chegar, nem possibilidade de volta ao ponto de partida. Vítima real ou imaginária de uma perseguição desumana, seu sacrifício não pode se resolver em redenção. Consciente, como poucos, de viver num mundo capturado nas aparências e sabedor do funcionamento secreto da maquinaria do engano, ele não pode repousar na certeza de si finalmente conseguida, e tem de se obstinar na pura in-quietude que deixou, para ele, o vazio aberto pelo seu gesto de liberdade.

Mas narremos logo o conto. Narremos um dos muitos contos que pode inventar reescrevendo alguns dos fragmentos desse conto que Rousseau nos contou na primeira pessoa e no qual desenhou seu próprio personagem. Desse conto que queria expressar o mais íntimo da sua autoconsciência, mas que é apenas o relato interminável de uma busca também interminável. E contemo-lo tomando uma certa distância irônica, como se o narrador fosse um duplo satírico de Rousseau, que houvesse sobrevivido a ele, uma espécie de Jean Jacques cômico e um pouco cruel, com alguma coisa de Restif de la Bretonne, que sempre está se rindo amavelmente de seu sósia patético, daquele que, por se levar demasiado a sério, foi incapaz

---

[11] Introducción de Neûchatel (ROUSSEAU, 1980, p. 790).

de se enxergar. Ao transformar a narrativa numa paródia e seu protagonista numa imagem satírica de si mesmo, ao evitar essa linguagem direta e sentimental que Jean Jacques utiliza para falar de sua própria interioridade, talvez apareça, como por contraste, a suspeita de que toda linguagem direta é também uma linguagem convencional, de que toda pele é vestimenta, de que todo rosto é máscara. E narremos esse conto inserindo algumas digressões que interrompam o relato para falar do relato. Como se o narrador tivesse algo também de um Laurence Sterne um pouco professoral que, dirigindo-se de quando em quando ao leitor, lhe fosse explicando como se fabrica um conto enquanto que se vai contando-o.

Primeiro fragmento: autoconsciência

Num dia de muito calor, há muitos anos – para dar uma certa aparência de verossimilhança a este conto, digamos que foi no verão de 1749 –, um homem chamado Jean Jacques Rousseau atravessava a pé, tralari tralará, e com um jornal nas mãos, tralari tralará, o bosque de Vincennes. Não ia visitar a avozinha, não – pois esse é um conto sério, edificante, com prólogo, com epílogo e com uma moral –, mas ia visitar seu amigo Diderot, que acabava de sair dos cárceres do absolutismo (breve, porém eficaz e sugestivo comentário sobre o contexto histórico, político e social deste relato: a luta pela liberdade, pela razão, pela igualdade, os direitos do homem, a reforma da educação, as luzes, o progresso, a crítica, a emancipação... e longas reticências, pois note-se desde o início que este é um conto ilustrado). De repente, enquanto ao mesmo tempo percorria – mas, qual é a diferença? – seu texto e seu caminho – uma olhadela no caminho e outra olhadela no jornal –, Jean Jacques caiu – sim, caiu! essa é a palavra que ele mesmo usa – em duas linhas desse jornal que havia apanhado ao sair, como quem não quer nada, e que se diria que olhavam para ele com especial insistência, como se a ele se dirigissem, como se quisessem lhe dizer alguma coisa.[12] Nada muito importante, não fosse pelo fato de que essas duas linhas que haviam feito ele cair iriam se revelar mais tarde como essenciais para o conto da vida do até então inocente leitor e caminhante – nada menos que a causa de todas as suas desgraças[13] –, e também para esse outro conto muito mais longo e bastante mais pomposo que se chama *História do Pensamento Ocidental*, em que um dos capítulos, como sabem, intitula-se "História do Pensamento Pedagógico Ocidental", e em que um dos capítulos se chama, por sua vez, "J. J. Rousseau". Assim é que esse conto começa com uma queda dessas que são, na verdade, literalmente, legendárias, ou seja, que dão muito que ler.

Mas me permitam deixar o bom Jean Jacques ali caído, o pobre, durante um momento, manter um pouco o suspense – embora, quem não conhece a continuação da história? – e começar uma pequena digressão à qual, para dar um pouco de solenidade e de ciência a este relato, chamarei de "uma digressão metanarrativa": isto é, se me permitirem, vou interromper o conto e vou falar um pouco do próprio conto. Vocês notaram que, mais acima, escrevi: "essa é a palavra que ele mesmo usa"; e notaram, também, que, um pouco mais adiante, abri uma nota de rodapé em que copiei o título de um livro e um número de página. E fiz isso porque sei o que agora estou contando; o próprio Jean Jacques o relatou uns anos mais tarde, entre 1769 e 1770, num livro que intitulou *Les Confessions*, copiando o título – e não apenas o título – de outro livro célebre que Santo Agostinho havia escrito, em latim, muitos anos antes, e copiando também muitos parágrafos textuais de uma carta a Malesherbes que o próprio Jean Jacques escrevera em 1762 e da qual, o espertalhão, guardou uma cópia para a eventualidade de que resolvesse ser sincero e viesse a contar a sua vida sem disfarces,

---

[12]ROUSSEAU, 1980, p. 415.
[13]ROUSSEAU, 1980, p. 417.

sem retórica, completamente ao natural.[14] Ainda escreveria outra vez, em algum momento entre 1772 e 1776, em outro livro intitulado *Rousseau, Juiz de Jean Jacques: Diálogos*.[15]

Mas eu não sei apenas por isso. Que saberia eu de Rousseau, ou das *Confissões*, ou da queda no bosque de Vincennes, se não fosse porque ganho a vida como professor de Filosofia da Educação, em que um dos assuntos é a *História do Pensamento Pedagógico*, em que um dos capítulos é a obra lendária de J. J. Rousseau? Assim é que, se conheço o conto é porque ele está na minha biblioteca; e, se está na minha biblioteca, é porque eu sou professor de Filosofia da Educação; e um professor de Filosofia de Educação tem de ter as obras de Rousseau, se possível nos Classiques Garnier ou na edição de La Pléiade.

Ainda mais: tampouco é só por isso que eu sei da queda no bosque de Vincennes. Tenho de confessar, para que Jean Jacques não seja o único a se confessar, e também em voz baixa e à boca pequena como convém às confissões, que para um professor, digamos normal, de Filosofia da Educação, apenas o *Emílio* é obrigatório, ou, quanto muito, as outras obras filosóficas "sérias" – o *Contrato social*, o *Discurso da desigualdade* e tudo o mais –, e eu não li sequer o *Emílio* inteiro, só alguns trechos, e isso porque não me restou outra alternativa quando era estudante e porque é obrigatório agora que sou um professor e a cada ano tenho de dar a aula que se intitula J. J. Rousseau. Mas me saio bastante bem quando faço de conta que o li, também em Classiques Garnier, é claro. Acontece que um dia, que talvez estivesse também muito quente, faz muitos anos, quando eu estudava Pedagogia, digamos que no terceiro ano, e já estava um tanto aborrecido de tantos contos sobre a educação natural, o desenvolvimento espontâneo, a pedagogia ativa e tudo o mais – porque se tem de levar em conta que então eu era, ou acreditava ser, de esquerda, e naquela época os poucos que eram de esquerda, na Educação, eram da Sociologia, e eu havia feito um curso de Sociologia de

---

[14]Lettres à Malesherbes (ROUSSEAU, 1959, v. I, p.1135 e seg.).
[15]ROUSSEAU, 1959, p. 828 e seg.

esquerda, não na Faculdade de Pedagogia, absolutamente, mas nos seminários do Instituto Católico de Estudos Sociais, e, para os que acreditávamos ser de esquerda e fazíamos cursos nos seminários de esquerda, o importante era a determinação social da consciência – Marx: teses sobre Feuerbach – e não esses contos burgueses sobre a espontaneidade, a natureza e a educação ativa, que estávamos conscientizados, como então se dizia –, alguém pôs em minhas mãos – ia dizer "caiu em minhas mãos", mas já temos bastante com a queda de Jean Jacques – um livro que não constava na bibliografia, nem na da faculdade, nem na do seminário. E isso foi uma pequena catástrofe para a boa ordem da biblioteca. Porque vocês sabem que um livro, ainda que aparentemente se refira às coisas das quais ele trata, na verdade é com os outros livros que ele se relaciona – essa coisa que agora se chama "intertextualidade" –, e quando se lê um livro, é nos outros livros que se pensa. E esse livro que alguém havia colocado em minhas mãos combinava bastante mal com o que, até então, era a minha biblioteca, que certamente já estava dividida entre os livros da faculdade e os do seminário, que também se odiavam bastante entre si. Porque esse livro vinha de outros escaninhos do saber: disso que se chamava "estruturalismo" e que, passando da "natureza humana" quer se defina por sua "espontaneidade" ou por sua "determinação social", colocava a linguagem – isso a que não prestamos a atenção quando o que nos interessa é a educação natural ou a determinação social da consciência – no horizonte de suas investigações. E se, na faculdade, líamos o *Emílio* em função da educação natural, e, no Seminário de Esquerda, líamos o *Contrato social* em função das implicações políticas e da determinação social do rousseaunismo pedagógico – coisas todas elas muito sérias e muito interessantes –, ocorre que aí, em minha nova biblioteca, tinha de ler as *Confissões*. Por quê? Ora, porque é aí onde está o que faz de Rousseau um revolucionário e, como tal, digno de ser lido: é aí onde ele contribui, talvez sem se propor a isso, para que a linguagem tome consciência de si mesma. Nas hostes estruturalistas dizia-se que é na sua autobiografia que Rousseau luta com a linguagem recebida, com essa linguagem que, por um lado, lhe assegura a felicidade de escrever bem e, por outro, separa-o de si mesmo; que é aí onde ele experimenta a impossibilidade de escrever o original, o imediato, a transparência de sua própria presença de si mesmo, isso que é imediatamente velado e atraiçoado no próprio ato de escrever. Assim, o importante não é que Rousseau seja um dos primeiros a falar sobre a inocência original das crianças e sobre a naturalidade do desenvolvimento delas, nem tampouco que ele encarne os ideais de um certo setor da burguesia francesa em sua definição do político. O importante é como ele se coloca na linguagem de uma maneira inédita, como se coloca na posição de um sujeito que diz *eu*. E como essa posição – que, ao mesmo tempo, está na linguagem e contra a linguagem – leva-o a ampliar o campo do dizível, também, é claro, no que concerne às crianças ou ao pacto social republicano. Assim é que vocês já me veem correndo a comprar as *Confissões*, acrescentando mais um setor à minha biblioteca e descobrindo outra forma de ler e de escrever, com a qual agora, que sou professor, me dedico também a chatear meus alunos, os quais não sei muito bem nem como lidam com aquilo que em mim existe da Faculdade de Pedagogia, do Seminário de Esquerda e da Hoste Estruturalista e nem, além disso, o que eles mesmos pensam, vejam só, sobre faculdades, seminários e hostes.

A questão é que aqui estou contando um conto que li num livro que está atravessado por outros livros e que, por sua vez, atravessa outros livros, até chegar um dia a mim e, hoje, a vocês. E tenho aqui, sobre a mesa, além das *Confissões* de Jean Jacques, edição Classiques Garnier, e as de Santo Agostinho, edição Alianza – e note-se, aqui, que eu não sei latim; que vamos fazer? – os *Ensaios* de Montaigne, edição La Pléiade, uma boa pilha de livros que falam de Rousseau,[16] cada um deles bem carregadinho

---

[16] Por uma certa probidade intelectual e para mostrar minhas cartas, vou citá-los: BLANCHOT, M. Rousseau. *El libro que vendrá*. Caracas: Monte Ávila, 1992. p. 51-58; DERRIDA, J. Nature, culture, écriture. In: _____. *De la grammatologie*. Paris: Minuit, 1967. p. 145-444; HARTLE, A. *El*

de notas de rodapé, e um dicionário de francês. E ainda que possa parecer que estou contando assim como vocês leem, de maneira contínua – efeito que talvez fique reforçado por essa imitação escrita do registro oral que adotei, não sei muito bem por quê, e que está me dando tanta dor de cabeça porque sou um professor e nós, professores, não estamos acostumados a escrever assim –, a verdade é que eu tenho, também, uma caderneta de notas com umas quantas reflexões – resultado de minhas leituras – e com um rascunho daquilo que quero contar-lhes; e já estou há vários dias com este texto, acrescentando e tirando coisas, mudando as expressões, estruturando-o e reestruturando-o – no computador, é claro –, e têm de ver o difícil que é escrever assim despreocupadamente, ao natural e sem rebuscamento; e, quem pode saber, quando terminarei as quinze ou vinte páginas que me propus a escrever, se continuo assim, indo todo tempo de um livro a outro, dos livros à tela, de cima para baixo e de baixo para cima na tela, da tela outra vez aos livros e, às vezes, além disso, permanecendo como suspenso, pensando em mim mesmo e na minha própria travessia pela biblioteca e pela vida, às voltas também, como qualquer outro, com essa coisa da autoconsciência e da autenticidade e, se isso ainda fosse pouco, pensando também que demônios foi o que se passou, de verdade, no bosque de Vincennes.

Mas continuemos, agora, com o conto, caso contrário isto vai se parecer com esse livro célebre, tão admirado pelos aficcionados pelas digressões, em que o autor e protagonista, decidido a explicar a sua vida, escreve duzentas páginas e ainda não chegou ao seu próprio nascimento.[17] Bem, no momento em que o havíamos deixado, antes da "digressão metanarrativa", Jean

---

sujeto moderno de las Confessiones de Rousseau. México: F.C.E., 1989; STAROBINSKI, J. Jean-Jacques Rousseau et le péril de la réflexion. In: _____. *L'oeil vivant*. Paris: Galimard, 1961. p. 91-187. STAROBINSKI, J. *Jean-Jacques Rousseau: La transparencia y el obstáculo*. Madrid: Taurus, 1983; ZAMBRANO, M. *La confesión como género literário y como método*. Madrid: Mondadori, 1989.

[17] Trata-se, naturalmente, de *Vida y opiniones del caballero Tristam Shandy*, escrito por Laurence Sterne e publicado em 1760 (Madrid: Cátedra, 1985).

Jacques havia caído em duas linhas do *Mercure de France*. Mas o curioso é que, ao cair nessas duas linhas, Jean Jacques tenha caído também em si mesmo. Ou, dito de outra maneira, descobriu-se a si mesmo, tomou consciência de si mesmo, viu-se a si mesmo como realmente ele era. Foi como uma iluminação, como uma revelação, como uma inspiração física, autêntica, direta, verdadeira, nada intelectual (vamos lá), e em absoluto provocada por alguma substância estimulante ou de qualquer outro tipo, nem tampouco por espíritos benignos ou malignos que pudessem estar rondando por aí; foi uma iluminação natural, acompanhada de palpitações, de lágrimas, de atordoamento. E, completamente embriagado, tombado sob uma bétula, caído ao solo, literalmente derrubado pelo que acabara de ocorrer, nosso herói se pôs a escrever, já que, também por casualidade, que coisas ele levava no bolso, além do jornal: um lápis e um caderno. A causa? Havia visto outro universo e se havia transformado num outro homem.[18] Seu coração, suas ideias, seus sentimentos, a paisagem, o calor, a bétula, tudo se harmonizava pela primeira vez em sua vida, tudo se encaixava e tudo convergia, sem esforço, no movimento convulsivo da ponta de seu lápis.

Que havia ocorrido? Aqui não resta outro remédio senão interromper outra vez o conto, deixar por um momento Jean Jacques escrevendo agitadamente debaixo da bétula, e explicar, de um modo um pouco professoral, em termos da História do Pensamento Ocidental, em que consistia isso de descobrir-se a si mesmo, para Jean Jacques, isso de tomar consciência de si mesmo, isso de ver-se a si mesmo como realmente era. Pois bem, a oposição básica que articula a obra de Rousseau é a que existe entre *ser* e *parecer*. Sobre ela, articulam-se outras oposições como sentimento – razão, bem – mal, infância – idade adulta, virtude – vício, verdade – mentira, natureza – civilização, confiança – temor, sinceridade – hipocrisia, felicidade – infelicidade, proximidade – distância, interior – exterior, etc. São oposições bastante convencionais, que Rousseau certamente não inventou,

---

[18]ROUSSEAU, 1980, p. 416.

mas às quais ele dá uma força e uma intensidade inéditas. E todo o seu esforço, e seu abismo, será denunciar a aparência e eliminar esse véu ilusório que cobre as coisas e que também se interpõe entre uma pessoa e ela mesma. Por isso, os homens se enganam sobre si mesmos, não se conhecem a si mesmos, vivem fora de si mesmos. E isso é o que, até a iluminação de Vincennes, acontecia a Jean Jacques. O que ocorreu no bosque, então, é que ele tomou consciência da maquinaria do engano e do autoengano, descobriu que ainda não conhecia sua verdadeira natureza, que ele não era o que pensava que era e, portanto, não era — na realidade — o que havia sido — enganando-se — até esse momento, e decidiu converter-se numa pessoa crítica e autocrítica, tanto em relação às opiniões de seu tempo quanto em relação a si mesmo. Decidiu converter-se, em suma, num profeta da autoconsciência e da autenticidade, e converter a revelação de Vincennes no princípio de uma tarefa de redenção. Ou seja, decidiu que os demais deveriam se dar conta também de que não eram o que eram e tentar, como ele, descobrirem-se a si mesmos.

Segundo fragmento: a expulsão do Paraíso

Um dos efeitos da tomada de consciência é que cada um sente a necessidade de reescrever, a partir desse momento de mudança, sua própria história. Uma história que agora será a história do autoengano, da alienação, da mentira. Que havia ocorrido, então, ao nosso Jean Jacques para que vivesse se desconhecendo? Como organizará agora o conto de sua vida para que tudo se enquadre para ele, para que esse momento privilegiado da queda no bosque faça sentido? O mais fácil, certamente, é organizar o relato com as mesmas oposições que articulam a tomada de consciência. No caso do nosso Rousseau, com a contraposição entre ser e parecer.

Um certo dia, o menino Jean Jacques, que na época tinha dez anos de idade e passava uma pequena temporada no campo, na casa de uns parentes, foi acusado e castigado injustamente. Era acusado de haver quebrado os pentes da senhorita Lambercier, que uma criada havia posto para secar perto da estufa do quarto onde ele estudava, sozinho, suas lições. Jean Jacques jurava que não havia tocado nos pentes, mas eles estavam quebrados e ninguém mais, além dele, havia entrado no quarto. Os protestos do menino, que persistia obstinadamente na sua negativa, foram tomados como pura teimosia. O pequeno Jean Jacques, inocente, não confessava. E, naturalmente, foi duramente castigado, não apenas por ser arteiro e um quebra-pentes, mas, sobretudo, por ser teimoso, arrogante e mentiroso. Um episódio trivial. Algo que, com certeza, já aconteceu com todo mundo. Mas o importante é como o Rousseau adulto conta o fato. E como o eleva à categoria de um trauma iniciático, de uma verdadeira expulsão do Paraíso.[19]

O que ali Jean Jacques viu – não na época do ocorrido, quando era o menino Jean Jacques, que então não via nada, bastante o pobre já tinha, com a indignação e a raiva e o sentimento da arbitrariedade ou o que seja o que possa sentir um menino de dez anos num caso como esse –, o Jean Jacques adulto, o que escreve as *Confissões*, armado já de uma linguagem bastante consolidada e das ideias que havia formado pouco a pouco desde a iluminação, foi o final da infância, da felicidade, da inocência, da pura presença de si na imediatez do sentimento. Até o momento do castigo, havia confiança, intimidade e transparência entre os corações: era possível, para uns, ler diretamente o que acontecia nas almas dos outros e era também possível, para cada um, ler o acontecia em sua própria alma. Mas a injustiça fez nascer uma distância entre a verdade (o fato de que o menino havia quebrado os pentes) e as aparências (o fato de que parecia que os havia quebrado), e deu a Jean Jacques a consciência da divisão: um véu cobria a verdade dos sentimentos, a realidade das almas humanas. Sobre aquilo que cada um é, estendia-se agora inevitavelmente o véu das aparências. E abriu, assim, a possibilidade de jogar com o véu e, portanto, a possibilidade da mentira, da dissimulação, da hipocrisia. A moral havia sido

---
[19] ROUSSEAU, 1980, p. 19-22.

que se alguém pode parecer culpado sem sê-lo, também pode parecer inocente sem sê-lo. Segundo nos conta o Jean Jacques adulto, o episódio de Bossey ensinou o pequeno Jean Jacques a manejar com as aparências, ensinou-o a mentir. E quando alguém aprende a mentir, tralari tralará, aprende também, em seguida, a mentir a si mesmo.

E foi assim que nossa inocente criatura se fez uma pessoa maior de idade. O motivo pelo qual as pessoas de maior idade são de maioridade é porque esqueceram que foram crianças, porque sepultaram em algum lugar remoto, de sua consciência, a violência que as fez maior de idade. E porque se esqueceram, inclusive, do próprio esquecimento, desse gesto que lhes fez enterrar o que são. Para serem maior de idade confortavelmente, as pessoas na maioridade têm de pensar que as aparências são a realidade, que o deserto é o Paraíso, que a mentira é a verdade. No entanto, às vezes acontece algo que te faz cair em teu próprio eu, no eu de verdade, no eu que estava oculto e esquecido. E foi isso o que ocorreu na conversão de Vincennes: a queda permitiu recuperar o esquecimento do esquecimento. E iniciou uma viagem até o fundo do eu que era, ao mesmo tempo, uma viagem para trás na própria biografia. Porque a infância e a natureza, pensava Rousseau, não estão apenas no passado, mas também num lugar escondido no interior de si mesmo, em seu puro centro, no centro mais central dessa série de camadas de cebola que constituem uma personalidade madura. E, em Vincennes, Rousseau havia visto esse lugar, ele o havia pressentido. Agora só é necessário desvelá-lo completamente, fazê-lo emergir, e construir, com ele, a verdadeira personalidade, o verdadeiro caráter, o verdadeiro Jean Jacques.

Saltemos várias páginas – na edição Classiques Garnier, as *Confissões* têm 781 páginas em letra pequena, e não se trata de fazer um resumo – e vamos ao momento em que Jean Jacques decide não mais mudar suas ideias, mas sua própria vida: àquilo que Jean Jacques chama de sua Reforma Pessoal. Porque, depois da autoconsciência, tralari tralará, e para que nem tudo fique apenas em palavras, vem a autenticidade.

Terceiro fragmento: autenticidade

Estamos, agora, em 1751, ou seja, pouco mais de dois anos depois da conversão de Vincennes. Jean Jacques, que já era então um autor célebre uma vez que havia ganhado, como todo mundo sabe, o prêmio da Academia de Dijon, estava doente, dolorido, com muita febre, torturado mais pelos médicos do que pela enfermidade, os quais, para maior infelicidade, prognosticaram que lhe restavam, quanto muito, seis meses de vida. E – outra vez em estado delirante, tanto pela febre quanto pela proximidade da morte, num momento que poderia ser solene se não fosse porque se pode imaginar o cheiro de ranço do quarto, seis semanas de cama, com essa febre e constantemente sendo-lhe colocadas sondas para fazer xixi –, pôs-se a refletir, de uma maneira um tanto febril, sobre o que havia sido a sua vida. De novo o delírio como o lugar em que as ideias fervem e fermentam, outra vez o motivo clássico da morte e renascimento; o motivo clássico da conversão.[20] E também, como não poderia faltar, o motivo da luta, da valentia, da traição, do triunfo. Só que não era contra si mesmo em forma de demônio contra quem teve de lutar – como o fizera, e corajosamente, Santo Agostinho –, mas contra si mesmo em forma da opinião e do juízo dos homens, que esse é o nome que tem o diabo malvado para Jean Jacques.[21] Os ferros que o amarravam à inautenticidade eram os outros, mas não os outros importantes, os assim chamados grandes e assim chamados sábios, que desses nunca teve medo, mas especialmente os assim chamados amigos, os muito traidores, os mui zelosos, e isso era o que mais lhe doía. Mas finalmente, armando-se de coragem, Jean Jacques decidiu fazer-se de maior idade, tomar, sem pedir a ninguém, as rédeas da sua vida e seguir seu próprio caminho.[22]

Mas contemos, agora, o que viu nosso herói nos delírios da febre para empreender uma reforma tão épica e espetacular – porque

---

[20]ROUSSEAU, 1980, p. 428.

[21]ROUSSEAU, 1980, p. 429.

[22]ROUSSEAU, 1980, p. 429.

aqui vai se tratar de um espetáculo –, para fazer semelhante mudança de rumo. Pois ele viu que, até aquele momento – Jean Jacques tinha, então, trinta e oito anos –, tinha vivido à deriva, disperso, errante, instável, inconstante, variável, contraditório. Não só tem de conhecer-se a si mesmo, como conquistar-se a si mesmo, assumir-se a si mesmo, converter-se naquilo que de verdade ele é. Na iluminação do bosque de Vincennes, obteve a convicção da verdade; agora, em sua enfermidade, conseguiu a determinação, a vontade e a coragem; só lhe falta pôr mãos à obra.

Aqui teremos de interromper mais um pouco o conto porque vou explicar o acontecido em termos, outra vez, da História do Pensamento Ocidental. Vocês se deram conta de que a Jean Jacques não importa o juízo dos demais, mas o juízo de si mesmo. Bem, a ele importa um pouco o julgamento dos amigos, a ele que é tão sentimental e tão carinhoso, mas ele já se dera conta de que esse é um julgamento ao qual não se deve dar crédito porque está guiado mais pela inveja do que por outra coisa. Mas o juízo de si mesmo é também um juízo definitivo. E para que um juízo seja justo, tem de estar bem fundado. Não na inveja ou na opinião, mas em alguma ideia geral, vá lá, em algum critério que se possa defender. Se não fosse assim, todos os juízos seriam igualmente bons e, além disso, poderíamos mudar de critério como quem muda de camisa, não é mesmo? A tentação do relativismo, o ceticismo, o cada um na sua e deus na de todos. E isso, certamente, não pode ser. Pelo menos isso é o que dizem os professores e os pregadores, porque as pessoas normais, na vida normal, vão fazendo o que podem, que bastante complicada é a vida para, além de tudo, ainda terem de dar a ela fundamentos firmes. Mas Rousseau, que naquela época era um pouco filósofo e um pouco pregador e um pouco professor e um pouco redentor da Humanidade, tem que dar firmeza a si próprio, construir para si um eu estável, sólido, seguro. Assim é que, para firmar-se, Jean Jacques julga-se a si mesmo baseado, nada mais nada menos, no mais imutável: a Natureza, a Verdade, a Virtude.

A reforma começa pelo mais visível: pela peruca, pela roupa, pelo relógio, pela espada, por tudo aquilo que não é senão aparência.²³ E continua por tudo o que não se ajusta aos critérios que o próprio Jean Jacques havia estabelecido para si e que, como eu disse, eram imutáveis, bons e razoáveis em si²⁴: tudo o que ainda dependia da subordinação às convenções e aos juízos dos homens. Com o qual, e uma vez estabilizado seu próprio juízo, Jean Jacques se põe a estabilizar seu próprio personagem, a fazê-lo sólido e durável, a mantê-lo valentemente ao resguardo de tudo o que poderia fazê-lo falso e volúvel, de tudo o que não é ele.

Quarto fragmento:
os paradoxos da autoconsciência

Antes de continuar, impõe-se outra digressão metanarrativa sobre a estrutura do conto, sobre o padrão que articula a trama. Até aqui se trata de um relato clássico, de uma narrativa de tomada de consciência: um desses relatos tão íntimos e ao mesmo tempo tão convencionais cujo padrão básico se poderia resumir em três frases:

1) "*Era uma vez* eu não sabia quem era, enganava-me a mim mesmo, ou me deixava enganar – pelos preconceitos, a televisão, a dominação ideológica, o inconsciente, a educação recebida, o sistema patriarcal, seja lá o que for – e já estava bem assim, enganado, porque eu não sabia que estava enganado, eu acreditava que sim, eu sabia quem era ou, até mesmo, não me havia levado nunca demasiadamente a sério, na verdade, porque era um ingênuo, ou um inocente, ou um acomodado, ou não tinha experiência, ou...";
2) "*Mas um dia* aconteceu algo na minha vida – uma greve na fábrica, um livro, um filme, um professor, uma desgraça, uma conversa, um encontro, uma queda no bosque, etc. –, e me dei conta do que, na verdade, eu era,

---
²³ROUSSEAU, 1980, p. 430.
²⁴ROUSSEAU, 1980, p. 431-432.

ou de como me havia(m) enganado até esse momento, ou de minha inocência, ou...";
3) *"E desde então*, a partir daí, nada mais foi a mesma coisa, porque agora sou de outra maneira, sou outro, sou consciente...".

Um relato, em suma, com o esquema (........ – autocrítica – transformação), que não é senão uma versão um tanto descafeinada do esquema (........ – conversão – salvação), ou do esquema (........ – morte – renascimento), ou seja, uma narrativa completamente pedagógica e pedagogizável.

Mas Rousseau não apenas repete, modificando-o, esse padrão, mas também, ao mesmo tempo, coloca-o em questão. Saltemos mais umas tantas páginas. No tempo do conto corria já o ano 1756 e Jean Jacques estava no campo: havia abandonado Paris, um tanto desiludido, e se propunha a começar uma nova vida. O momento em que Jean Jacques escrevia isso, o tempo da escrita, era o ano 1769 ou 1770. E esse é o momento que quero contar: há uma passagem no texto em que Jean Jacques interrompe o seu relato e, para preparar o que seguirá em continuação, como se fosse um preâmbulo, lança um amplo olhar retrospectivo sobre sua própria vida. Como se voltasse atrás as páginas do livro que estava escrevendo e relesse as partes já redigidas. Assim que, tralari tralará, estava nosso homem sentado em alguma parte do bosque de Monquin, relendo seu próprio livro, quando de repente sua leitura cai, justamente, nas páginas que contam a queda de Vincennes – ou a passagem à autoconsciência – e a reforma pessoal – ou a passagem à autenticidade – que se seguiu à queda. Outra vez Jean Jacques cai sobre um texto que o faz cair sobre si mesmo. E outra vez se vê como, de verdade, ele é. Mas acontece que sua maneira de se ver nesses momentos mudou completamente. E, ao ler aquilo que acreditava ver então, não pôde senão horrorizar-se do que vê e irromper em exclamações. O que o levou por um caminho novo não é agora o descobrimento de si mesmo, mas o orgulho: o estúpido e, ao mesmo tempo, nobre orgulho que o levou a converter-se num autor através de seus livros e um exemplo através de seu personagem: ambos igualmente mentirosos, nada mais que véus ilusórios que cobrem e ocultam o verdadeiro Jean Jacques.[25]

A conversão de Vincennes e a reforma pessoal aparecem, agora, como o resultado de um estado de embriaguez que o fez se converter em diferente do que era na realidade, no mais oposto à sua natureza. Jean Jacques, na verdade um rapaz tímido, envergonhado, inseguro e com uma notável tendência à solidão e à introversão, havia se convertido em Rousseau: um autor intrépido, orgulhoso, cheio de certezas, um homem provocador e singular, que brilhava nos melhores salões e participava, inteligente e mordaz, em todas as discussões sábias. Uma mudança radical, vá lá, algo que não pode ser um mero fingimento e que só se explica por uma efervescência que começou na cabeça e arrebatou, em seguida, o coração. E, nesse momento, acorda-se dos outros momentos de sua vida, de outras pequenas borracheiras da mente e da vontade, em que se convertia num outro e deixava de ser ele mesmo. O que ocorre é que esse estado de alienação durou seis anos, enquanto que os outros duravam seis dias ou, quanto muito, seis semanas.

Quinto fragmento: no fim, tudo é literatura

A que outras pequenas borracheiras refere-se Jean Jacques? Quais são essas experiências em que, por um curto período de tempo, delirava e se convertia em outro? No livro I das *Confissões*, temos o testemunho das mais antigas, nada mais nada menos que a primeira recordação, o primeiro momento em que Jean Jacques teve consciência de si mesmo e o primeiro episódio de sua vida que pôde recordar: suas leituras infantis, aos cinco ou seis anos, até a madrugada, acompanhado de seu pai. E não deixa de ser curioso, hem? O grande crítico da literatura, o homem que proíbe os livros (salvo *Robinson Crusoé*) a Emílio, o homem que denuncia a literatura como ficção, acaba

---

[25]ROUSSEAU, 1980, p. 493-496.

adquirindo consciência de si mesmo lendo; nada mal. Mas sigamos com o conto. A mãe, ao morrer, havia deixado novelas. Livros divertidos e não transcendentes nos quais o pequeno Jean Jacques deveria aprender a ler, mas que logo prenderam de tal maneira o seu interesse e imaginação que ocupavam seus dias e suas noites. Acabadas as novelas, o pai e o filho começaram a devorar a biblioteca do sogro. Uma biblioteca mais séria, mais edificante e mais sábia, onde estavam as *Vidas* de Plutarco, que, em seguida, converteram-se na leitura e releitura favorita. E aí, no espaço imaginário dos livros, entre os heróis gregos e romanos, formou-se uma parte do caráter de Rousseau, esse espírito livre e indômito, orgulhoso e rebelde, que tantos problemas lhe daria mais tarde. Mas o mais curioso é que, lendo Plutarco, o pequeno Jean Jacques convertia-se realmente no personagem do qual lia as aventuras: adotava seu olhar inflamado e sua voz forte, seus gestos pomposos, suas palavras lapidares, seus sentimentos vigorosos, suas virtudes.[26] Um dia, recorda-se Jean Jacques, contando à mesa a aventura de Scaevola, aproximou a mão ao fogo para representar o gesto heroico do personagem que o havia arrebatado. Como não suspeitar, então, que o eu verdadeiro que pressentiu em Vincennes e que o eu autêntico que definiu na febre não eram, certamente, eus de livro, eus de teatro com os quais alguém se identifica e com cujos fragmentos alguém constrói um personagem de si mesmo?

O final desse conto não pode ser mais paradoxal. O homem que em Bossey havia sido expulso do Paraíso, do lugar onde as pessoas são o que são; o homem que havia vivido desde então, e ao longo de uma grande parte de sua vida, enganando-se a si mesmo, errante, instável, desconhecido, perdido nos labirintos cambiantes das aparências; o homem que no bosque de Vincennes havia, finalmente, descoberto a si mesmo numa espécie de núcleo essencial, escondido, oculto em algum lugar do fundo de seu eu ou, talvez, em algum lugar esquecido de seu próprio passado; o homem que havia se lançado na busca desse

---

[26]ROUSSEAU, 1980, p. 7-9.

eu fundamental e que, diante da proximidade da morte, havia tido o supremo atrevimento de se converter no eu autêntico que era; o profeta da autoconsciência e da autenticidade em suma..., afinal não havia feito outra coisa a não ser entregar-se a um delírio literário e, nesse delírio, continuava sendo outro, nada mais do que um personagem de um livro lido, construído e incorporado pela atividade de um leitor demasiado sensível, demasiado apaixonado. Acreditando sair da ficção, Jean Jacques havia criado uma ficção. E agora, para sair dessa ficção, terá de continuar escrevendo e vivendo e criando outra ficção que desminta a anterior, e outra, e outra. E o resultado será a magnífica série autobiográfica de Rousseau, essa história sem fim na qual pulsam, talvez, alguns dos paradoxos de nossa condição.

Epílogo

À maneira de um epílogo, façamos agora um resumo, como cabe aos professores. E um resumo um pouco abstrato, um pouco geral, como uma tese, como uma dessas teses com base nas quais os professores constroem suas histórias. A aventura de Rousseau está baseada na crença em um eu idêntico a si mesmo. A essa crença une-se o projeto de uma transparência absoluta, de uma perfeita coincidência do eu consigo mesmo que faria da consciência de si um sentimento imediato, mais certo e mais profundo do que todos os saberes da razão, que todas as ficções da linguagem. Mas essa aventura conduz até onde não estava previsto, à consciência de que o eu não é senão uma contínua criação, um perpétuo devenir: uma permanente metamorfose. E essa metamorfose tem seu arranque e sua força impulsora no processo narrativo e interpretativo da leitura e da escrita. Só lendo (ou escutando), como aconteceu com Jean Jacques em relação a Plutarco, alguém se faz consciente de si mesmo. Só escrevendo (ou falando), como fez Rousseau nas *Confissões*, alguém pode fabricar um eu. Mas nosso personagem aprendeu que ler e escrever (escutar e falar) é colocar-se em movimento, é sair sempre para além de si mesmo, é manter sempre aberta a interrogação acerca do que se é. Na leitura e na escrita, o eu não deixa de se fazer, de se desfazer e de se refazer. Ao final, já não existe um eu substancial a ser descoberto e ao qual ser fiel, mas apenas um conjunto de palavras para compor e decompor e recompor. No entanto, essa nova consciência impulsiona no sentido de uma nova aventura que exige também a sua própria fidelidade, o seu próprio heroísmo. Tem de se estar à altura das palavras que digo e que me dizem. E, sobretudo, tem de se fazer continuamente com que essas palavras destroem e façam explodir as palavras preexistentes. Somente o combate das palavras ainda não ditas contra as palavras já ditas permite a ruptura do horizonte dado, permite que o sujeito se invente de outra maneira, que o eu seja outro. A fidelidade às palavras é a fidelidade a isso que arranca o eu de si mesmo, a isso que permite estabelecer uma nova relação entre o eu como si mesmo e o eu como outro. A fidelidade às palavras é manter a contradição, deixar chegar o imprevisto e o estranho, o que vem de fora, o que desestabiliza e põe em questão o sentido estabelecido daquilo que se é. A fidelidade às palavras é não deixar que as palavras se solidifiquem e nos solidifiquem, é manter aberto o espaço líquido da metamorfose. A fidelidade às palavras é reaprender continuamente a ler e a escrever (a escutar e a falar). Só assim se pode escapar, ainda que provisoriamente, à captura social da subjetividade, a essa captura que funciona nos obrigando a ler-nos e escrevermo-nos de uma maneira fixa, com um padrão estável. Só assim se pode escapar, ainda que seja por um momento, aos textos que nos modelam, ao perigo das palavras que, ainda que sejam verdadeiras, convertem-se em falsas uma vez que nos contentamos com elas.

Buscando-se a si mesmo, Rousseau descobrirá sua própria inexistência. Pretendendo descobrir seu destino, descobrirá que todo destino se inventa sobre a ausência de destino. Buscando um lugar no qual se fixar, Rousseau encontrará o não lugar da literatura: um aí onde não poderá nunca se estabelecer, um aí onde encontrará para sempre o gosto ácido do devir, da metamorfose. Buscando o centro, encontrar-se-á lançado à periferia, ao limite. Buscando elevar-se sobre seus próprios pés e manter-se aí quieto, firmemente enraizado, perderá o pé, se perderá e encontrará o movimento, a errância infinita. Procurando eliminar o que é estranho ao eu, encontrará a estranheza mais radical. Buscando a permanência no tempo, a continuidade e a estabilidade no tempo, encontrará no próprio tempo o elemento da dessemelhança, da distância e da diferença. Buscando uma identidade substancial, estável e sem falha, encontrará uma identidade narrativa, aberta e desestabilizadora. Uma identidade em movimento assegurada por uma linguagem em movimento, onde a autoconsciência surge ao se colocar em questão a autoconsciência e onde o que se é só aparece ao se colocar em questão o que se é: dialética viva e infinita de identificações e desidentificações.

Moral

Uma moral tem de dar conta do conto numa dupla direção. Primeiro, na direção do conto que a antecede e a ilustra. Depois, na direção do conto da vida do leitor que é quem, definitivamente, tem de aplicar o conto. Além disso, uma moral deve ser um pouco veredicto e um pouco prédica, um pouco sermão. Vejamos:

O homem se faz ao se desfazer: não há mais do que risco, o desconhecido que volta a começar. O homem se diz ao se desdizer: no gesto de apagar o que acaba de ser dito, para que a página continue em branco. Frente à autoconsciência como repouso, como verdade, como instalação definitiva na certeza de si, prende a atenção ao que inquieta, recorda que a verdade costuma ser uma arma dos poderosos e pensa que a certeza impede a transformação. Perde-te na biblioteca. Exercita-te no escutar. Aprende a ler e a escrever de novo. Conta-te a ti mesmo a tua própria história. E queima-a logo que a tenhas escrito. Não sejas nunca de tal forma que não possas ser também de outra maneira. Recorda-te de teu futuro e caminha até a tua infância. E não perguntes quem és àquele que sabe a resposta, nem mesmo a essa parte de ti mesmo que sabe a resposta, porque a resposta poderia matar a intensidade da pergunta e o que se agita nessa intensidade. Sê tu mesmo a pergunta.

2
Do espírito de criança à criança de espírito
A ideia de formação em Peter Handke

> *Quem diz, pois, que não há mais aventuras?*
> *O caminho que vai do amorfo, simplesmente selvagem, ao formalmente selvagem, ao selvagem repetível, é uma aventura (do espírito de criança à criança de espírito).*
> Peter Handke

No prefácio a *Sobre o futuro de nossas escolas,* Nietzsche descreve o tipo de leitor que deseja para seu livro. E, entre as condições que enumera, há uma certamente estranha: "o leitor de quem espero alguma coisa", escreve Nietzsche, "não deve fazer intervir constantemente sua pessoa e sua 'cultura'".[1] A condição nietzschiana não deixa de ser surpreendente porque o que nos ensinaram é que uma leitura deve ser pessoal e crítica, armada com tudo o que somos e tudo o que sabemos. No entanto, parece-me que essa rara qualidade se ilumina no caso de Peter Handke. E isso porque uma das características da escrita de Handke, aquela que dá a medida de sua grandeza, é a sua capacidade para criar silêncios: "há muita literatura que leva a perder o calar; quase toda a literatura, também muita

---
[1] NIETZSCHE, F. *Sobre el porvenir de nuestras escuelas.* Barcelona: Tusquets, 1977. p. 31.

música, muita pintura de gênero e de batalhas leva a perder a forma-silêncio. Mas existem algumas poucas obras – e essas são para mim as que sempre contam e contarão – que fortalecem o calar, que não conservam o calar, mas o transmitem (essa é, precisamente, a palavra exata). Essa tem sido minha ambição".[2]

Eu gostaria de tomar isso como ponto de partida: que história é essa de um leitor ao qual se pede algo tão surpreendente quanto não envolver sua pessoa e sua cultura, e que história é essa de uma escrita que tenta não pôr a perder a forma-silêncio e que ambiciona algo tão estranho como fortalecer e transmitir o calar. E gostaria, também, de estabelecer uma primeira relação, que tentarei precisar pouco a pouco entre, por um lado, essa modalidade de escrita e esse tipo de leitor e, por outro, o que Handke, no parágrafo que coloquei como epígrafe deste capítulo, chama de "o espírito de criança" ou "o espírito que se faz criança". Porque não é a criança, literalmente, alguém que não fala, que é carente da palavra? Não é a criança um sem-pessoa, literalmente um sem-máscara, e um não cultivado, um ainda selvagem?

Começar falando da escrita e da leitura não está fora de lugar, pois o que a ideia de formação permite pensar é, justamente, que acontece ao se ler um livro, o que é a experiência da leitura ou, melhor ainda, o que é a leitura como experiência. Não é em vão que a ideia de formação – tal como ela foi elaborada conceitualmente no neo-humanismo alemão do primeiro terço do século XIX, e tal como ela se articulou narrativamente no *Bildungsroman* – está pensada num contexto educativo em que as humanidades, as letras, constituíam o núcleo do ensino. E num contexto espiritual em que o poeta ou, em geral, o artista, reivindicava novamente, de uma maneira muitas vezes trágica e sem esperança, seu papel na formação do homem. A formação não é outra coisa senão o resultado de um determinado tipo de relação com um determinado tipo de palavra: uma relação constituinte, configuradora, aquela em que a palavra tem o poder de formar

---

[2] HANDKE, P. *Pero yo vivo solamente en los intersticios*. Barcelona: Gedisa, 1990. p. 88-89.

ou transformar a sensibilidade e o caráter do leitor. Às vezes para tirar-lhe da indeterminação da infância, do espírito de criança. E às vezes, também, para dar ao seu espírito uma nova infância. Mas não como um apropriar-se da memória de sua origem ou como um recobrar sua indeterminação perdida, mas como um alcançar uma nova capacidade afirmativa e uma disponibilidade renovada para o jogo e para a invenção. O caminho na direção da criança de espírito não é nem rememorização nem caminho de retorno, mas, como veremos, uma cuidadosa renovação da palavra e uma tenaz pré-ocupação em dar forma às coisas da natureza e dos homens, em ler o mundo de outra maneira, da qual possa surgir um começar plenamente afirmativo, "formalmente selvagem".

A transmissão do silêncio

Teríamos, para começar, uma escrita que aspira a conservar o silêncio e um leitor que não deveria envolver nem sua pessoa nem sua cultura. Vejamos primeiro o que pode ser isso: o silêncio da escrita. O silêncio que existe na escrita de Handke não é nem esse calar intimidado que se produz quando o poder é o único que fala (e o poder não é, muitas vezes, outra coisa que um *fazer calar* através de uma linguagem que intimida e apequena, nem esse calar que é, simplesmente, o efeito terrível da mudez, da confusão, da incapacidade para a palavra).

O silêncio da escrita de Handke, como o de certas músicas, é o do suave calar contido em uma forma. Mas numa forma que só aparece depois de um continuado exercício de concentração para evitar todo o anedótico na caracterização dos personagens e das situações, e para expulsar todas as fórmulas, as rotinas e os bordões no modo de expressão. Porque são as rotinas da linguagem as que, se superpondo ao mundo, matam o silêncio. E isso na medida em que tudo nos é dado já convencionalmente formulado, rotineiramente esclarecido. Por isso a escrita de Handke busca uma limpeza de toda essa verborreia reiterativa e rotineira que torna impossível qualquer experiência, que polui qualquer experiência com tudo o que de trivial e falso existe em nossa própria história linguística naquilo que ela tem de "ruído".

A escrita de Handke procura renovar palavras comuns e expressar experiências comuns. O que o escritor faz com seu trabalho não é fabricar um "mundo surrealista", fantástico, ainda não convencional; tampouco é mostrar um "mundo verdadeiro" que estaria por baixo ou por cima da falsificação da linguagem; nem sequer descobrir um "mundo autêntico", situado para além da trivialização da linguagem convencional. O escritor não inventa, nem desmascara, nem descobre. O que o escritor faz é reencontrar, repetir e renovar o que todos e cada um já sentimos e vivemos, o que nos pertence de mais peculiar, mas a que os imperativos da vida e das rotinas da linguagem nos impediram de prestar atenção: o que ficou na penumbra, semiconsciente, não formulado, privado de consciência e de linguagem, ou ocultado pela própria instituição da consciência e da linguagem.

Para fazer justiça a essas experiências, para não traí-las, tem-se de silenciar o convencional e dar a máxima pureza à linguagem. E para mantê-las no que têm de comuns, de anônimas, tem-se de conseguir uma linguagem maximamente despersonalizada. Só assim, concentrada no essencial e maximamente despersonalizada, a escrita poderá conter o ponto justo de vazio e de silêncio em que o leitor possa se inserir.

Em relação a esse silêncio produzido por uma escrita maximamente despojada, o calar que se pede ao leitor está constituído por uma atenção tensionada ao máximo e por algo assim como um "estar voltado para si mesmo". O silêncio que Handke quer fortalecer e transmitir com o ritmo de sua escrita é feito, no leitor, de escuta e recolhimento. Todos nós, alguma vez, diante de um poema, ou um filme, ou uma música, ou uma paisagem, sentimos a força desse calar. Alguma vez nos foi dada essa experiência de um máximo desprendimento de nós mesmos, numa atenção retesada quase até o limite que, paradoxalmente, coincide com uma máxima intimidade com nós mesmos. E todos nos sentimos contrariados quando alguém começou a falar e rompeu esse silêncio. Como se ao ser levado a perder o silêncio, alguém logo caísse no seu eu habitual e em suas formas habituais de experiência da realidade e, nesse cair, dissolvesse irremediavelmente esse tipo de intimidade com as coisas e esse tipo de ensimesmamento. E todos nós já experimentamos como uma ofensa à pureza do instante e como uma violência o fato de que alguém nos tenha obrigado a falar, de que alguém nos tenha dito: "bem, diz alguma coisa; que te pareceu? que estás pensando?".

Pois bem, isso que aí estava se exigindo de nós de uma maneira tão agressiva e tão impertinente é, justamente, aquilo que não queria Nietzsche: que envolvêssemos nossa pessoa e nossa cultura. Porque, quando ao ler, ao escutar e ao olhar, estamos constantemente obrigados a envolver nossa pessoa e nossa cultura, anulamos o silêncio, somos levados a nos perder. Envolver sua pessoa é não poder desprender-se da arrogância dessa instituição social chamada "eu" ou "indivíduo pessoal". Envolver sua cultura é não poder se separar dessas modalidades de respostas mecânicas e repetitivas cuja função principal é produzir e reproduzir essa outra instituição social agressiva e arrogante chamada "mundo verdadeiro". E quando alguém se vê ameaçado a colocar suas palavras, seu indivíduo pessoal ou sua cultura, quando alguém começa a dizer o que pensa ou o que lhe parece, é como se a qualidade da experiência se modificasse completamente: como se a promessa do que essa experiência pudesse ter de sentido ficasse cancelada por essa forma de consciência já solidificada que somos nós mesmos enquanto indivíduos pessoais, e por esse imperativo já saturado que é nossa cultura enquanto regra de produção do mundo verdadeiro.

Essa forma de anulação do silêncio é também um efeito do poder. O poder não funciona apenas intimidando e fazendo calar. A presença do poder não se mostra apenas no silêncio submetido que ele produz. O poder está também nesse burburinho que não nos deixa respirar. E, muitas vezes, até mesmo na maioria das vezes, o poder está em todas essas incitações que nos fazem falar. Mas que nos exigem falar como está ordenado, segundo certos critérios de legitimidade.

Por isso, a forma-silêncio que a escrita de Handke consegue transmitir ao leitor exige, muitas vezes, uma limpeza prévia dessa verborragia reiterativa da qual estamos rodeados, e algo assim como um emudecimento de todas essas vozes monótonas que já estão aí, inclusive em nós mesmos, para anular a promessa de uma outra experiência, para sufocar a forma-silêncio, a intensidade da forma-silêncio, a possível fecundidade da forma-silêncio.

A epifania do mundo

Uma escrita silenciosa produz uma atenção concentrada e algo assim como um estar voltado para si mesmo. Mas tem também outra qualidade não menos importante: fazer com que o mundo apareça aberto.

O mundo não existe anteriormente a uma forma que lhe dê seu perfil. Ou existe, mas como algo amorfo, desordenado e sem delimitações e, portanto, sem sentido. Não há uma experiência humana não mediada pela forma e a cultura é, justamente, um conjunto de esquemas de mediação, um conjunto de formas que delimitam e dão perfis às coisas, às pessoas e, inclusive, a nós mesmos. A cultura, e especialmente a linguagem, é algo que faz com que o mundo esteja aberto para nós. Mas quando uma forma converte-se em fórmula, em bordão, em rotina, então o mundo se torna fechado e falsificado. Porque, às vezes, nos livros, ou nos filmes ou, até mesmo, na paisagem, há tantos bordões que nada está aberto. Nenhuma possibilidade de experiência. Tudo aparece de tal modo que está despojado de mistério, despojado de realidade, despojado de vida.

No entanto, há vezes em que um livro, ou um filme, ou uma música nos faz olhar pela janela e, aí, na paisagem, tudo parece novo; ou nos faz pensar em alguém e, de repente, sentimos mais nitidamente sua presença; ou simplesmente faz nos determos um momento e nos sentirmos, a nós mesmos, de uma forma particularmente intensa. E a paisagem, ou a pessoa evocada, ou nós mesmos, estamos nessa escrita palavra-por-palavra, quase ao pé da letra. E, todavia, não é que tudo isso esteja aí exatamente descrito. O que ocorre, melhor dizendo, é que aí está a imagem interior das coisas e das pessoas. E o ponto justo de silêncio e de vazio para que essa imagem interior possa renovar-se uma-e-outra-vez. Algo assim é o que significa dizer que o silêncio-envolto-em-uma-forma da escrita, de Handke, abre o mundo, ilumina o mundo. Na *História do lápis*, Handke assim fala nisso: "Os melhores livros são aqueles que conseguem uma e outra vez que alguém se contenha, levante o olhar, contemple a região, respire profundamente, deixe-se banhar pelos raios do sol – mesmo que esse não brilhe".[3]

Mas talvez seja melhor uma imagem. Em *A repetição*, há um momento em que o protagonista aprende a caminhar. Não como uma criança que dá seus primeiros passos, mas no sentido da novela de formação, isto é, como um jovem que aprende, através da experiência, qual é a sua própria maneira de caminhar ou, o que é quase a mesma coisa, qual é a sua própria maneira de ver as coisas, de ler as coisas. Porque, em Handke, uma determinada forma de caminhar corresponde a uma determinada forma de olhar ao redor: caminhar não é tanto ir de um lugar a outro, mas levar a passear o olhar. E olhar não é senão interpretar o sentido do mundo, ler o mundo. Então, escreve Handke, o jovem caminha de tal forma, e olha de tal forma, e lê de tal forma, que chama a atenção, não sobre si mesmo, mas sobre o entorno, sobre a paisagem.[4] Isso é exatamente o que significa dizer que a escrita de Handke abre o mundo: que chama a atenção sobre a paisagem, que estimula o olhar, que dá corpo e perfis novos à experiência, que faz com que as coisas e as pessoas intensifiquem suas próprias cores. O leitor não olha o autor, nem sequer o livro, mas a paisagem, o mundo aberto e sempre por ser lido de uma maneira renovada.

---

[3] HANDKE, P. *Historia del lápiz*. Barcelona: Península, 1991. p. 6.
[4] HANDKE, P. *La repetición*. Madrid: Alianza, 1991. p. 226.

Por isso, o livro é, para Handke, como um perfil que faz o mundo visível, legível. Assim, Sorger, o protagonista de *Lento regresso*,[5] é definido como alguém que "tem seus perfis de modo a ser completamente transparente; a saber, para que o mundo apareça transparente... ou seja, para possibilitar ao mundo até a transparência – isso é o certo –, naturalmente tem de ter seus perfis sólidos, para que se possa ver através dele. Porque cada perfil estreita o olhar e torna-o agudo".[6]

E talvez toda a poética não dominadora de Handke, sua maneira aberta de escrever, esteja contida nesse aforismo de *História do lápis*, que também poderia servir como uma exclamação pronunciada por alguns de seus personagens ao fim do seu itinerário de formação que é também, ao mesmo tempo, um itinerário de desprendimento de si mesmos como indivíduos pessoais com formas solidificadas de consciência, e um itinerário também de despojamento de sua cultura enquanto regra convencional de percepção; um itinerário, poderíamos dizer, tanto de desfazimento do eu quanto abertura do mundo, cujo resultado poderia ajudar-nos a começar a entender que história é essa da criança de espírito: "O vazio dentro de mim, e diante de minha sinceridade: ou seja, finalmente estou vazio, e tudo está aberto diante de mim, com suas cores e formas, em sua multiplicidade e sua unidade, em seu tempo, que agora se converteu também no meu".[7]

Uma chamada não transitiva

Peter Handke, como Nietzsche, também falou alguma vez do tipo de leitor que deseja, e diz que é alguém que, ao lê-lo, tenha sido "levado à sua própria maneira". Ou, em outro lugar: "cada tipo de arte deve liberar a quem a estuda e não convertê-lo em prosélito. Goethe, por exemplo, conseguiu

---

[5] HANDKE, P. *Lento regreso*. Madrid: Alianza, 1985.

[6] HANDKE, 1990, p. 64-65.

[7] HANDKE, 1991, p. 195.

isso, pelo menos em vida: todos os que o leram com o coração aberto não o glorificaram ou coisa parecida, mas voltaram-se para si mesmos".[8]

Essa é uma bela imagem para um professor: alguém que conduz alguém até si mesmo. É também uma bela imagem para alguém que aprende: não alguém que se converte num sectário, mas alguém que, ao ler com o coração aberto, volta-se para si mesmo, encontra sua própria forma, sua maneira própria. Isso parece um pouco religioso, não clerical, posto que o clerical seria esse "glorificar" e esse "converter-se em prosélito", ao contrário de religioso, mas, em qualquer caso, é uma bela imagem.

Pois bem, esse voltar-se para si mesmo é o efeito da melhor arte e constitui, talvez, o núcleo e a grandeza da experiência estética. A ideia de formação está construída em relação a uma teoria da arte. E se o "voltar-se para si mesmo" parece um pouco religioso é porque a teoria romântica da arte seculariza e amplia a linguagem religiosa. Uma linguagem que havia sido elaborada para dar conta da relação que se estabelece com as Escrituras. Na hermenêutica protestante do século XVII, a interpretação da Palavra não se realizava apenas pela compreensão (*intelligentia*) ou pela exegese (*explicatio*), mas, essencialmente, por uma relação com o próprio eu, com a própria vida (*applicatio*). Uma teoria da formação num contexto em que as letras, as humanidades, são o conteúdo básico do ensino, tem de pensar de que se trata quando falamos de uma relação com a palavra ou com a matéria de estudo na qual se põe em jogo o próprio eu. Ainda que a palavra não seja agora a palavra de Deus e ainda que essa capacidade da palavra de levar alguém a si mesmo não tenha agora nada a ver com aplicar a palavra à própria vida no sentido – dessa vez, sim, clerical – de se converter alguém num bom cristão, num bom membro de qualquer igreja, de qualquer rebanho.

Porque aí, na formação, a questão não é aprender algo. A questão não é que, a princípio, não saibamos algo e, no final, já o saibamos. Não se trata de uma relação exterior com aquilo

---

[8] HANDKE, 1991, p. 73, 184.

que se aprende, na qual o aprender deixa o sujeito imodificado. Aí se trata mais de se constituir de uma determinada maneira. De uma experiência em que alguém, a princípio, era de uma maneira, ou não era nada, pura indeterminação, e, ao final, converteu-se em outra coisa. Trata-se de uma relação interior com a matéria de estudo, de uma experiência com a matéria de estudo, na qual o aprender forma ou transforma o sujeito. Na formação humanística, como na experiência estética, a relação com a matéria de estudo é de tal natureza que, nela, alguém se volta para si mesmo, alguém é levado para si mesmo. E isso não é feito por imitação, mas por algo assim como por ressonância. Porque se alguém lê ou escuta ou olha com o coração aberto, aquilo que lê, escuta ou olha ressoa nele; ressoa no silêncio que é ele, e assim o silêncio penetrado pela forma se faz fecundo. E assim, alguém vai sendo levado à sua própria forma.

Não estou dizendo que a obra de Peter Handke expresse, de uma maneira narrativa, a ideia romântica de formação, mas o que acredito que se pode ler em Handke, em um certo fio de leitura que atravesse a obra de Handke, são as enormes dificuldades para repetir e renovar alguns dos componentes dessa ideia. Porque acaso já não existe um tipo de palavra, não uma palavra religiosa mas, talvez, uma palavra poética, sem dúvida muito mais fracionada do que a de Goethe, muito mais trêmula, muito mais subterrânea, que não nos exige arrogantemente a gregária concordância racional, ou a gregária glorificação, ou o simples consumo, mas que humildemente solicita que a recebamos propriamente "com o coração aberto"? E é até mesmo possível, inclusive, que sejamos capazes de reconhecer, na história íntima dos encontros que fizeram nossa própria vida, alguém que, sem exigir imitação e sem intimidar, mas suave e lentamente, nos conduziu até nossa própria maneira de ser: alguém, em suma, a quem poderíamos chamar de "professor".

Porque leva cada um até si mesmo, na formação não se define antecipadamente o resultado. A ideia de formação não se entende teleologicamente, em função de seu fim, em termos do estado final que seria sua culminação. O processo da formação está pensado, melhor dizendo, como uma aventura. E uma aventura é, justamente, uma viagem no não planejado e não traçado antecipadamente, uma viagem aberta em que pode acontecer qualquer coisa, e na qual não se sabe aonde se vai chegar, nem mesmo se vai se chegar a algum lugar. De fato, a ideia de experiência formativa, essa ideia que implica um se voltar para si mesmo, uma relação interior com a matéria de estudo, contém, em alemão, a ideia de viagem. Experiência (*Erfahrung*) é, justamente, o que se passa numa viagem (*Fahren*), o que acontece numa viagem. E a experiência formativa seria, então, o que acontece numa viagem e que tem a suficiente força como para que alguém se volte para si mesmo, para que a viagem seja uma viagem interior.

A formação é uma viagem aberta, uma viagem que não pode estar antecipada, e uma viagem interior, uma viagem na qual alguém se deixa influenciar a si próprio, se deixa seduzir e solicitar por quem vai ao seu encontro, e na qual a questão é esse próprio alguém, a constituição desse próprio alguém, e a prova e desestabilização e eventual transformação desse próprio alguém. Por isso, a experiência formativa, da mesma maneira que a experiência estética, é uma chamada que não é transitiva. E, justamente por isso, não suporta o imperativo, não pode nunca intimidar, não pode pretender dominar aquele que aprende, capturá-lo, apoderar-se dele. O que essa relação interior produz não pode nunca estar previsto: "a chamada, quando é confiável, exaustiva e vibrante, musical e estremecedora, ela mesma ante aquilo que atinge alguém, então ela é eficaz. O que ela produz é algo que alguém não pode chamar de transitivo: produz isso e aquilo".[9]

A viagem de formação

A ideia humanista de formação, articulada conceitualmente como compreensão romântica da experiência estética,

---

[9] HANDKE, 1991, p. 79.

desenvolve justamente esse processo aberto em que através da relação com as formas mais nobres, fecundas e belas da tradição cultural alguém é levado até si mesmo. A novela de formação, que é a sua articulação narrativa, conta a própria constituição do herói através das experiências de uma viagem que, ao se voltar sobre si mesmo, conforma sua sensibilidade e seu caráter, sua maneira de ser e de interpretar o mundo. Assim, a viagem exterior se enlaça com a viagem interior, com a própria formação da consciência, da sensibilidade e do caráter do viajante. A experiência formativa, em suma, está pensada a partir das formas da sensibilidade e construída como uma experiência estética.

Alguns dos relatos de Handke contam de uma maneira muito particular, às vezes muito irônica, e invertendo algumas das convenções do gênero, essa viagem em que os personagens, através de certos encontros, são levados a si mesmos. Mas sem que isso suponha converter-se, finalmente, em indivíduos singulares ou alcançar, depois de alguns erros, o conhecimento das maneiras legítimas de representação do mundo verdadeiro. Os heróis de Handke não são nem tipos psicológicos que vão pouco a pouco alcançando uma personalidade madura, nem ilustrados em potencial que vão adquirindo um olhar racional sobre o mundo, nem personagens alienados que vão tomando consciência de seu verdadeiro lugar no mundo. Os heróis de Handke são, melhor dizendo, pontos de sensibilidade empenhados numa busca, cheia de dificuldades, por sua própria poética ou, em outras palavras, personagens em busca de uma determinada sensibilidade, em busca de uma determinada maneira de ler que torne o mundo legível de um modo inocente, de um modo renovado, como através do olhar de uma criança.

Para isso, eles têm de se desprender de sua personalidade e de sua cultura, das formas convencionais e fixas de ler. Os heróis de Handke não alcançam uma personalidade, mas uma transparência, um umbral de consciência em que o mundo se abre e se faz legível e habitável (ou melhor, no qual se pode perambular): simplesmente, a possibilidade de ler de novo o mundo com olhos limpos e de lhe dar de novo um sentido.

Os Wilhelm de Handke: o mal-estar da consciência

Desde o início, de maneira mais ou menos explícita, Peter Handke tratou de relacionar sua obra com a novela de formação. A novela *Carta breve para um longo adeus*, publicada em 1972,[10] inicia com uma citação do *Anton Reiser*, de K. Ph. Moritz, que é um dos clássicos do gênero; seu personagem principal coloca-se a si mesmo à sombra do protagonista dos *Anos de aprendizagem de Wilhelm Meister*, de Goethe, quando diz chamar-se Wilhelm; e viaja lendo *Henrique, o Verde*, de G. Keller, que é outra das novelas de formação da época dourada. Esse primeiro Wilhelm handkiano, perto de fazer trinta anos, dominado pelo medo, sentindo nojo de tudo aquilo que não seja ele mesmo, capaz de sentimentos úteis e nobres apenas quando se projeta nos livros, inicia sua viagem pelos Estados Unidos da América desejando livrar-se de si mesmo e buscando um ambiente, algumas experiências e uma disposição de ânimo para que pudesse aprender a ser de outra maneira. Trata-se, ali, de percorrer um espaço não familiar, estranho. Como se a tarefa que o protagonista atribui a si mesmo – mudar seu modo de ser, converter-se em outro – só pudesse se realizar num itinerário não suscetível de uma leitura já fixada e de um olhar pré-visto. Como se a constituição de uma outra personalidade só se pudesse fazer mediante uma peregrinação por outros lugares, mediante o acesso a uma consciência que não tenha já previstas e disponíveis suas modalidades habituais da experiência.

Mas a América é, fundamentalmente, o mundo dos nomes. Benedictine, a menina nascida na América que faz uma boa parte de sua viagem com Wilhelm, lê os objetos artificiais como se fossem da natureza: "Era estranho ver que Benedictine quase não se dava conta da Natureza, mas sentia como Natureza os signos e objetos artificiais da civilização. Perguntava muito mais por antenas de televisão, faixas para pedestres e sirenes de polícia, do que por bosques e ervas, e rodeada por sinais, letreiros

---

[10] HANDKE, P. *Carta breve para un largo adiós*. Madrid: Alianza, 1976.

luminosos e semáforos, parecia mais animada e ao mesmo tempo mais tranquila".[11] E o pintor com quem se encontram em St. Louis só pode ver o espaço como um colorido épico:

> Aqui, todos aprendemos a ver em quadros históricos. Uma paisagem só significava alguma coisa quando nela ocorria algo histórico. Uma faia gigantesca não era um quadro: só era quando representava alguma coisa; por exemplo, aquele sob o qual os mórmons, na sua viagem até o Great Salt Lake, haviam acampado [...]. Por isso, não vemos as paisagens como Natureza, mas como os fatos daqueles que as conquistaram para a América, e toda paisagem é, ao mesmo tempo, um chamamento para que sejamos dignos desses fatos. Fomos educados para sempre contemplar a Natureza com um estremecimento moral. Sob cada vista de un cânion rochoso, se poderia colocar uma frase da Constituição dos Estados Unidos.[12]

Sua viagem termina junto ao Oceano Pacífico, numa visita a John Ford, num belíssimo final que se constitui tanto numa imagem da paz como no acesso a uma leitura do mundo esteticamente transfigurada.

O script para o filme *Falso movimento*, dirigido por Wim Wenders, em 1974, e publicado em forma de livro, em 1975,[13] tem como protagonista um jovem chamado Wilhelm Meister e inclui entre seus personagens secundários várias imitações dos personagens dos *Anos de aprendizagem*: Miñón, Teresa, o homem velho (cópia do Harpista, da novela de Goethe) e a Jeanine do Bar Hong-Kong (cópia de Mariana, o amor juvenil do Wilhelm goethiano). Esse segundo Wilhelm, de Handke, na melhor tradição do *Bildungsroman*, parte em viagem com três objetivos: em primeiro lugar, "tentando saber mais sobre si

---

[11]HANDKE, 1976, p. 87.
[12]HANDKE, 1976, p. 89.
[13]HANDKE, P. *Falsche bewegung*. Frankfurt: Verlag, 1975.

mesmo", uma vez que, até o momento só se conhece como um transeunte casual em uma foto de jornal da praça do mercado de sua cidade e tem a sensação de não ser mais que um número nas estatísticas; em segundo, e uma vez que quer ser escritor, tentando aproximar-se das pessoas, para encontrar material para suas obras; por último, Wilhelm queria também namorar uma mulher encontrada ao acaso.

A viagem do segundo Wilhelm, de Handke, é uma viagem que cruza a Alemanha de Norte a Sul. Uma viagem em que Wilhelm atravessa, não um espaço saturado de objetos e de nomes, mas uma tonalidade moral.[14] É, melhor dizendo, uma viagem por um mundo humano (as televisões sintonizadas, os centros comerciais, as crianças, os imigrantes) descrita em forma de crítica latente: uma viagem pela própria história da Alemanha Federal; e, sobretudo, uma viagem por diferentes atitudes ante essa história e esse mundo humano: o homem velho e seu passado nazista, o industrial que fala sobre a solidão alemã, o poeta vagabundo e sua mania de perseguição. Se na *Carta breve* Wilhelm mostrava seu mal-estar em relação aos objetos e aos nomes habituais, em *Falso movimento* o mal-estar refere-se, para dizer melhor, à comunidade humana e à história. Por isso, *Falso movimento* é uma reflexão acerca dos limites do compromisso na literatura, acerca das perplexidades que as relações provocam entre escrita, política e história. A viagem, depois de vários encontros e diversas peripécias, termina numa retirada solitária para cima do Zugspitze, onde, finalmente, ele se põe a escrever.

Em ambos os textos, a viagem se coloca como a busca de uma nova forma de experiência do mundo e de si mesmo, como a tentativa de alcançar um novo umbral de consciência. Os Wilhelm, de Handke, não são mais do que pontos de percepção, núcleos de sensibilidade. Sua aventura não é mais do que o itinerário no qual um determinado umbral de consciência é posto à prova, vivido como inabitável e, eventu-

---

[14] A expressão é de G. A. Goldschmidt e pode ser encontrada em seu: *Peter Handke*. Paris: Seuil, 1988. p. 94.

almente, modificado. O "eu" dos personagens coincide com o lugar geométrico de onde lançam seu olhar. Por outro lado, os Wilhelm da *Carta breve* e do *Falso movimento* caracterizam-se por sua disponibilidade e sua indeterminação permanente, e por seu constante mal-estar, por sua inquietude. São personagens que nunca chegam a estar "confiantes de si mesmo". Seu itinerário é sempre errático, aberto ao acaso dos encontros, das sensações e dos impulsos. O percurso se vai fazendo num deixar-se ir ao próprio sabor das pessoas e das coisas. Por isso, há nesses textos uma ironia constante a respeito das convenções "ideológicas" da *Entwicklungsroman*, um distanciamento que é quase uma paródia, e uma reflexão sobre o fracasso das pretensões dos personagens quando essas significam a saída de uma indeterminação, algum tipo de autoapropriação, ou o acesso a alguma forma de verdade, finalmente conquistada, sobre o mundo ou sobre si mesmos.

A aventura desses dois Wilhelm também constitui uma exploração disso que, naquele fragmento de *História do lápis* que antes citei, aparecia como a condensação do que eu chamava de criança de espírito: o vazio do eu e a abertura do mundo. E, para isso, eles têm de se desprender dos esquemas de percepção codificados que constituem, constringindo-as, tanto a autoconsciência quanto a realidade. Na *Carta breve*, há um momento em que Wilhelm vai a "outro tempo" diferente do habitual, a um outro modo de consciência, em que:

> [...] tudo deveria ter outro significado diferente do que tinha em minha consciência atual, e em que também os sentimentos eram algo diferente dos sentimentos atuais, e alguém deveria estar naqueles momentos no estado em que talvez estivera a terra desabitada quando, depois de milênios de chuva, pela primeira vez caiu uma gota d'água sem se evaporar em seguida.[15]

E, no fim do relato, John Ford aparece como o modelo de um olhar purificado.

---

[15] HANDKE, 1976, p. 26.

Quando vejo se mover assim as folhas e o sol brilha através delas, tenho a sensação de que se movem desse modo desde toda a eternidade – disse. Trata-se realmente de uma sensação de eternidade, e quando a experimento me esqueço completamente de que existe uma História. Vocês chamariam a isso de um sentimento medieval, um estado em que tudo ainda é Natureza... [...]. E também me esqueço de mim mesmo e de minha presença.[16]

Voltarei a isso: a intuição de uma terra desabitada onde, depois de milênios, a primeira gota de chuva não se evapora; e de um estado sem história, no qual tudo é ainda natureza.

Sorger e Gregor: a exploração das formas

Lento regresso, uma nas narrativas fundamentais de Handke, publicada em 1979, é comentada pelo mesmo Handke como girando em torno do motivo central da novela de formação: a narrativa de como alguém pergunta sobre o que há nele mesmo, sobre o que ele tem em si como experiência do mundo e, nesse perguntar, descobre-se a si mesmo, converte-se naquilo que é.[17] Sorger, seu protagonista, num itinerário que quase inverte o da *Carta breve*, viaja desde o Alasca até Nova Iorque com uma parada intermediária numa cidade da costa oeste dos Estados Unidos. O primeiro capítulo mostra Sorger trabalhando como geógrafo no Alasca, aposentado, longe dos outros e do que ele era antes, na Europa, dedicado a estudar a natureza com a máxima precisão.

Sorger, no Alasca, é o Wilhelm da *Carta breve* nesse mundo desabitado, antes do tempo, onde a chuva se evapora imediatamente, e nesse mundo sem história onde tudo ainda é natureza. E é também o Wilhelm do *Falso movimento* no momento em que sobre a tela só há uma superfície nevada e

---

[16] HANDKE, 1976, p. 135.
[17] HANDKE, 1990, p. 64.

o som sincopado de uma máquina de escrever, mas sentindo, às vezes, a insuficiência desse vazio.

A novela termina quando, no voo noturno que o leva de Nova Iorque à Alemanha, ao seu país natal, Sorger vê-se a si mesmo como se estivesse fazendo sua primeira viagem, "uma viagem em que, diziam, alguém aprende qual é o seu próprio estilo".[18]

A viagem de Sorger em *Lento regresso*, desde o Alasca até o avião que apanha em Nova Iorque e que se dirige à Europa, é uma volta "ao mundo dos homens", a partir de um espaço carente de significado. É um retorno à "comunidade humana" a partir de um lugar de solidão, desabitado. Se a *Carta breve* e o *Falso movimento* eram meditações sobre a saída de casa, *Lento regresso* é uma meditação sobre o retorno. Mas um retorno que se produz a partir de um lugar que simboliza o máximo vazio, e, no próprio Sorger, a partir de um obstinado exercício no vazio. E o vazio, o aberto, o claro, o silêncio, são imagens para capturar o que há de tão misterioso na leitura poética. O vazio é o despojamento dos hábitos e dos rituais da existência, o desnudado dos modos habituais de significação e de experiência. O que não está povoado, em suma, pelos hábitos da história pessoal e coletiva. E, por isso, é a plena disponibilidade, a possibilidade absoluta. Sorger se esvaziou interiormente, separado de sua própria história, e se concentrou obstinadamente na descrição precisa de um mundo sem nomes e sem história (ou melhor, com uma história geológica completamente independente da história humana e para a qual, portanto, não serve a linguagem humana).

E desde aí, desde essa liberdade conquistada a respeito da linguagem e da história, Sorger sente a necessidade do retorno como se tivesse de "ir ao encontro de si mesmo desde a profundeza dos séculos".[19] E esse retorno tem vários objetivos. Em primeiro lugar, escrever um tratado sobre os espaços[20] e dar-se

---

[18]HANDKE, 1976, p. 154.

[19]HANDKE, 1976, p. 131.

[20]Um excelente trabalho sobre *Lento regresso*, do ponto de vista do tratamento dos espaços e relacionando Handke com Cézanne e com Espinoza, é

sua própria lei. Uma lei que governe e absolva sua vida, e uma lei que não é outra coisa senão a necessidade da história como uma história das formas instauradoras de paz, uma história à qual ele pertence e que ele pode continuar caso encontre, por sua vez, sua própria forma: "[...] estou aprendendo (mais do que isso: ainda, posso aprender) que a história não é unicamente uma sucessão de males ante os quais os que são como eu só podem responder com uma zombaria impotente, senão também, e desde sempre, com uma forma instauradora de paz, uma forma que todo mundo (inclusive eu) pode continuar".[21] Mas, além disso, Sorger pretende descrever os espaços de sua infância e encontrar o vínculo em que se encaixam todos os momentos de sua vida. Assim, Sorger quer

> [...] descrever as formas do campo de (sua) infância: desenhar planos de pontos completamente diferentes dos demais, dos "pontos interessantes"; levantar seções transversais e longitudinais de todos os campos que haviam sido um signo para ele – signos que, a princípio, lhe pareciam impenetráveis mas que, na memória, começavam a produzir um sentimento-de--estar-em-casa.[22]

E, depois da experiência da baía do Parque do Terremoto, onde ele viu a correspondência entre o desenho da baía e a máscara ritual com que os índios do Alasca representavam o terremoto, Sorger escreve: "A conexão é possível [...]. Todos e cada um dos momentos de minha vida se encaixam uns com os outros, sem necessidade de elementos intermediários. Existe um vínculo imediato; a única coisa que tenho de fazer é imaginá-lo livremente".[23]

---

o livro de: PARDO, J. L. *Sobre los espacios. Pintar, escribir, pensar.* Madrid: Serbal, 1991.
[21]HANDKE, 1985, p. 130.
[22]HANDKE, 1985, p. 85-86.
[23]HANDKE, 1985, p. 88.

Depois retomarei esse motivo: determinar para si uma lei que o vincule em seu presente com a história das formas, desenhar os espaços da infância naquilo que têm de significativo, e imaginar o vínculo em que se encaixam todos os momentos da vida.

Para terminar essa relação de sinais ao leitor, com que Handke diverte-se provocando ressonâncias entre sua escrita e a novela de formação, só quero assinalar que a última entrega da tetralogia iniciada com *Lento regresso*, o poema dramático publicado em 1981 e intitulado *Pelos povoados*[24] inicia com uma citação do *Ecce Homo*, de F. Nietzsche, uma obra em que Nietzsche conta, a si mesmo, a sua vida em "um momento em que tudo amadurece", e uma obra que tem por subtítulo justamente aquilo que relata a novela de formação: *Wie man wird, was man ist*, como se chega a ser o que se é. O protagonista do poema, Gregor, um escritor alijado da comunidade familiar e por ela rechaçado, recebe uma carta de seu irmão em que ele lhe pede que renuncie à herança da casa de seus pais. Ao comentar a carta, Gregor expressa a dor por seu próprio passado e o mal-estar pelo seu presente e, ainda que quisesse não responder à carta e ficar onde está, entrega-se à proteção de Nova, algo assim como um anjo tutelar e um emissário da nova era. E Nova lhe pede que "jogue o jogo" e que inicie uma viagem pelos povoados ao encontro de seus irmãos: "Move-te na direção de tua própria cor, até que estejas conforme a tua razão e o sussurro das folhas se faça doce".[25]

A viagem que se narra aí, nesse poema dramático, é uma viagem que não tem um cenário geográfico concreto localizável. Ainda que o marco do poema recorde as aldeias da Eslovênia austríaca e, até mesmo, o cemitério do ato final possa ser uma transposição do cemitério do povoado natal de Handke, o território do poema é indefinido. É, como diz Gregor no quarto ato, o *Recinto de aqui*, exatamente o país de aqui. Não um lugar particular, mas o espaço centrado pelo ponto a partir do qual cada um lança o seu olhar, aquele que

---

[24] HANDKE, P. *Por los pueblos*. Madrid: Alianza, 1986.
[25] HANDKE, 1986, p. 24.

cada um tem ante os olhos no lugar em que se encontra. Por isso, é o lugar em que se pronuncia o discurso de Nova, um discurso que se dirige a todos e a ninguém e que diz com-voz-entrecortada o que cada um, em algum lugar de seu coração, já sabe. O discurso de Nova pretende ser o discurso de cada um, o discurso que reencontra e pronuncia o que oculta a tristeza e o anseio de cada um. Por isso, sendo o discurso de qualquer pessoa, é pronunciado em qualquer lugar, no recinto de aqui. Por outro lado, o tempo em que se situa o poema é o momento em que os trabalhadores voltam da obra pela última vez, antes de se dirigirem a outro lugar de trabalho. O tempo em que Nova fala é, portanto, um umbral, um simples momento de passagem, imagem da introversão e ponto de partida, imagem do possível da cada um, ou seja, qualquer tempo.

Nesses textos, é exposta com uma intensidade quase épica essa luta dos personagens de Handke para abrir o mundo a uma leitura purificada. Sorger, no Grande Norte dos Estados Unidos, habita um espaço que não apenas é estrangeiro, mas que é também deserto e vazio, isto é, um espaço que ainda não tem uma linguagem que o descreva; um espaço que ainda não foi colonizado com o poder dos signos da linguagem comum. E esse espaço sem nomes opõe-se ao país de onde provém, ao mundo dos nomes:

> A Sorger, as fórmulas linguísticas de seu próprio idioma, por muito seguro que estivesse delas, pareciam para ele sempre como uma alegre trapaça: os ritos com os quais aprendia a paisagem, suas convenções para a descrição e a nomenclatura, sua representação do tempo e dos espaços se colocavam diante de seus olhos como algo questionável.[26]

Por outro lado, o Alasca é também o lugar do "não pertencimento". A tribo de índios que habita o território já é quase inexistente e Sorger mantém com eles um relação distante,

---

[26] HANDKE, 1985, p. 18.

feita quase unicamente de um mútuo olhar despreocupado. Uma comunidade dispersa, sem nenhuma identidade forte, sem poder, sem outra coesão a não ser o caminhar, às vezes, em procissão. E essa mínima comunidade opõe-se também nitidamente à do lugar de onde ele provém, o país onde a ideia de comunidade, a ideia de povoado ou a ideia de nação tornaram impossível qualquer sentimento nobre de comunidade em que alguém possa se abrigar: "[...] no meu país de origem nunca foi possível ter sequer a ideia de fazer parte do país ou das pessoas. Nem sequer havia uma ideia do que é um país ou do que são suas pessoas. E é precisamente esse deserto daqui o que me proporciona a ideia do que seja um povoado? Por que é esse país estrangeiro o primeiro que se revela como uma possibilidade de permanência?".[27]

E é aí no Alasca onde Sorger prepara suas armas, onde constitui seu olhar poético, sua leitura renovada do mundo. Porque é aí onde pode fixar sua atenção de uma maneira intensa e concentrada, literalmente "com a tenacidade e a seriedade de uma criança", e onde sua linguagem pode nomear as coisas de uma nova maneira. Ao sobrevoar a região num aviãozinho, Sorger a percebe como um rosto múltiplo, fluido, inquietante. Como um rosto feito de formas para as quais não há nomes apropriados. Só os nomes genéricos da Geografia, nomes que não são mais do que números, ou nomes, muito poucos, que provêm dos garimpeiros de ouro ou dos índios. E Sorger sente-se como alguém que pode batizar o mundo e completar sua história:

> Formosa Água, disse, e naquele momento se deu conta de que acabava de batizar o rio (e, abaixo, os braços cortados dos meandros dançavam como grinaldas) [...]. E agora, junto ao surpreendente afeto que sentia pelo rio, sentiu também sua própria história: sentiu que não estava concluída, como havia permitido que

---
[27]HANDKE, 1985, p. 49.

lhe dissessem – de modo enganoso – seus pesadelos ou mesmo suas opiniões, mas que continuava com a paciência do fluir da água.[28]

E o batizar o mundo é como esse momento em que a primeira gota de chuva não se evapora imediatamente, mas deixa um rastro no pó e se converte numa esfera.

Filip Kobal e a emergência do leitor

Como quase toda novela de formação, e como muitos dos relatos de Handke, *A repetição* é a narrativa de uma viagem em que o mundo vai se abrir de novo à leitura. Mas se trata de uma viagem em que se superpõem várias viagens e de uma leitura que se sobrepõe a outras leituras que a precedem e a suscitam.

O narrador, Filip Kobal, com quarenta e cinco anos de idade, viaja pela Eslovênia – na época, ainda Iugoslávia –, desde Rickenberg, seu povoado natal, em Caríntia, na Eslovênia austríaca, até o Karst, um deserto calcário da península de Ístria, junto ao golfo de Trieste. Mas sua viagem repete e conta outra viagem empreendida por ele mesmo quando ainda não havia completado os vinte anos. E a viagem do jovem de vinte anos, por sua vez, seguia os rastros de outra viagem feita durante a guerra, por um irmão mais velho desaparecido, e tanto o Filip adulto quanto o jovem levam consigo os cadernos e as cartas do irmão, os rastros escritos de sua viagem. E a viagem do irmão seguia outros rastros, os rastros de um herói popular esloveno já convertido em lenda, também chamado Kobal, que no século XVIII havia encabeçado uma revolta camponesa contra o imperador e que é tomado como "o patriarca de nossa linhagem". Assim, a viagem desenvolve-se sobre os rastros de outra viagem, o olhar desenvolve-se sobre os rastros de outros olhares, a leitura desenvolve-se sobre os rastros de outras leituras; e nesse desenvolver-se da viagem, do olhar e da leitura, constitui-se, para além da evocação, a recordação, isto é, a própria história daquele que narra.

---

[28]HANDKE, 1985, p. 60.

Assim, a viagem de formação do jovem Kobal, a viagem em que ele aprenderá sua própria leitura de si mesmo e do mundo não é uma primeira viagem mas uma viagem que repete outras. E a palavra alemã para "repetição" – *Wiederholung* – significa também "renovação". Aprender a ler é, ao mesmo tempo, um "voltar sobre os rastros do passado" e um "recomeçar" (a tradução francesa do relato, de G. A. Goldschmidt, intitula-se *Le Recommencement*). Com a precisão que o caracteriza, Handke começa assim sua novela: "Faz um quarto de século, ou um dia, desde que, seguindo os rastros de meu irmão, que havia desaparecido, cheguei a Jesenice. Eu ainda não tinha vinte anos e acabava de passar no último exame da escola".[29]

O relato da viagem de formação do jovem de vinte anos inicia-se ao modo convencional do *Bildungsroman*: o jovem Kobal tinha concluído sua escolarização, não tinha claro seu futuro (não sabia se fazia o serviço militar ou se pedia uma prorrogação e começava uma carreira, e, caso se decidisse por uma carreira, não sabia qual carreira começar), e não podia ir à Grécia com seus companheiros (a "viagem de formação" clássica para os jovens de boa família dos países do norte da Europa, transformada aqui numa modesta viagem de final de curso) porque não tinha dinheiro. E decidiu fazer uma viagem solitária à Eslovênia.

O narrador de *A repetição*, o Filip Kobal de quarenta e cinco anos (Handke tinha exatamente essa idade quando escrevia a novela e, nessa época, havia se estabelecido nas proximidades de Salzburgo e fazia frequentes viagens a pé pela Eslovênia, e o primeiro capítulo da novela está obviamente cheio de elementos autobiográficos, e tinha exatamente vinte anos quando, estudante de Direito na Universidade de Graz, começou a trabalhar em *Os marimbondos*, seu primeiro texto), pode ser o mesmo Sorger de volta à casa, na sua tentativa de reviver a paisagem de sua infância interpretando os signos que então eram impenetráveis; na sua tentativa de encontrar, fantasiando livremente, o vínculo que enlaça todos os momentos de sua vida; e na tentativa de

---

[29]HANDKE, 1991, p. 13.

reconhecer a lei que enlaça sua vida com todas as demais vidas nessa questão de história das formas. Seu personagem principal, o jovem Filip Kobal, encontrará, em sua breve viagem de ida e volta, todos os signos desse processo em que um narrador plenamente autoconsciente constitui-se como tal. Mas esse processo, o da constituição de um narrador, é um processo que dura um quarto de século. Por causa disso só será vivido pelo jovem Kobal em uma série de signos que lhe aparecem pelo caminho. Signos que, então impenetráveis, só alcançarão seu pleno significado para o narrador adulto que repete e renova aquela viagem, na narração que, ao contar a viagem passada, é capaz de ler de novo os signos e de lhes dar um sentido.

Filip Kobal, o jovem de vinte anos, sai de casa indeterminado, mudo, desconhecido para os demais e para si mesmo, sem possuir a linguagem justa para nomear sua família e sua casa, sem uma imagem adequada de seu próprio passado e sem nenhuma ideia sobre seu futuro. E, no curso de sua viagem, encontrará alguns signos, então ainda impenetráveis, nos quais alojar seu destino. Mas a viagem só terminará quando tenha sido lida e contada por Filip Kobal um quarto de século depois. Então o leitor-narrador terá alcançado sua consciência de leitor-narrador, o passado terá encontrado a linguagem que, ao evocá-lo, o renove, e a leitura do mundo terá se transformado em escrita.

Até aqui, a relação entre as duas viagens de Kobal. Mas, como eu dizia antes, a viagem do jovem Kobal também repetia outras viagens. O jovem abandona sua casa, seguindo seu irmão. E sua bagagem consiste nos livros do irmão: um dicionário de esloveno, do século XIX, e os cadernos que escreveu durante sua permanência na escola de agricultura de Maribor. E o jovem vai aprender a ler a paisagem através dos livros do irmão, fazendo oscilar seu olhar entre as palavras e as coisas. Com o que a viagem parece também a busca de uma maneira de ler que é, ao mesmo tempo, uma maneira de olhar.[30]

---

[30]Talvez seja interessante assinalar que os personagens das novelas de Handke que estou citando sempre leem livros e, em algum momento, falam com

O lugar perdido

Tão logo cruzou a fronteira, em Jesenice, no bar da estação, o passado logo se tornou muito distante. E, da gigantesca distância criada por esse mesmo deslocamento, o passado pode ser evocado. Contudo, até que esse passado evocado não seja convenientemente interpretado e se introduza na narrativa, não será propriamente uma recordação. Por isso, a recordação é a repetição da evocação, a repetição da vivência do passado. Mas é uma repetição em que o evocado encontra um sentido:

> O que contei até aqui [...] estava, sem dúvida, muito presente em meu espírito na estação de Jesenice; embora eu não tivesse podido contá-lo a ninguém. Sentia em mim apenas propósitos sem som, ritmos sem música [...], um poema épico emaranhado, sem nomes, sem a voz interior, sem a trama de uma escrita. O que o jovem de vinte anos havia vivido ainda não era uma lembrança. E lembrança não significava "aquilo que havia ocorrido voltava"; mas sim "aquilo que havia ocorrido, voltando, mostrava o seu lugar". Quando eu recordava, sabia: assim é como vivi. Exatamente assim! E só desse modo isso se fazia consciente para mim, sonoro e maduro para a linguagem; [...] e o que a recordação faz é assinalar seu lugar ao que se viveu, na sequência que o mantém vivo, na narrativa que em cada momento pode passar à narrativa aberta, à grande vida, à invenção.[31]

---

artistas. *O Grande Gatsby*, de F. Scott Fitzgerald e *Henrique, o Verde*, de G. Keller são os livros da *Carta breve*; *A educação sentimental*, de Flaubert e as *Cenas da vida de um João Ninguém*, de Eichendorff, são os de *Falso movimento*; Lucrécio é o autor que lê Sorger em *Lento regresso*; em *Pelos povoados* é o discurso de Nova que faz o contraponto poético e o que a gente diz da obra de um escultor que havia vivido no povoado. A consciência dos personagens, que antes caracterizamos como um entrelaçamento entre o olhar e a evocação, entre a extensão e a intensão, está constituída também pela imaginação poética. Os heróis de Handke perambulam por um espaço, por um tempo e por uma biblioteca.

[31] HANDKE, 1991, p. 85-86.

O vivido só se torna recordação na lei da narração que é, por sua vez, a lei de sua leitura. E aí se torna outra vez vivo, aberto, produtivo. A memória que lê e que conta é a memória em que o *era uma vez* converte-se em um *começa!*. Todo o primeiro capítulo está dedicado às lembranças: que foi que Filip Kobal, de vinte anos, evocou durante suas primeiras horas na fronteira? Que Filip Kobal, de quarenta e cinco anos, é agora capaz de contar?

A experiência fundamental da infância de Filip Kobal não é o não ter um lugar. Filip Kobal, agora no instituto, não consegue se integrar no círculo dos de sua idade que permanecem no povoado. Eles converteram-se já em adultos, já são claramente donos de uma posição e de um lugar no povoado, mas Filip é um estranho ou, melhor ainda, não é ninguém. Junta-se com personagens marginais: com as crianças, na praça da igreja, ao anoitecer; com o encarregado das estradas, que vive nas bordas da periferia que denominam "detrás dos hortos" e que se dedica a manter as estradas da região e a pintar as pequenas capelas das encruzilhadas; com a irmã, perturbada mental, perpetuamente sentada ao sol, como os velhos, à margem das ocupações dos demais. Personagens marginais, desocupados ou com ofícios estranhos, sem a aplicação e a determinação dos que têm seu lugar e estão plenamente identificados com esse lugar, sem a forma de estar no mundo daqueles que são claramente alguém e que têm claramente algo para fazer. Personagens que podem ser uma imagem do escritor, esse ser marginal e indeterminado. E personagens que, em outras obras de Handke, são também uma imagem de um olhar não convencional, não fixado e, por isso mesmo, limpo. Espaços periféricos, intermediários, um tanto deslocados:

> Sim, o momento das crianças à hora do crepúsculo; sim, o momento do pintor que trabalhava sem modelos; sim, o momento da alienada sentada ao sol; no entanto, para mim, em suma, nenhum desses momentos poderia substituir o lugar perdido.[32]

---

[32]HANDKE, 1991, p. 50.

Mas tampouco na cidade, no instituto, está em seu lugar. Não frequenta cinemas nem bares. Os ex-colegas vivem na cidade, são plenamente conscientes de quem são (filhos de advogados, médicos, industriais, comerciantes), têm atividades e formas de se relacionarem nas quais se movem com total desenvoltura:

> [...] eu estava à margem, mudo, sem dizer palavra, e queria que os que estavam ao redor da mesa me perguntassem por que eu não dizia nada. Mas os outros [...] a única coisa que faziam era conversar à minha margem, prescindindo de mim, como se naquele momento se tratasse só de me demonstrar, com isso, que estavam ali e que para eles eu não existia [...][33]

E tampouco na casa da família ele pôde encontrar seu lugar, dado que a casa não é mais do que a vivência do exílio. O que define a consciência dos pais de Filip é justamente o sentirem-se forasteiros no povoado. O pai, descendente daquele Kobal que encabeçou a revolta na Eslovênia, faz parte de uma linhagem que foi expulsa do país natal e condenada a não encontrar sua morada em nenhum lugar. Sua herança, a única coisa que recebeu como tradição familiar, é essa consciência de expulso. A mãe, que é, sim, do povoado, assumiu também essa herança ainda que de um modo completamente diferente. Para ela, o país natal perdido é uma promessa e um direito, um lugar de esperança. Desse modo, ambos vivem fundamentalmente num outro país, ainda que encarnando cada um, na sua maneira de viver, uma das modalidades possíveis do exílio: um vive como inevitavelmente perdido e a outra como um sonho de salvação. E ambos tentam constantemente impor suas respectivas vivências ao jovem Filip: o pai, o sentimento colérico da injustiça; a mãe, o sentimento do direito e da luta pelo direito.

A única pátria de Filip, a única coisa que Filip pode viver como uma espécie de pátria, são as viagens de ônibus e de trem

---

[33]HANDKE, 1991, p. 53.

do povoado à cidade e da cidade ao povoado. No ônibus ou no trem, os viajantes não são pobres nem ricos, eslovenos ou alemães, nem sequer são esse ou aquele. Os viajantes estão fora do entorno habitual em que são alguém e aí, na impessoalidade propiciada pela penumbra dos assentos, seus gestos alcançam uma dignidade e uma intensidade que os transfigura. E as pessoas, maximamente anônimas, solitárias, isoladas de seu contexto cotidiano, podem se mostrar em sua imagem mais íntima, mais real. Todos são igualmente ninguém. Do mesmo modo, os espaços, ao poderem ser contemplados de uma forma demorada e despreocupada, aparecem em seus detalhes e em sua indefinição, isto é, como cenários nos quais pode acontecer qualquer coisa e nos quais a imaginação pode se projetar. Desse modo, a viagem de ônibus converte-se na primeira escola desse olhar purificado, dessa forma de ler que paira sobre as pessoas e as coisas, deixando-as aparecer em sua realidade mais íntima.

O signo e a prova

A viagem de Filip, que, como toda viagem de formação, é uma viagem iniciática, abre-se com um enigma e com uma prova de iniciação. O enigma, representado pela janela cega, é um signo que, ao ser decifrado, dará a orientação da viagem. A prova, representada pela experiência do túnel da fronteira, marcará a transição, o umbral, e condensará num ponto maximamente significativo a totalidade do percurso e seu sentido, a saber, a transfiguração do olhar, a conquista de um mundo por fim legível e a emergência do narrador.

Filip sente-se atraído por uma janela cega, taipada, na estação de Mittlern. Essa janela remete-o imediatamente à evocação de outra janela semelhante na casa do encarregado das estradas, na aldeia natal, e ao olho cego do irmão cujo rastro está seguindo. E a própria janela aparece como a imagem do ilegível: aquilo que chama a atenção, mas que não dá nada para ver, aquilo que dá sinais mas cujo sentido não pode ser interpretado. E a janela dará duas mensagens ao jovem.

A primeira – "amigo, tens tempo!" – é uma instrução de demora. A segunda – o *era uma vez* pode se converter em um *começa!*, ou melhor, num *recomeça!* – é um signo de que o futuro está aberto e o passado está vigente, isto é, um signo de que a conexão temporal é possível. Sempre, naturalmente, que se dedique o tempo necessário para fantasiá-la.

A prova de iniciação, a transição, o umbral, ainda que dure apenas uma noite, na lembrança se converte num símbolo do processo de ele se converter em um narrador capaz de ler o mundo de uma maneira renovada. Por isso, na lembrança, é uma noite "que dura décadas". O jovem decide passar a noite no túnel pelo qual o trem o introduziu na Eslovênia. E o túnel, que foi construído por prisioneiros de guerra, é, como todo umbral, um espaço que contém uma imagem do peso de um passado que o impede de ser inocente. No túnel, Filip sonha com a perda do lugar: que sua casa está em ruínas, que seu vale natal se inundou, que se declarou a guerra. Sonha também com a perda da identidade do eu: que perdeu um sapato, que a repartição de seu cabelo mudou de lugar. Imagina seus companheiros na Grécia e experimenta a solidão. E, sobretudo, experimenta a mudez. O jovem está mudo porque as coisas são ilegíveis, e o planeta está mudo porque não tem nenhum narrador que o indulte e que, ao narrá-lo, lhe dê um sentido e o faça habitável.

Mas, ao sair do túnel, ainda à noite, o vale, a paisagem do vale, mostra-se como um espaço que pode ser lido:

> Ainda que tivesse gravados, desde antes, os detalhes do vale, contudo agora apareciam em sua literalidade uma série de letras que, tendo como inicial o cavalo que arrancava erva, colocadas umas ao lado das outras, formavam um contexto, uma escritura. E essa paisagem que eu tinha diante de mim, essa linha horizontal da qual sobressaíam objetos [...], essa linha que se podia descrever, eu agora a entendia como "o mundo" [...]. Desse modo, nessa hora que precedia a manhã, continuar o caminho era agora decifrar, seguir lendo, gravar na memória, tomar notas em silêncio [...]. E eu agora

distinguia duas classes de suportes do mundo: o solo que sustentava o cavalo, os hortos suspensos, as cabanas de madeira e aquele que decifrava todas as coisas e as havia tomado sobre seus ombros, à maneira de qualidades e signos dessas coisas.[34]

Além disso, "às vogais que despertavam em mim as coisas, juntavam-se agora, como se fossem consoantes, os que iam pela rua".[35] E depois das vogais e das consoantes, as palavras, as palavras simples, originais, as que mostram o mundo:

> Nas leiterias, diferentemente do que ocorria com o vozerio das marcas do norte ou do oeste, não havia mais que a palavra correspondente ao leite; na padaria, simplesmente a palavra para pão; e a tradução das palavras "mleko" e "kruh" não era nenhuma versão para uma outra língua, mas uma volta às imagens, à infância das palavras, à primeira imagem do leite e do pão.[36]

À saída do túnel, nesse tipo de epifania do mundo, nessa espécie de olhar renovado e lento em que o mundo finalmente já não está mudo e já é legível, Handke utiliza uma imagem especialmente querida para ele: as gotas de orvalho que formam pequenas bolinhas no pó. Uma imagem que, por sua vez, é uma imagem da infância e uma metáfora da escrita, da epifania do mundo através da escrita. E que pode se relacionar também com aquela intuição do primeiro Wilhelm, de Handke, da primeira gota que, depois de milênios de chuva, não se evapora imediatamente.

A aprendizagem da leitura

E começa a verdadeira viagem num percurso de trem em que Filip, como nos contos, adormece. No vale da Wocheim, Filip, com a sensação de que foi deixado em paz, solitário e

---
[34]HANDKE, 1991, p. 95.
[35]HANDKE, 1991, p. 109.
[36]HANDKE, 1991, p. 109.

anônimo, e sem nenhuma urgência, ocupa-se na leitura dos livros do irmão: uns apontamentos da escola de agricultura e um dicionário de esloveno do século XIX.

No caderno de agricultura, Filip aprende uma linguagem quase sensorial e austeramente descritiva; uma linguagem que fala de plantas, de instrumentos agrícolas, de hortos. E uma linguagem que, ao não ser a sua, está despojada de associações espúrias. O ler converte-se, assim, num ir, quase sem mediações, de uma palavra a uma imagem: uma *linguagem vidente* na qual as coisas estão com plena intensidade, quase de uma forma corpórea, material.

O dicionário de esloveno, que inclui expressões e construções frasais, também lhe dá essa experiência de um ler que é, ao mesmo tempo, um descobrir. E nas palavras aparece um povoado indeterminado, atemporal, fora da história, que cria nomes para as coisas mais cotidianas e mais insignificantes. E as palavras, ao estarem fora do contexto e permanecerem, portanto, indeterminadas, criam um espaço em branco ao seu redor onde podem ressoar:

> E, no entanto, ao mesmo tempo eram contos, porque, como resposta a cada uma das palavras que me interrogavam – ainda que eu não tivesse visto jamais aquela coisa e ainda que fizesse tempo que essa não estava mais neste mundo –, dessa coisa emanava sempre uma imagem, ou melhor, uma aparência, um brilho.[37]

E o dicionário, como se fosse uma rampa, leva seus olhos na direção da paisagem, na direção de umas pastagens desertas, em forma de escada de pedra. Ali, experimenta a aniquilação do mundo, do que dá coesão e sentido ao mundo, nas mãos dos corruptores da linguagem, do tropel dos que falam e escrevem. E, depois, a necessidade de lutar pela subsistência. E começa a escrever no ar com o punho, como lançando uma sombra sobre uma enorme folha de papel que estivesse sobre os degraus das

---

[37] HANDKE, 1991, p. 169.

pastagens, como escrevendo em uma língua já desaparecida, como antecipando uma mensagem ainda inarticulada que pede justiça.

Assim, essa segunda etapa da viagem de Filip pode ser colocada sob o signo da busca do lugar adequado, isto é, o ponto de vista adequado, a luz adequada, o ponto justo de onde lançar o olhar. Mas aqui se trata de um olhar em que o mundo se descortina a um leitor atento. Por isso, é essencial reconhecer os signos, buscar a língua correspondente, a palavra que é própria para cada coisa.

A paisagem do coração

A etapa seguinte da viagem é o deserto de Karst, a que Filip também chega, como nos contos, numa viagem mágica, transportado por forças desconhecidas: Filip dorme em um ônibus e, ao despertar, está no Karst. Ali, ele é recebido também de modo enigmático por uma velha que o saúda como a alguém dali, como ao "filho do ferreiro morto, por fim outra vez em casa", e assim o Karst será o modelo da paisagem da infância.

Como lugar iniciático, requer também uma consagração de pertencimento. E é o vento do Sudeste que o batiza e o guia, que o conduz pelo ar, que dá a ele o nome e a figura das coisas da natureza, que o ensina a ler a paisagem:

> Daquelas brisas eu aprendi mais do que do melhor dos professores: aguçando meus sentidos, todos ao mesmo tempo, no aparentemente mais emaranhado e confuso, na natureza selvagem, a léguas de distância dos humanos, aqueles sopros me mostravam uma forma após a outra, cada uma claramente separada da outra, cada uma o complemento da outra, e eu, na coisa mais inútil, descobria um valor e cheguei a poder dar nome a todas as coisas juntas.[38]

O vento do norte, por sua vez, fazia com que ele lesse, de uma maneira renovada, as obras dos homens: as formas originais

---

[38] HANDKE, 1991, p. 220.

da porta, do caminho, da casa. O vento do Norte reúne as coisas dos homens, as harmoniza e as revela belas e úteis. E aí, nesse aparecer das formas essenciais das obras humanas, Filip entende o valor da "herança dos antepassados": o jardim do irmão, a casa construída pelo pai, os móveis que o pai fabricava. Tudo isso tem aqui sua correspondência e seu modelo.

E no deserto, aprende também uma maneira de andar que o identifica: "ser todo eu uma maneira de andar".[39] Uma maneira lenta de andar que, em lugar de chamar a atenção das pessoas sobre aquele que caminha, "chama a atenção sobre o entorno", é puro prazer de estar a caminho, não tem uma meta, mas leva, de vez em quando, a se voltar e olhar para trás:

> É tão inquebrantável a esperança que tenho na força dessa paisagem para inspirar de um modo renovado aquele que a ela dedica tempo, uma nova imagem originária, uma forma elementar, o próprio protótipo daquilo que é uma coisa, que eu estaria a ponto de chamar de fé a essa esperança; o vento batismal tem o valor do vento do primeiro dia, e o caminhante, envolto por ele, sente-se ainda filho deste mundo. No entanto, não precisa sair correndo como aquele que está de passagem, senão que andará lentamente, dará a volta olhando ao redor de si mesmo, deter-se-á, se agachará [...]. Antes de que se dê conta, a paisagem e o vento já terão dado a ele aquilo que lhe corresponde.[40]

O que Filip encontra no Karst são as formas que fazem o mundo, por fim, legível e perambulável. Ali se dão a conhecer, gravam-se no seu interior, frutificam e podem ser transmitidas (levadas a outro país). Por isso, quando Filip, finalmente, decide voltar para casa, já se converteu num escritor: antes de ir leva uns pedaços de carvão que encontra incrustados na montanha, com os quais fabricará seus lápis.

---

[39]HANDKE, 1991, p. 225.
[40]HANDKE, 1991, p. 227.

3
Três imagens do Paradiso
Ou um convite ao *Wilhelm Meister habanero*

> *A novela é uma vida, a de José Cemí, e a minha, que está metida em cada uma de suas esquinas. É um Wilhelm Meister habanero...*
>
> José Lezama

Escreve Julio Cortázar, não sem uma certa afetação, que os leitores de *Paradiso* pertencem a um círculo secreto e altamente restrito.[1] Ler Lezama, ele nos diz, "é uma das tarefas mais árduas e frequentemente mais irritantes que se pode ter". No entanto, também confessa que devorou as 490 páginas comprimidas da novela interrompendo somente para respirar e para dar leite para o seu gato. E depois de acusar os sabichões, os "impecavelmente cultos", de serem incapazes de ir além da superficialidade dessa soberba combinação de erudição e ingenuidade que é a escrita de Lezama, nos convida, numa manobra elegantíssima, a tentar "a aproximação por via simpática que todo cronópio[2] escolhe

---

[1] CORTÁZAR, J. Para llegar a Lezama Lima. In: _____. *La vuelta al día en ochenta mundos*. Madrid: Siglo XXI, 1979. v. II, p. 41-82.

[2] Os *cronópios* são personagens imaginários criados por Julio Cortázar em seu livro *Historias de cronopios y de famas*. Enquanto que os *famas* são indivíduos organizados e previsíveis, os *cronópios* caracterizam-se por comportamentos fora de qualquer padrão e por levarem uma vida sem rotinas. [N.T.]

para entrar numa troca com outro". No mesmo sentido, Eloísa Lezama, depois de indicar o risco que significa tratar de interpretar seu irmão e a insensatez de tentar traduzir seu código simbólico para qualquer referente, afirma que para falar dele "é preciso ser poeta e traduzi-lo do barroco para o barroco".[3]

Paradiso é um livro irritante, mas cuja leitura não se pode abandonar; é um livro que se fecha ao educado garfo e faca dos sabichões e que, no entanto, se entrega às prazerosas e jorrantes mordiscadas dos sempre ávidos cronópios, ao *sympathos* de uma leitura selvagem e inocente; escapa a qualquer interpretação que pretenda enclausurar seu sentido, mas se deixa traduzir poeticamente num outro registro sempre que a tradução seja capaz de conservar, transfigurando-a, sua melodia essencial. Como todo texto, *Paradiso* é um artefato de inclusão e exclusão: ao mesmo tempo acolhe o leitor e defende-se dele, franqueia-lhe e nega-lhe a entrada. E mantém sempre um fundo enigmático, secreto, inalcançável. Mas, além disso, para dificultar ainda mais a leitura, estão os míopes mecanismos da especialização e o pânico acadêmico de não haver entendido corretamente. Como se atrever a propor uma leitura de *Paradiso* em um livro que tem a ver, digamos que mais ou menos, com a educação? E, sobretudo, como se aproximar de *Paradiso* quando alguém é um professor e não um cronópio ou, melhor, quando alguém está outra vez oscilando entre seu lado professor e seu lado cronópio, ambos igualmente indigentes e desvalidos, igualmente inseguros de ter compreendido? Além disso, como escrever sobre *Paradiso* sem trair seu tom poético, quando alguém, professor ou cronópio, é completamente alheio aos harmônicos gongóricos?

Tudo isso porque para além da modéstia desse exercício (nada mais que um convite a *Paradiso* na forma menor de uma meditação sobre três de suas imagens, talvez nada mais que um pretexto para inserir umas tantas citações em cujos interstícios se produzam algumas ressonâncias nas quais possa insinuar-se o

---

[3] LEZAMA, J. Mi hermano. In: _____. *Cartas (1939-1976)*. Madrid: Orígenes, 1979. p. 11.

hipotético leitor), há em suas margens uma questão que inquieta a escrita, que a faz tremer, e que talvez, secretamente, a justifica. Essa questão poderia ser enunciada de três maneiras. Primeiro, como uma preocupação sobre como a literatura pode continuar sendo um dos modos que temos de compreender aquilo que somos ou, dito de outra forma, sobre como manter a seção literária da biblioteca como um dos espaços em que se engendra nossa formação e, talvez, nossa transformação. Segundo, como uma preocupação por manter a vigência pedagógica de uma pergunta ao mesmo tempo elementar e enigmática: que é ler? Por último, como uma preocupação pela natureza dessa segunda escrita que, atravessando outra escrita, pretenda abri-la a alguns de seus possíveis sentidos, mesmo sem despojá-la de seu mistério essencial; em outros termos, que é uma *lectio* enquanto uma prática de leitura em comum na qual, idealmente, um texto se abre a algumas das múltiplas leituras que ele encerra? Ou, o que dá no mesmo: que é ensinar a ler?

Apesar dessa frase expressiva com que Lezama qualifica sua novela como "um Wilhelm Meister *habanero*",[4] atravessar *Paradiso* como um *Bildungsroman* pode parecer um atrevimento. E sem dúvida o é, se entendermos a novela de formação como a expressão da alma alemã, como a elaboração literária da conciliação problemática entre o indivíduo e a realidade social, como a expressão novelesca do individualismo burguês, como a representação de um itinerário vital que conduz a um ideal de humanidade mais ou menos harmônico e equilibrado ou, inclusive, como um gênero literário formalmente bem definido e cronologicamente limitado. Que faria aí um relato tão profundamente cubano como o de Lezama, sempre na margem e um pouco mais para lá das convenções do realismo, claramente antiburguês, barrocamente caribenho e afastado, distanciado, portanto, da serenidade impostada do classicismo alemão, profunda e ironicamente católico, soberanamente desafiador de todos os gêneros? Seria, melhor dizendo, um "anti*Bildungsroman*", uma "novela de formação negativa",

---

[4] Carta a Carlos M. Luis, 15 de agosto de 1966 (LEZAMA, 1979, p. 94).

uma "paródia de formação", uma "variante estrutural" ou qualquer das etiquetas corriqueiras que os estudiosos cunharam para incluir a nutrida e multiforme lista de sucessores e derivados do Wilhelm goethiano? Aqui não resta outro remédio a não ser entrar pela tangente, condensar o campo de visão atrás de uma ferramenta hermenêutica mais essencial que a mera subsunção de obras dispersas em princípios comuns, e saltar sem rede. Como diz Lezama, "o incentivo daquilo que não entendemos, do difícil ou do que não se rende aos primeiros vigilantes é a história da ocupação do inefável pelo logos ou pelo germe político".[5]

Toda obra literária cobiça um silêncio, uma obscuridade. E é isso que diferencia sua linguagem da linguagem não literária, dessa linguagem arrogante e dominadora que pretende iluminar e esclarecer, explicar, dar conta das coisas, dizer tudo. Frente à verborreia sistemática dos que sabem, a fábula é a ocupação poética do indizível, sua expressão e, ao mesmo tempo, o respeito para o indizível, sua conservação como misterioso inexprimível. Por isso a literatura não esgota aquilo que poeticamente ocupa, aquilo que não deixa, ao expressá-lo, exausto e saturado. O misterioso expresso poeticamente, ao conservar seu mistério, conserva-se como uma fonte infinita de sentido. Por isso, a literatura continua nutrindo-se indefinidamente de seu segredo, de sua obscuridade, de seu silêncio. Há um mistério – chamemo-lo, por comodidade, de mistério da formação – para o qual a história de sua ocupação pelo logos poético confunde-se com a história da novela (enquanto que a história de sua ocupação pelo logos científico e analítico confunde-se com a história da Pedagogia e de outros discursos positivos vizinhos). Esse indizível acaso pode ser assinalado com uma pergunta, com a enigmática pergunta que serve de subtítulo ao *Ecce Homo*, de Nietzsche: "como se chega a ser o que se é?". Um mistério dessa natureza pode ser expresso poeticamente

---

[5] LEZAMA, J. Respuestas y nuevas interrogaciones. Carta abierta a Jorge Mañach. In: _____. *Imagen y posibilidad*. La Habana: Letras Cubanas, 1981. p. 184-190.

pela novela porque a novela é a forma literária que, de um modo privilegiado, tem o tempo como sua matéria essencial, torna o tempo sensível, poetiza o tempo. Só a novela, portanto, é capaz de mostrar, em sua peculiar articulação do temporal, a gênese e o desenvolvimento de um caráter. Ler *Paradiso* como um *Bildungsroman* será, aqui, ler a novela de Lezama na medida em que ela incorpora uma determinada maneira poética de ocupar esse misterioso processo em que um personagem chega a ser o que é; mas naquilo que esse processo tem de poetizado, ou seja, de expressado e, simultaneamente, de cuidadosamente mantido no indizível.[6]

---

[6] Neste ponto estará a diferença essencial entre a aproximação ao relato literário que aqui se empreende, e esse outro tipo de tratamento metódico dos relatos que está abrindo caminho nas Ciências Humanas e, em particular, na Pedagogia. No profuso campo do "narrativo", a cuja abertura como "paradigma de investigação" estamos assistindo nos últimos anos, os relatos são tratados maciçamente como *exempla*, isto é, como textos que reenviam a uma interpretação, à emergência de um sentido que está sempre para além do relato e do qual o próprio relato não é mais do que uma ilustração exemplar. A relação entre relato e interpretação é aqui hierárquica, tanto lógica quanto axiologicamente: a interpretação é superior à história, como o geral ao particular, ou a verdade à sua manifestação. O relato não existe senão como meio para dar lugar a uma interpretação controlada, para veicular uma mensagem que deveria ser, no limite, unívoca, quase demonstrativa. E, idealmente, essa mensagem deveria poder ser transformada num imperativo, numa regra para a ação. Do mesmo modo que as parábolas evangélicas – que, ao serem traduzidas pela burocracia eclesiástica, passam da literalidade da história à sua interpretação canônica (generalização), e desta a um imperativo moral ou religioso, num processo que tem como função primordial cancelar o silêncio sagrado da palavra divina –, os relatos interpretados pela nova metódica etno-psico-pedagógica da "investigação narrativa", convertidos em *exempla*, finalmente esclarecidos, são sistematicamente expurgados daquilo que poderiam ter de indizível. A literatura, pelo contrário, constitui uma revolta permanente contra *o* sentido. E a crítica literária, uma vez abandonada sua função policial, uma vez que tenha renunciado a centrar aquilo que a literatura descentrou, a fechar o que a literatura fez explodir, não pode ser senão uma forma de escrita segunda que, atravessando outra escrita, entrecruzando-se com ela, mantenha aberto esse jogo germinativo da ocupação poética do indizível.

O texto que segue, portanto, não pretenderá converter *Paradiso* na exemplificação de um gênero. Tampouco tentará buscar no relato uma resposta à pergunta sobre a formação. *Paradiso* não dá uma resposta. Mas em sua não resposta, a pergunta pode se manter aberta. Do que se trata, melhor dizendo, é de uma preocupação no sentido de que a pergunta sobre a formação se mantenha aberta. E no sentido de que da assimilação da não resposta, da ausência de resposta, possa surgir, silenciosa, uma resposta.

Como um convite ao *Paradiso*, escolhi um caminho que consiste em destacar alguns fragmentos e tentar construir, com eles, três imagens que têm a ver, talvez de uma maneira essencial, com a formação, e propor uma pequena meditação que abra a leitura de cada uma delas. A primeira imagem é uma exposição da via excêntrica como o caminho da formação: uma tentativa de mostrar, numa figura estilizada, tanto a estrutura narrativa da novela quanto o traçado geométrico da formação de José Cemí. A segunda imagem é um tipo de elogio do perigo e não pretende outra coisa a não ser uma tentativa de contextualizar as palavras mágicas que pronuncia Rialta Olaya, a mãe de Cemí, quando ele volta de seu primeiro dia na Universidade de Havana. A última é uma mensagem de Oppiano Licario, como anjo esboçado em torno de um fragmento no qual um acidente destrói o livro que ele entrega a Cemí como um dom e uma herança. A via excêntrica propõe uma meditação sobre o tempo da formação. O elogio do perigo convida a uma meditação sobre a experiência formativa. O anjo, por último, serve de pretexto para uma meditação sobre a figura do professor. Todas essas figuras são, por definição, esquecíveis. Nada mais que testemunhos de minha passagem por *Paradiso*, rastros de caminhante, que talvez possam conduzir outros a continuar se preocupando com esse indizível que *Paradiso*, ao mesmo tempo, revela e oculta.

Primeira imagem: José Cemí e a órbita excêntrica

> *Ah, que tu escapes no instante em que já havias alcançado tua melhor definição.*
>
> José Lezama

O relato da formação de José Cemí abre-se e fecha-se com seu próprio renascimento. Nas primeiras páginas da novela, o pequeno José, aos cinco anos, parece estar em perigo de morte por um repentino e inesperado agravamento de sua doença. Seus pais, Rialta e o Coronel, não estão em casa. Os criados, ignorantes e aterrorizados, submetem-no a um exorcismo ancestral, bárbaro e desesperado, do qual sobrevive quase milagrosamente. Finalmente, para tranquilidade de todos, o menino começa a sorrir, com a pele coberta pelo esperma(cete) ardente e já solidificado que caiu do candelabro que Baldovina sustenta, e marcado no peito pelo xis que lhe faz a pressão dos braços cruzados do galego Zohar. Eis aí seus signos gloriosos: a cruz e o esperma. No centro de seu peito, a confluência num ponto da linha do acaso e da linha do destino. Sobre a cruz, o sêmen, o que faz que essa encruzilhada que cada um é abra-se ao espermático, ao germinativo. No dia seguinte, amanhece de modo feliz ao toque de alvorada. Arrancado da morte, renascido, já fora do mundo placentário da mãe, Cemí está agora no centro do relato, iluminado com a luz exata, prestes a assimilar os ensinamentos do primeiro círculo, pronto para aí enfrentar, sobre seu peito desprendido da órbita familiar, tensionado por esse ajuntamento de parentes no qual lateja a história mágica de Cuba, o primeiro encontro entre *Tykhé* e a *Moira*: "o som metálico do toque de alvorada parecia que o impelia até o centro da sala. Nesses momentos, o vestígio da luz filtrada por uma persiana azul-sépia começou a deslizar por sua cabeleira".[7]

Quase trinta anos mais tarde, no final da novela, depois de ser misteriosamente guiado à câmara mortuária onde jaz Oppiano Licario, José Cemí recebe de seu rosto, definitivamente silencioso, "a chave e o espelho", a chave estendida sobre o espelho. O espelho é uma superfície polida na qual Cemí pode ler, convertido em imagem, seu próprio rosto. E, em seu rosto, os vestígios deixados pelas pessoas e pelas coisas que tomaram parte de suas sucessivas

---

[7] LEZAMA, J. *Paradiso*. Madrid: Fundamentos, 1974. p. 15.

transfigurações. A chave é o instrumento mágico que lhe permitira abrir a última porta, a da transmutação poética, a porta encantada do relato. Ao longo do livro, o ponto crucial para onde convergem o acaso e o destino converteu-se numa imagem refletida, legível. E a semente tornou-se fruto: possibilidade de escrita. Na capela ardente de seu último mestre, no instante exato em que Licario desaparece na morte, Cemí alcançou sua forma essencial. O último círculo foi aberto. O estilo sistáltico, ou o *pathos* tumultuado, deu lugar ao estilo hesicástico[8] da serenidade. A matéria agora pode alcançar a figura, o temporal pode ressuscitar convertido em imagem, a novela pode começar. Último renascimento: ao sair do dormitar,

> [...] impulsionado pelo tilintar, Cemí de novo incorporou Oppiano Licario. As sílabas que ouvia eram agora mais lentas, mas também mais claras e evidentes. Era a mesma voz, mas modulada em outro registro. Tornava a ouvir de novo: ritmo hesicástico, podemos começar.[9]

A última frase do relato é a que abre o relato. Para que a mão de Baldovina separe os tules da entrada do mosquiteiro e contemple o peito agitado e cheio de picadas de Joseíto, para que o menino José Cemí, já convertido em emanação da escrita de José Lezama, possa dirigir-se ao centro da sala e receber em sua cabeleira a luz de cor sépia da janela, Cemí terá de ter chegado até a capela para que Licario lhe entregue seu próprio rosto convertido em imagem e a chave da novela em que essa imagem poderá, finalmente, ser fixada. A história que se conta em *Paradiso* é a história em que seu protagonista encontra a possibilidade de narrar. Por isso, *Paradiso* nos leva

---

[8] Os *hesicastas* eram os ascetas ortodoxos, nos mosteiros do Monte Atos, praticantes de uma tradição místico-contemplativa cuja origem remonta ao século XIV. [N.T.]

[9] LEZAMA, 1974, p. 490.

até o lugar preciso em que o último círculo toca o primeiro e o converte em relato.¹⁰

Mas para que o primeiro círculo, o da infância, possa ser conservado, não basta que seja meramente recordado. O primeiro círculo tem de ser transmutado poeticamente desde o último, num movimento que é tanto de conservação quanto de renovação. E, para isso, é preciso que o círculo inicial se torne aberto em espiral, num tipo de via excêntrica que o leve para além de si mesmo, para depois voltar a trazê-lo ao local da partida. A história que se conta em *Paradiso* é feita de uma série de órbitas excêntricas desse tipo. E a própria escrita de *Paradiso* emerge do lugar em que todos os círculos confluem. Porque só nesse ponto,

---

[10] Como muitas das grandes novelas deste século, *Paradiso* é, simultaneamente, um relato e a história da possibilidade e da emergência do relato, algo assim como um poema que entrega a gênese de sua própria poética. Por isso, a história de seu protagonista é também a história da lenta formação do narrador da história. O caminho que Cemí percorre desde o batismo de seu primeiro renascimento até o pentecostes de sua incorporação do espírito do verbo sob a forma da voz de Licario, o caminho de *Paradiso*, é também a transfiguração poética do caminho que Lezama percorreu até a conquista das condições de possibilidade de sua própria escrita. Dessa perspectiva, nosso *Wilhelm Meister habanero* é muito mais que uma articulação tornada novela da dialética entre socialização e individuação, muito mais que uma reflexão sobre as relações entre a arte e a vida, muito mais que a narração de uma formação artística e muito mais, inclusive, que a transposição literária de uma ideia de formação configurada essencialmente de uma maneira estética. *Paradiso* é uma meditação sobre o relato, sobre a possibilidade e sobre a formação do relato. E, através do relato, *Paradiso* é, também, uma meditação sobre o vazio ontológico que constitui a condição humana e sobre a forma-relato como a única possibilidade de transfigurar esse vazio original, fecundá-lo e dotá-lo de sentido. Portanto, a formação do relato e, através do relato e pelo relato, a formação de seu protagonista, não apenas é o "tema" da novela – aquilo que o relato desenvolve narrativamente –, não é tampouco apenas seu princípio organizador – o que faz com que a novela exista –, mas sim, em uma suprema e barroquíssima revolta, é também o que a novela se dá como sua própria condição de possibilidade e como sua própria culminação.

em que o Eros do longínquo irradia sobre o mais próximo, está a possibilidade da novela.

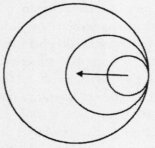

O tempo da formação, portanto, não é um tempo linear e cumulativo. Tampouco é um movimento pendular de ida e volta, de saída ao estranho e de posterior retorno ao mesmo. O tempo da formação, como o tempo da novela, é um movimento que conduz à confluência de um ponto mágico (situado, assim, fora do tempo) de uma sucessão de círculos excêntricos. Cemí está, primeiro, no centro de um círculo distendido pelos personagens de sua família. Mais tarde, Cemí descentra-se desse círculo e abre outra órbita que, distendida pelos seus amigos Fronesis e Foción, mantém, sem embargo, um ponto de confluência com o círculo abandonado. Por último, Cemí volta a descentrar-se e a abrir outro círculo em cuja periferia estão Oppiano e sua irmã Ynaca Eco Licario. Quando esse último círculo confluir no ponto mágico da convergência, e quando esse ponto tiver sido magnetizado pela imagem poética, o relato terá sido cumprido.

O essencial, então, é o ponto magnético da confluência. Mas esse ponto é inalcançável fora da instantânea iluminação da imagem poética. Só a poesia pode permitir aos mortais acercar-se a esse instantâneo que é, ao mesmo tempo, o eterno. No cap. 7 de *Oppiano Licario* – essa novela interrompida que é uma espécie de continuação e, simultaneamente, uma meditação sobre *Paradiso* – tomam-se certas palavras de Oppiano que anunciam essa transmutação poética que Cemí atingirá quando todos os círculos confluírem:

Minha irmã e eu buscamos, talvez nunca o encontremos, o nexo desses prodígios, aquilo que eu chamo de exceções morfológicas que fazem parte do rosto do invisível. Digo que talvez não o encontraremos porque somos, cada um, tão somente donos da metade. Eu tenho a metade que representa as coordenadas ou força associativa da reminiscência; ela, a visão de reconstruir os fragmentos em um todo. Se eu conseguisse o nexo da reminiscência no devir e ela pudesse recordar, em sua totalidade, a fatalidade de cada movimento, ou a necessidade invariável do que acontece, conseguiríamos algo como uma espécie de esfera transparente.[11]

A esfera transparente, o ponto de vista da totalidade, implica por sua vez uma rememoração temporal (a reminiscência no devir) e uma composição espacial (a necessidade invariável do que acontece): todo o tempo concentrado num instante e todo o espaço reunido num ponto. E isso, na poética de Lezama, só está ao alcance da imagem. Há um momento em que Cemí fala com a irmã de Oppiano, com Ynaca Eco Licario, pouco depois da morte daquele. E é nessa conversa em que José Cemí, falando na primeira pessoa, depois de fazer um gesto no ar que lembra sua mãe, entrega explicitamente sua própria poética. Poética que é, não poderia ser de outra maneira, a poética de *Paradiso*:

> Ao atingir-se esse contínuo temporal, as duas dimensões do tempo, passado e futuro, desaparecem. A linearidade e a força de atração buscam a linha divisória entre o incriado e o configurado ou, o que dá no mesmo, os pontos da imago ao atuar no contínuo temporal apagam as diferenças do aqui e agora, do antes criado e do depois incriado [...]. Nosso corpo é como uma metáfora, como uma possível polarização na infinitude, que penetra no mais importante como imago. Caminhar no espaço imago é o contínuo temporal. Seguir esse contínuo tem-

---

[11] LEZAMA, J. *Oppiano Licario*. México: Era, 1977. p. 171.

poral, engendrado pela marcha, é converter o incriado no depois, a extensão progressiva fixando uma quantidade novelável. Nesse momento, Ynaca interrompe: "Já estamos na novela, *pour la mère de Dieu*, não andemos tão depressa".[12]

José Cemí chegou a esse ponto magnético em que surge a novela, a quantidade novelável. E esse ponto é cada um dos instantes do relato, uma vez que o relato é o contínuo temporal transfigurado pela imagem. No relato, o contínuo temporal está atravessado pela imagem. Atravessados pela imagem, cada um dos momentos do relato polarizam a infinitude e as dimensões do tempo desaparecem. E, se José Cemí chega à novela no final da novela, nós, graças a Lezama, já estamos na novela desde a primeira linha de *Paradiso*.

Mas, para chegar ao momento da confluência de todos os círculos, é preciso percorrer o caminho de José Cemí, é preciso "contar" a novela, é preciso atravessar esse contínuo temporal que nos permite, em sua transfiguração pela imagem, tocar por um instante a eternidade.

Segunda imagem: Rialta Olaya e o perigo

Mas onde está o perigo, cresce também o que salva.

F. Hölderlin

No capítulo 9 de *Paradiso*, José Cemí está na plenitude da adolescência. Para trás ficaram os personagens familiares, a amada galeria dos Cemí e dos Olaya, todas essas queridas figuras que foram conduzidas pelo narrador até o exato ponto em que se relacionam com o destino de Joseíto ou, o que dá no mesmo, com o fundo escuro do reconhecimento, ainda desconhecido, de sua vocação poética. Para trás permanece, convertido em imagem e, portanto, fora do tempo, o primeiro círculo: o da

---

[12]LEZAMA, 1977, p. 131-132.

mãe, da família, do imediato. No horizonte, o terceiro e último círculo: o da infinitude do conhecimento, dos mitos, dos arquétipos, do mais afastado. Mas, para chegar a esse último círculo, o protagonista deve atravessar o círculo intermediário: o círculo da amizade, do caos, das aproximações e repulsões, das tentações, dos sonhos. O capítulo 9 é o da abertura do primeiro círculo na direção de uma espiral que leva, não sem ruptura, à órbita passional do círculo intermediário, ao lugar onde lateja o perigo e onde se oferecem, no próprio interior desse perigo, as promessas da transfiguração.

No capítulo em que são narrados seus três primeiros dias na universidade, José Cemí se desliga do círculo familiar para entrar no mundo. O edifício da Universidade de La Habana, Upsalón, é como um dragão adormecido. Sua entrada, que é também seu rosto, sua cauda e seu tronco, é uma escada de pedra. A escadaria

> [...] tem algo de mercado árabe, de praça de Toulouse, de feira de Bagdá; é a entrada para um forno, para uma transmutação, em que a indecisão voluptuosa de adolescente não permanece mais em seu perfeito equilíbrio. Conhece-se um amigo, faz-se o amor, adquire seu perfil o tédio, o vazio. Deixava-se o tempo passar ou unia-se a outros, rechaçava-se o *horror vacui* ou acaraciava-se o *tedium vitæ*, mas o inegável é que estamos na presença de um ser que se enfada, olha para direções opostas e, no fim, se põe a andar com firmeza, mas sem predisposição, talvez sem sentido.[13]

A Universidade de La Habana é uma retorta de laboratório alquímico, um forno de metamorfose em que o temperamento de adolescente, ainda indeterminado, ainda informe e indeciso, vai alcançar sua primeira determinação, sua primeira decisão, sua primeira forma. Mas o que conta para a transmutação formativa não são as aulas, banais e tediosas, sempre simpli-

---

[13] LEZAMA, 1974, p. 237.

ficadoras, nem os professores, esses seres sombrios e frígidos, escudados numa seriedade um tanto rançosa ou em um sorriso melífluo que não chega sequer a ser amável. O que conta são os espaços intersticiais: as escadas, o pátio, a cantina, os parques e praças adjacentes, a antessala da biblioteca, os corredores entre as faculdades, os bastidores das livrarias. Na universidade, os espaços intersticiais são o lugar do perigo, porque aí, fora do mundo seguro e insignificante das salas de aula, não valem as seguranças da verdade, da cultura, do saber, do sentido. Renunciando à segurança dos espaços tutelados, nos quais se comercia uma verdade intranscendente, habitando a diversidade caótica e sem marcas dos lugares marginais, os estudantes divagam, vagabundeiam. É aí, nessa extravagância, onde os estudantes testam suas armas, ensaiam seus gestos, medem o poderio de sua voz, tentam suas primeiras canalhices ou seus primeiros atos de nobreza, aprendem o gosto ácido da vaidade ou o sabor enjoativo da modéstia, investigam o sentido da fidelidade e da traição, degustam os matizes da camaradagem, da solidão, do abandono. É aí, nesses espaços fronteiriços, não tutelados, onde José Cemí, pela primeira vez, vai se dar a viver na intempérie, vai testar sua própria têmpera, formar sua maneira de ser, começar a reconhecer seu destino, acumular forças para novos saltos, para novas rupturas, para novas aberturas da espiral no sentido do ainda desconhecido. É aí também onde José Cemí, já sem a proteção do lar, vai enfrentar o risco inevitável, o extremo perigo em cujo contato vai se converter no que ele é.

O primeiro dia de aula é uma efervescência de estudantes do interior, de saudações, de reencontros. Tem de copiar os horários de aula, conferir as listas, olhar de soslaio os futuros companheiros, adivinhar amizades e inimizades, intuir possíveis namoricos, aprender a se mover com desenvoltura num espaço labiríntico, ainda desconhecido. Os estudantes dão voltas, sorriem, olham de um lado para outro, aparentam suficiência e naturalidade. Os mais afortunados, os que têm algum conhecido ou algum parente entre os maios velhos dos últimos anos, dissimulam uma segurança um tanto exagerada, super-representada, artificial e quase ridícula em seu próprio excesso.

Pouco depois das dez da manhã, a primeira prova, o primeiro perigo: o alvoroço dos estudantes em frente aos sabres da cavalaria. José Cemí não se junta a nenhum grupo. Só, gritando seus vivas e seus morras, fascinado pela intensidade dos acontecimentos, nem sequer sente medo. Mas seu olhar descomprometido e aguçado pela magia do momento percebe com particular intensidade, como num dormitar, os detalhes, às vezes líricos e às vezes cômicos, da refrega. Também sua dimensão épica. Aquela que a converte no eterno combate entre a luz e as sombras, entre os que brindam a vida e os que dão a morte, entre o verbo e a espada, entre a música e os estrondos, entre a fragilidade e a brutalidade, entre o voo e a arremetida. No caos do alvoroço, Cemí sente por um momento que lhe falta a mão protetora de seu pai. Mas no instante do máximo risco, quando os pranchaços dos sabres já se converteram em disparos desordenados, encontra outra mão que lhe dá um puxão, o recolhe em meio ao tumulto, e o guia de salto em salto, de coluna em coluna. É a mão de Ricardo Fronesis, o primeiro amigo, aquele que pela primeira vez, no verão do final do bacharelado, havia se dirigido a ele, o havia individualizado do círculo da família, o havia tirado de casa, e havia apresentado a ele os prazeres da conversa no café, da cumplicidade, da camaradagem. Detrás dele, sereno e quase feliz entre os golpes, o enigmático Foción. Ambos vão estender a órbita aberta depois desse primeiro descentramento.

No terceiro dia na universidade, o perigo tem outro rosto. Um fato acontecido na noite anterior provoca relatos, variantes de relatos, gracejos, exageros, comentários obscenos, pseudocientíficos, libertinos ou condenatórios, sempre trivialmente sancionadores. O novato Leregas foi surpreendido em plena efusão erótica com o atleta Baena Albornoz, um remador viril e forçudo, com fama de sedutor, que costumava castigar os filhos de Sodoma que pululavam à meia-noite pelos cafés portuários. À surpresa inicial, seguiu-se a zombaria maligna e humilhante dos companheiros, a acusação rápida, o escândalo ao mesmo tempo hipócrita e insolente, o castigo inevitável, os mexericos indignos, superficiais, emaranhados. Mas Cemí sabe fugir desse falatório ignóbil, afastar-se de suas tentações, de sua feroz facilidade. No círculo literário, o acontecimento produz outros ecos, outras reverberações. Fronesis, o apolíneo, o que ilumina e alarga os âmbitos vitais de todos os que dele se acercam, conversa sobre a homossexualidade, rodeado de outros interlocutores, com o dionisíaco Foción, o atormentado, o que percebe e entrega a inquietude apaixonada do obscuro. A conversa, morosa e sossegada, solene, desdobrada em longas tiradas oratórias, parodia um diálogo platônico inchado de erudição, de cadeias metafóricas enormemente complexas, de associações surpreendentes, de silogismos inverossímeis, de mitologias fabulosas, de emaranhadas retóricas maneiristas. Desde logo, a discussão fica sem solução. Mas os dois amigos demonstraram nela, não um saber ou um juízo moral, mas sim como se confrontaram com os arcanos do desejo, com os obscuros fundamentos passionais das simpatias e das antipatias. E Cemí, completando a tríade, aprendendo a se situar no interior do drama vital que, simultaneamente, une e afronta seus dois amigos, descobre pouco a pouco que o que está em jogo é como cada um se situa no próprio mistério da vida, como cada um acolhe a força de um Eros que, para lá de qualquer princípio moral ou utilitário, aparece como uma manifestação secreta do espírito germinativo.

Tanto na refrega quanto na conversa, Cemí mantém-se a distância. Mas sua distância é uma forma essencial de proximidade. No modo como Cemí enfrenta o que acontece a ele, temos a condensação de, pelo menos, três elementos. O primeiro é o próprio acontecimento: o que significa dizer que algo acontece. O segundo é a atenção ao acontecimento: o que quer dizer ir ao encontro do que acontece, pôr-se à escuta, prestar-lhe atenção, deixar-se interpelar por isso. O terceiro é o movimento da reflexão e a metamorfose: como o acontecimento e a atenção ao acontecimento vão modificando o rosto e o olhar de José Cemí. Em seu distanciamento, Cemí evita a banalidade dos que sabem. Não julga, não participa, não compreende, não recobre com um saber prévio o sentido possível do que acontece. Cemí não se conforma em saber o sentido da revolta, em conhecer suas causas ou suas consequências, em saturar com algumas palavras triviais (miséria, tirania, socialismo, revolução) aquilo que o falatório tem de dizer a ele, o mistério que talvez abriga no seu interior. Tampouco se escuda em qualquer um dos saberes que poderiam lhe dar uma explicação do que aconteceu entre os dois remadores, com qualquer moral que lhe permitisse julgá-los, ou na trivialidade liberal de qualquer forma de compreensão. Mas nesse não saber, nesse distanciamento, está a limpeza de seu olhar, a possibilidade de ir ao essencial. Para aqueles que sabem, não há mistério. A refrega diz o que tem de dizer: o que dizem, finalmente, os livros de Sociologia ou de Política. Também o episódio no dormitório diz o que tem de dizer: o que está nos livros de Psicologia, de Medicina, ou nos manuais de ética sexual. Os que sabem em sua aparente proximidade, defendem-se do acontecimento com qualquer um dos mecanismos que permitem o enquadramento de sua significação. Mas a distância de Cemí é a delicadeza para com o acontecimento. E por isso, para conservar essa delicadeza, esse respeito, Cemí faz calar as rotinas que, superpondo-se ao acontecimento, o ocultam. Cemí, em sua distância, apaga tudo o que poderia levar a perder a infinita riqueza do acontecimento, todas essas respostas arrogantes, mecânicas e repetitivas, que o anulam enquanto acontecimento ao convertê-lo num mero pretexto para que ponha em marcha uma série de esquemas convencionais de interpretação. Por isso, Cemí, em seu distanciamento, aproxima-se muito mais: deixa-se interpelar, coloca-se verdadeiramente à escuta, afina seu olhar, atenta sua sensibilidade. E o que acontece, tanto a proximidade da morte quanto a irrepresentabilidade do desejo, o presenteia com a promessa de seu segredo mais profundo.

Nos espaços intersticiais da universidade e suas fronteiras, entre os polos imantados que encarnam Fronesis e Foción, enfrentando os labirintos da morte e do desejo, no tumulto passional das atrações e repulsões, o círculo do próximo abre-se em espiral.

Cemí já começa a se colocar no centro de uma órbita diferente. Mas essa abertura indispensável, esse descentramento implica um risco tríplice. O primeiro, que o círculo se feche imediatamente, que se renuncie covardemente ao perigo que acarreta a abertura do círculo. O segundo, que se jogue o jogo com astúcia, sem entregar-se completamente. O terceiro, o mais grave de todos, que o círculo permaneça aberto para sempre, que a órbita excêntrica e alegre da espiral não conserve a força de atração da fidelidade ao círculo original do qual se afastou, que o segundo círculo perca sua conjunção possível com o primeiro.

Para conjurar esse tríplice risco, para nomeá-lo, estão as palavras que a mãe, Rialta, pronuncia quando Cemí volta para casa depois de seu primeiro dia na universidade. São as mais belas que José Cemí ouviu em sua vida, as que o colocaram decisivamente no caminho. As palavras, talvez, que justificam a trajetória de Lezama, as que a impulsionaram no momento em que foram pronunciadas e as que, uma vez inventadas e incluídas no próprio centro de *Paradiso*, poeticamente transmutadas por *Paradiso*, revelam todos os círculos no interior do relato em que esses permanecem, finalmente, fechados em um só ponto.

As palavras de Rialta, lenta e silenciosamente amadurecidas enquanto desfiava as contas do seu rosário, enquanto pensava no marido desaparecido e esperava o regresso do filho que havia começado a viver a sua própria vida, não podem ser palavras inferiores. Têm de ser pronunciadas nesse delicado equilíbrio entre a distância e a proximidade: evitando engolir, por se aproximar demasiadamente, aquilo que na vida do filho possa haver de próprio, e evitando também o distanciamento do abandono, da renúncia à responsabilidade. São palavras que têm de ser um impulso para fora e, ao mesmo tempo, uma defesa e uma companhia. Têm de comunicar um certo orgulho, condição indispensável para que José se alce sobre seus próprios pés, e têm de acompanhar alegre e secretamente, como uma música, para que José não se sinta sozinho.

> Ouve o que vou dizer para ti: Não recuses o perigo, mas tenta sempre o mais difícil. Há o perigo que ten-

tamos como uma substituição; há também o perigo que tentam os enfermos, esse é o perigo que não engendra nenhum nascimento em nós, o perigo sem epifania. Mas quando o homem, através de seus dias, tentou o mais difícil, sabe que viveu em perigo, ainda que sua existência tenha sido silenciosa, ainda que a sucessão de suas ondulações tenha sido mansa, sabe que esse dia que lhe foi destinado para sua transfiguração verá não os peixes dentro do fluir, quais manchas móveis, mas os peixes na cesta estelar da eternidade.[14]

Parece que o perigo a que alude Rialta é o que se deriva da dificuldade dos objetivos que se deverá propor, da incerteza das experiências que se deverá fazer ou dos riscos inevitáveis que se deverá correr. E, efetivamente, assim é: um adolescente tem de fixar seus objetivos, fazer experiências, aceitar riscos. Só assim sua vida adquirirá seriedade, essa maturidade e essa serenidade própria dos que viveram intensamente. Mas as palavras de Rialta sinalizam também no sentido de outro perigo muito mais essencial: aquele que tem a ver com o mais autêntico, o que engendra nascimentos, o que conduz à transfiguração. Não se trata de *um* perigo qualquer, que possa ameaçar uma vida já constituída, com seus sucessos e fracassos, com suas alegrias e suas decepções, mas sim o perigo que afeta a raiz da vida mesma em sua própria constituição. O perigo nomeado por Rialta é o perigo em que se coloca a própria possibilidade do nascimento na transfiguração, a própria possibilidade de que seu filho se converta no que é e cavalgue seu próprio destino.

A transfiguração de que fala Rialta é talvez o resultado de uma acumulação mansa de silêncios, mas nela está a possibilidade do próprio ser de seu filho. E a possibilidade também de que seu próprio âmbito seja transfigurado em imagem, escapando, assim, da fluidez do tempo e entrando no tempo sem tempo, eterno e instantâneo, do poetizável. Sucumbir ao perigo, então,

---

[14]LEZAMA, 1974, p. 245-246.

não seria outra coisa senão a infidelidade a essa exigência de transfiguração, ou a incapacidade para estar à sua altura.

Mas essa transfiguração, por sua vez, está destinada a resgatar uma ausência, aquela ausência que a mãe abriga com sua própria vida, a ausência do Coronel, a opacidade deixada pelo pai de José Cemí, morto prematuramente.

> A morte de teu pai pôde me aturdir e me destruir, no sentido de que fiquei sem resposta para o resto de meu viver, mas eu sabia que não adoeceria, porque sempre soube que um feito de tal totalidade engendraria uma escuridão que teria de ser clareada na transfiguração que exala o costume de tentar o mais difícil. A morte de teu pai foi um acontecimento profundo, eu sei que meus filhos e eu lhe daremos profundidade enquanto vivermos, porque me deixou sonhando que alguns de nós daríamos testemunho ao nos transfigurarmos para preencher essa ausência. Também eu tentei o mais difícil, desaparecer, viver tão somente no fato potencial da vida de meus filhos. A mim, esse acontecimento – como te dizia, da morte de teu pai – me deixou sem resposta, mas sempre sonhei, e esse sonho será sempre a raiz de meu viver, que essa seria a causa profunda de teu testemunho, de tua dificuldade tentada como transfiguração, de tua resposta.[15]

Com suas palavras, Rialta outorga um destino a seu filho. Mas um destino nunca é uma coação à vontade, um processo traçado de antemão e que alguém deve percorrer sem falhas ou rebelar-se contra sua determinação, algo a que alguém deve submeter-se ou contra alguém deve lutar. Outorgar um destino é orientar e colocar em marcha na direção daquilo que alguém é. Mas aquilo que José Cemí é ainda está oculto, ainda tem de ser criado ou revelado, ainda tem a forma de um vazio, de uma não resposta: ainda permanece no mistério. Por isso, ao outorgar um destino a seu filho, Rialta, ao mesmo tempo, oferece a ele a liberdade mais profunda. Não aquela que o desvincularia de

---
[15] LEZAMA, 1974, p. 246.

toda determinação, mas aquela que entrega a ele a possibilidade de desvelar o que ele é na transfiguração de si mesmo.

Assumir esse destino é assumir o perigo. Um perigo que não se pode afrontar astuta ou esquivamente, com mentiras, com substituições: Rialta sabe muito bem que "um adolescente astuto produz um homem intranquilo". Um perigo, além disso, que tem de enfrentar em sua totalidade e "não na dispersão dos pontos de um celeiro". A derrota, aqui, seria a renúncia ao destino que Rialta está outorgando a ele, a má interpretação de seu mistério, a astuta indignidade no jogo ou, simplesmente, o provável desfalecimento ante sua extrema dificuldade.

Mas as palavras de Rialta, nomeando o perigo, entregam também o que salva. Porque Rialta evoca seu filho com suas palavras, aponta para ele o que há de mais essencial, de mais íntimo, e o conduz à sua essência, ao próprio lugar de onde ele pode fazer germinar seu ser mais profundo. Mais tarde, ao sair do sonho, ainda conservando o alento das palavras de sua mãe, talvez guiado por esse alento, Cemí buscou seu exemplar do Wilhelm Meister e, percorrendo os parágrafos que havia sublinhado, logo leu:

> A que poucos varões lhes foi outorgado o poder de se apresentarem sempre de maneira regulada, da mesma forma como os astros, e governar tanto o dia como a noite, formar seus utensílios domésticos: semear e colher, conservar e gastar, e percorrer sempre o mesmo círculo com calma, amor e acomodação ao objeto. Foi uma arrogância de adolescente o que o levou a pôr à margem essa frase: eu? Pode ser que ao se sentir enfermo, o reencontro da amizade, a proximidade do perigo, e as palavras ditas por sua mãe, outorgassem a ele esse orgulho momentâneo, mas ele sabia que era essa alusão ao costume dos astros, ao seu ritmo de eterna sedução criadora, a um Eros que conhecia como as estações, aquilo que o havia levado a essa frase, mais

com a aceitação de uma amorosa confiança, do que com a tentação de uma luciferina vaidade onisciente.[16]

Rialta, em seu monólogo, fala de transfiguração. Mas fala também de testemunho e de resposta. José Cemí, em sua transfiguração, deve dar testemunho e responder àquilo que Rialta guardou como um puro vazio, como uma não resposta. Cemí tem de herdar a ausência de seu pai como aquilo a que ele pertence. Mas se trata de uma herança sem testamento. Herdar não significa, aqui, receber em propriedade algo já formado: completar o destino que seu pai deixou incompleto ou ocupar seu lugar. Aqui, herdar aponta para o mais difícil: aponta para cobiçar em si mesmo aquela ausência, recriá-la, fazê-la germinar. A herança mais difícil, a que encerra o máximo perigo, não é aquela que poderia passar a Cemí como uma propriedade, mas aquela à qual Cemí pertence, à qual tem de ser fiel, à qual tem de saber escutar; a herança, em suma, que tem de saber conservar e renovar em sua própria transfiguração.

Mas, como se pode herdar um vazio? Como se pode dar testemunho de uma ausência? Como a resposta pode surgir de uma não resposta? As palavras de Rialta ressoam também nas que Cemí ouviu de Focíon, no pátio da Faculdade de Letras, nesse diálogo sobre os arcanos da homossexualidade que destaquei mais acima:

> [...] mas a raiz em que não há pureza nem impureza, mas um jogo sombrio que se absorve e que termina na sentença de uma flor ou na plenitude morfológica de um fruto, trai desde a profundidade um fato que não se pode justificar, porque é mais profundo do que toda justificação. Toda semeadura profunda, como diziam os taoístas, dá-se no espaço vazio. E toda semeadura que nos faz tremer, digo isso sem alardes pascalianos, se faz no espaço sem resposta, que no fim dá uma resposta. Mas é uma resposta que nos é desconhecida, não tem

---

[16]LEZAMA, 1974, p. 249.

justificação, é um bocejo do vazio. Mas o tragicômico inesperado é que o homem pode assimilar essa resposta. [...] pois a grandeza do homem consiste em que pode assimilar o que lhe é desconhecido. Assimilar na profundidade é dar resposta.[17]

Quando, ao final de *Paradiso*, já no último círculo, José Cemí tenha conseguido dar forma ao seu testemunho, à sua dificuldade tentada como transfiguração, à sua resposta, os três círculos confluirão em um só ponto, em uma só imagem, e a redação de *Paradiso* poderá começar. O mais difícil e, portanto, o mais perigoso terá tornado possível José Cemí e, com ele, a história, o relato.

Terceira imagem: Oppiano Licario e o anjo

> *A inteligência com o anjo, nosso principal cuidado.*
> *(Anjo, aquele que, no interior do homem, mantém,*
> *separado do compromisso religioso, a palavra do mais*
> *alto silêncio, o significado que não se avalia.*
> *Afinador de pulsões que doura os racemos*
> *vitaminados do impossível. Conhece o sangue, ignora*
> *o celeste. Anjo: a pequena vela que se inclina ao norte*
> *do coração).*
> René Char

O destino de José Cemí configura-se entre dois desaparecimentos. A morte de seu pai, o Coronel José Eugenio Cemí, e a de Oppiano Licario, esse personagem quase fantasmagórico, um pouco anjo tutelar e outro pouco mestre iniciático, cujo legado silencioso abre a porta para a infinitude da transmutação poética. Esses dois desaparecimentos têm entre si uma secreta correspondência. Licario, que foi o único assistente da morte do Coronel, recebeu deste suas últimas palavras: "[...] tenho um fi-

---

[17] LEZAMA, 1974, p. 265-266.

lho, conheça-o, procure ensinar-lhe algo do que você aprendeu viajando, sofrendo, lendo".[18] E quando José viu seu pai morto e sentiu que desmaiava, que ia cair, "amparou-se nuns olhos que o miravam, que o miravam com inexorável fixidez. Era o inesperado que chegava, aquele que havia falado pela última vez com seu pai [...]. A fixidez dos olhos que haviam passado frente à porta parecia apanhá-lo, impedir que perdesse o sentido".[19]

Licario desaparece praticamente do relato até seu primeiro e único encontro em vida com Cemí, no final do penúltimo capítulo de *Paradiso*. Oppiano mantém-se a distância enquanto José Cemí atravessa o círculo familiar e também enquanto percorre o círculo intermediário, o âmbito dominado pela presença e posterior desaparecimento de Foción e Fronesis. Mas quando volta ao relato, graças a um conjunto de peripécias aparentemente casuais às quais apenas uma segunda leitura é capaz de atribuir um sentido secreto, o terceiro e último círculo começa a se abrir. Por último, sua presença, qual um impulso fantasmagórico, noturno e misterioso que distende um dos extremos da órbita do último círculo (o outro extremo é Ynaca), manifesta-se magicamente no relato que leva seu nome. Mas quem é Licario? Quando se encontra com Cemí, vive já quase no invisível: sua mente é apenas uma caixa de imagens, seus sentidos nada mais que um pretexto para o voo, para o ensimesmamento, apenas sente seu corpo. Como os anjos, possui o segredo da forma. Também como os anjos, domina o segredo do aparecimento e do desaparecimento:

> Seu compasso formativo oferecia uma abertura muito pouco frequente, pois havia lhe oferecido aquela formação intensiva, aquela formação translativa e cheia de surpresas que é ditada por um acaso favorável. Havia passado temporadas, não cursos completos, em Oxford, na Sorbonne, em Heidelberg e em Viena, mas desses centros culturais havia derivado não uma disciplina, não apenas uma dis-

---
[18]LEZAMA, 1974, p. 166.
[19]LEZAMA, 1974, p. 169.

ciplina, mas uma maneira secreta, um *plein air*, algo que em algum momento chegava alegremente a descobrir. Não era apenas que possuísse cultura, mas que aqueles que o rodeavam chegavam a perceber que tudo o que lembrava fazia parte de uma melodia que entrelaçava a pessoa com sua circunstância secreta. Mas se percebia logo que essas excursões pelos clássicos escaninhos do saber ocidental não eram o diapasão fundamental de seu saber, do qual participavam às vezes também o seu sorriso, outras vezes sua melancolia: chegar como uma aparição e se despedir como o desaparecimento do anjo anunciador, que disse uma palavra, a que se esperava e depois participava incógnito no conselho dos Reis Magos.[20]

Por último, Licario possui a fé no destino de seu tutelado, em sua possibilidade transfigurativa:

> A obstinada, monstruosa e enlouquecedora fé de Licario em Cemí, seria para sempre o selo de sua sobrevivência. Colocar nossa fé no outro, essa fé que só temos despedaçada, errante ou integrada em nós mesmos, é uma participação no Verbo, pois só podemos tocar uma palavra, em seu centro, com uma fé hipertélica, monstruosa, na metamorfose daquele que lê através da secularidade.[21]

Licario transmutou o saber adquirido num princípio formal que, ainda que seja indefinível, pode ser percebido como a totalidade de uma obra de arte. Licario conseguiu um tipo de transparência quase cristalina dotando toda sua pessoa de um certo ritmo e de uma certa regularidade, como de uma música, cujas leis harmônicas e melódicas nunca são inteiramente definíveis. Desse núcleo formal tão transparente como inalcançável procede, como por inspiração, a íntima certeza de

---

[20]LEZAMA, 197, p. 142-143.
[21]LEZAMA, 1977, p. 96.

seus gestos, de sua voz, de seus movimentos. Além disso, essa forma possui uma grande potência germinativa para todos os que dela se aproximam. A forma de Licario não se transmite a Cemí, não se reproduz na forma de Cemí, mas seu alimento gera a última transformação de Cemí, seu último renascimento. Porque essa é a modalidade angélica da transmissão, aquela cujo segredo só possuem os mortais que alcançaram não um saber, mas uma transparência: o produzir o milagre dos nascimentos, das epifanias.

Para que essa transmissão seja possível, tem de possuir o segredo da distância exata, do equilíbrio preciso entre a proximidade e o afastamento, entre a presença e a ausência. Licario possui esse segredo porque sabe aparecer, dizer a palavra exata que anuncia e sinaliza, e sabe em seguida se apagar e desaparecer ao mesmo tempo que, em sua ausência, mantém-se atento. Licario é como um anjo porque faz um sinal e desaparece. E esse sinalizar e desaparecer põe Cemí em movimento, distende seu espírito e o faz crescer levando-o na direção dele mesmo.

A última condição da transmissão angélica é a fé de Licario em seu tutelado, e a correspondente capacidade de Cemí de estar à altura dessa fé. Ao sinalizar e desaparecer, ao mostrar sua confiança invulnerável no destino de Cemí, ao se apagar inclusive a si mesmo na grandeza dessa confiança, Licario consegue formular a palavra que libera. Uma palavra que toca no centro do Verbo e que por isso é uma palavra quebrada e tremeluzente, mas dotada de algumas possibilidades de transformação de que carecem as palavras arrogantes e afiadas daqueles que sabem. Essa palavra não exige um assentimento racional, não intimida, não pede para vencer, nem sequer convencer, não pretende se apoderar daquele que escuta, não suporta o modo imperativo. Mas, na vibração de seu tremor, põe a caminho na direção de algo cujo resultado não se pode definir antecipadamente. A transmissão angélica não é entendida teleologicamente, em função de um resultado previsto de antemão. Não se sabe para onde vai conduzir, nem sequer se vai conduzir a alguma parte. Mas, justamente por isso, pode ter uma influência não transitiva, hipertélica, uma influência que pode ir para além de seu telos, de sua finalidade explícita.

Há um momento em *Oppiano Licario*, um dos mais comoventes, que condensa essas três características do modo como Licario, em sua relação com Cemí, possui o segredo dos anjos. Cemí recebeu de Ynaca o manuscrito da única obra de seu irmão, a *Súmula, nunca infundida, de exceções morfológicas*, um tipo de compêndio das formas excepcionais das palavras que Licario foi segregando, como uma teia de aranha, ao longo de sua vida. Com as folhas no seu bolso, Cemí sente que essa escrita comunica uma missão secreta para a sua vida. Ante a iminência de um ciclone, um desses sinais da natureza que atestam os acontecimentos essenciais e prodigiosos, Cemí coloca os papéis no fundo de uma caixa chinesa convenientemente situada no centro de sua mesa de trabalho, e vai até a casa de Ynaca. Ao voltar para a sua casa, depois de uma cerimônia de iniciação erótica plena, outra vez, de simbolismos batismais e generativos, o estúdio inundou-se e o assustado cachorro das solteironas – como uma encarnação desse acaso imprevisível que, interrompendo, coloca as coisas magicamente em seu lugar –, abriu a caixa e espalhou as folhas.

> Quando Cemí entrou no estúdio, o cachorro ainda mordia, com fúria, as folhas. Como se as resgatasse das chamas, Cemí começou a saltar e a juntá-las de novo. A água havia apagado a escrita, ainda que ao enrugar o papel lhe conferisse uma pátina, como se ao volatizar o carvão da tinta permanecesse, na brancura da página, um texto indecifrável.[22]

O livro de Oppiano não contém um saber, mas, separado da substância mais íntima de seu ser, condensa a escrita mais essencial de sua própria forma. Mas para que esse livro tenha a potência geratriz de um chamamento, tem de desaparecer, converter-se em criptografia indecifrável ou, no limite, voltar

---

[22]LEZAMA, 1977, p. 155.

à folha em branco. Do mesmo modo que as palavras do mestre só ao se converterem em silêncio deixam um vazio no qual o discípulo possa criar um lugar para si, assim a escrita de Licario, somente ao ficar em branco, pode fecundar. O livro de Oppiano, uma vez introduzido no mundo, deve ser subtraído do mundo pela água, elemento da metamorfose, e pela violência purificadora do ciclone. Licario entrega seu segredo e em seguida o apaga, mas só esse movimento pode fazer aparecer o vazio germinativo. Aí, nesse vazio, é onde Cemí pode se demorar e lentamente embarcar na tarefa de assimilar seu sentido. E assim, apagando essa escrita que é a sua oferenda mais íntima e pessoal, é como Licario oferece também a enormidade e a grandeza de sua fé em Cemí, dessa fé que conduzirá José para além, inclusive, de si mesmo, até a suprema metamorfose, até sua transfiguração poética no relato. E, da mesma maneira que aquilo que o anjo transmite permanece secretamente conservado na transmutação dos mortais que o acolhem, assim o próprio Licario e o vazio deixado por sua *Súmula* permanecerão guardados para sempre, poeticamente transfigurados, entre as linhas de *Paradiso*.

Segunda parte
A EXPERIÊNCIA DA LEITURA

4
Leitura e metamorfose
Em torno de um poema de Rilke

O poema intitula-se *"Der Leser"* – "O leitor":

> Quem o conhece, a este que baixou
> seu rosto, de um ser até um segundo ser,
> a quem apenas o veloz passar das páginas plenas
> às vezes interrompe com violência?
>
> Nem sequer sua mãe estaria segura
> se *ele* é aquele que ali lê algo, mergulhado
> em sua sombra. E nós, que tínhamos horas,
> que sabemos de quanto se dissipou
>
> até que, com esforço, ergueu o olhar?
> carregando sobre si o que, abaixo, no livro,
> acontecia, e com olhos dadivosos, que ao invés
> de tomar, se topavam com um mundo pleno e pronto:
>
> como crianças caladas que jogavam sozinhas
> e de pronto vivenciam o existente;
> mas seus traços, que estavam ordenados,
> ficaram alterados para sempre.[1]

---

[1] "Wer kennt ihn, diesen, welcher sein Gesight / wegsenkte aus dem Sein zu einem zweiten, / das nur das schnelle Wenden voller Seiten / manchmal gewaltsam unterbricht? / Selbst seine Mutter ware nicht gewich, / ob er es ist, der da mit seinem Schatten / Getranktes liest. Und wir, die Stunden

Poesia e verdade

"O leitor" pertence a *Der Neuen Gedichte Anderer Teil* (*A outra parte dos Novos Poemas*), um livro que foi concluído em 1908, quase no fim da experiência parisiense de Rilke, e que está dedicado ao escultor Rodin, de quem o poeta havia sido secretário pessoal, até meados de 1906. O livro dá continuação a outro, anterior, intitulado *Novos Poemas* e também escrito em Paris, entre 1902 e 1907. Essas duas séries de poemas, junto com *Os cadernos de Malte Laurids Brigge*, constituem a segunda etapa da obra rilkiana, a do "poema-objeto", depois da orientação pós-romântica que norteia *O livro de horas* e também, em grande parte, *O livro das Imagens*, e antes da culminação do itinerário poético de Rilke nas *Elegias de Duíno* e nos *Sonetos a Orfeu*.

Os títulos dos poemas lembram o catálogo de uma exposição. Além disso, vários deles tomam, como pré-texto, obras de artistas plásticos ("O leitor" tem como ponto de partida um quadro de Manet intitulado *A leitura*). Não é em vão que Rilke estava, na época, colocando suas próprias tentativas poéticas sob o signo de Rodin, de Van Gogh e, sobretudo, de Cézanne, cuja retrospectiva, no Salão de Outono, de 1907, tinha visitado assídua e emocionadamente.[2]

Rodin, Van Gogh e Cézanne, assim como Baudelaire, contribuíram para que Rilke abandonasse os postulados estéticos pós-românticos que atravessavam sua obra anterior (sobretudo o subjetivismo, o sentimentalismo e o abandono à inspiração) e iniciasse uma etapa poética marcada pela observação rigorosa,

---

hatten, / was wissen wir, wieviel ihm hinschwand, bis / er mühsam aufsah: alles auf sich hebend, / was unten in dem Buche sich verhielt, / mit Augen, welche, statt zu nehmen, gebend / anstiechen an die fertig-volle Welt: / wie stille Kinder, die allein gespielt, / auf einmal das Vorhandene erfahren; / doch seine Züge, die geordnet waren, / blieben für immer umgestellt". A tradução que transcrevi é a que F. Bermúdez-Cañete propõe, em: RILKE, R. M. *Nuevos Poemas II*. Madrid: Hiperión, 1994. p. 229.

[2] A leitura que Rilke fez dessa exposição está exposta em: *Cartas sobre Cézanne*. Madrid: Paidós, 1985.

a despersonalização frente ao objeto contemplado e a disciplina formal. O poema não será mais o resultado de um momento de inspiração entendido como um acontecimento psíquico na intimidade do poeta. A leitura não será o reviver, por parte do leitor, a experiência psicológica singular do poeta. O poema deve ser algo indiferente e passivo, como uma coisa da natureza, repousando em si mesmo e mantendo-se impermeável a qualquer projeção subjetiva. A leitura deve ser contemplação a distância daquilo que o poema leva até a verdade de seu ser.

Rodin deu a Rilke "a realidade tal como ela é, sem a falsificação sentimental do sujeito".[3] Baudelaire entregou a ele a convicção de que o olhar artístico não pode eleger nem desdenhar seu objeto, de que tem de atrever-se a ver "também no horrível e aparentemente apenas repugnante a qualidade de ser, o 'válido', junto com todo o resto que é".[4] Cézanne deu a ele a ideia de *realização*, que Rilke entende como a consecução poética do "convincente, o 'fazer-se coisa', a realidade que, graças à sua própria vivência do objeto, chega até à indestrutibilidade".[5] E Rilke também recebeu de Cézanne essa percepção da paciência e da humildade canina do artista ante a realidade concreta, mas sempre incompreensível, que lhe chama, lhe golpeia, lhe faz passar fome e lhe põe finalmente de lado, fazendo-o até mesmo esquecer os raros instantes em que lhe permitiu permanecer "não expulsado, nem tampouco aceito" junto a ela.[6]

---

[3] A expressão é de Lou Andreas-Salomé e está em: *Mirada retrospectiva*. Madrid: Alianza, 1980. p. 113.

[4] ANDREAS-SALOMÉ, 1980, p. 52.

[5] RILKE, 1985, p. 33.

[6] Rilke diz que Cézanne "senta-se no jardim, como um velho cão, o cão submetido a esse trabalho que lhe chama, o apanha e lhe faz sofrer de fome (1985, p. 35). A imagem do cão como símbolo da humilde receptividade do artista está também elaborada em um dos poemas finais de *Nuevos Poemas II*. O poema "O cão" diz assim: Lá em cima, a imagem de um mundo de olhares / sem cessar se renova, e tem validez. / Só às vezes, secretamente vem uma coisa / e se coloca ao seu lado, quando ele lhe dá passagem / através dessa imagem, abaixo, diferente, / como ele

Marcado por essa nova objetividade que não renuncia a um certo subjetivismo experiencial e à inclusão de indubitáveis dimensões simbólicas,[7] o que Rilke tenta nos dois livros de *Novos Poemas* é a aproximação lenta à realidade do que é contemplado e a elaboração poética de sua veracidade essencial, de modo que não esteja falsificada nem pela emoção, nem pelo juízo subjetivo do poeta. Sobre o vazio da emoção e do juízo, Rilke é muito explícito: trata-se de romper com "isto se julga, em vez de dizê--lo" e com "amo esta rosa, em vez de dizer: ei-la aqui";[8] o artista confunde sua ação quando "ordena, ou faz intervir, de uma ou outra maneira, sua superioridade humana, seu engenho, sua destreza de advogado, sua agilidade mental;[9] o que tem de tentar é a visão exata, sem o obstáculo da projeção subjetiva, a coisa mesma em seu próprio ser e em sua própria verdade e não o que ela sugere ou inspira: "o triunfo de si para uma nova beatitude".[10]

é; não expulso, nem tampouco aceito, / e, como se duvidasse, dando sua realidade / à imagem que ele esquece para, não obstante, / voltar, sempre de novo, a meter a sua cara, / quase como uma súplica, e quase compreendendo, / muito próxima a lembrança e, todavia, / renunciando: pois ele não existiria" (1985, p. 241). Sobre a imagem do cão em Rilke, veja-se: FERREIRO, J. Rilke y los perros. In: *Nueva Estafeta*, n. 48-49, p. 39-54, 1982.

[7] BERMÚDEZ-CAÑETE, F. Introducción a *Nuevos Poemas*. Madrid: Hipérion, 1991. p. 7.

[8] RILKE, 1985, p. 43.

[9] RILKE, 1985, p. 56.

[10]Idem. p.52. Pode-se descobrir a estética dos *Novos Poemas* também nesses versos do poema "Réquiem para uma amiga", que Rilke escreveu em memória da pintora Paola Modersohn-Becker, em fins de 1908: "Porque isso tu entendias: frutas plenas. / Colocava-as quais fontes diante de ti / e medias seu peso com cores. / E como frutas viste as mulheres, / e o mesmo com as crianças: desde dentro / movidos por sua forma de existir. / E, no fim, também te viste como fruta, / te descascaste de teus vestidos, posta / ante o espelho em que te fundias até / o olhar, deixada em frente, enorme, / e sem dizer 'sou eu', mas 'isto é'. / Tão sem desejo foi por fim teu olhar, / e tão sem nada, tão deveras pobre, / que não te desejou nem a ti: era santa" (tradução para o espanhol de J. M. Valverde, em: *Obras de Rainer Maria Rilke*. Barcelona: Plaza y Janés, 1971, p.729). Deve-se dizer

Aqui o poeta não se intromete: não julga, não valora, não mostra nenhuma emoção acerca do que descreve tenta manter uma objetividade disciplinada e manter seu "motivo" a distância, como conservando-o não contaminado de qualquer projeção que pudesse falsificá-lo. O real permanece, assim, transfigurado e essencializado, convertido em "coisa de arte" (*Kunstding* é a palavra inventada por Rilke), e por isso agora mais verdadeiro e mais real até mesmo do que aquilo que pôde lhe servir como modelo.

A formação do poeta

Der Neuen Gedichte Anderer Teil constitui a formulação de uma poética e, simultaneamente, o relato do itinerário de formação de um poeta. O livro começa com uma invocação a Apolo como deus da arte e da música, continua com uma série de estampas bíblicas e mitológicas, e passa depois para uma série muito mais plástica e descritiva de "poemas-objeto". *O leitor* está situado quase no fim do livro, fazendo parte de uma série de figuras que encarnam diferentes aspectos do poetizar e que culmina no último poema do livro, uma apoteose do artista debaixo da figura de Buda ("Buda na glória").[11]

---

que foi Paola quem "havia sentido a pintura de Cézanne 'como uma grande tormenta', anos antes de Rilke, e a ela se devia que, num momento decisivo, se tivessem aberto seus olhos frente à nova mensagem" (H. Wiegand Petzet, no Epílogo a RILKE, 1985, p. 79).

[11] Os últimos poemas do livro são os seguintes: "O solteiro" – sobre o caráter desarraigado, quase fantasmagórico e sem descendência, do poeta; "O solitário" – sobre a oscilação entre o dizível e o indizível, entre a luz e a escuridão, entre a inquietude e o apaziguamento; "O leitor" – sobre a metamorfose provocada pela experiência da leitura; "O pomar" – sobre a relação entre a arte e a natureza; "Vocação de Maomé" – sobre a revelação que exige transformação; "O monte" – sobre a paciência, a despersonalização e a impossibilidade do artista; "A bola" – sobre a relação entre o poeta e o mundo dos homens; "A criança" – sobre o desamparo, a incompreensão e a forma de sentir, própria da infância; "O cão" – sobre a humildade e o esvaziamento existencial do artista; "O escaravelho" – sobre a solidez e a inacessibilidade da obra de arte; e, finalmente, "Buda na glória".

O poema que inicia o livro intitula-se "Torso arcaico de Apolo" e é inspirado numa escultura grega do período clássico antigo, exposta no museu do Louvre. O poema diz assim:

> Nunca conhecemos sua inaudita cabeça,
> em que amadureciam os globos de seus olhos.
> Mas seu dorso arde ainda, qual um candelabro
> no qual o seu olhar, ainda que reduzido,
> mantém-se e reluz. Se não, a proa do peito
> não poderia deslumbrar-te, nem na inclinação suave
> das ancas um sorriso poderia ir
> ao centro que tinha poder de procriação.
> Se não, estaria esta pedra desfigurada e curta
> sob o umbral translúcido dos ombros, e não
> cintilaria como as peles das feras;
> tampouco irromperia, de todos seus bordos,
> como uma estrela: porque não há aqui nenhum lugar
> que não possa te ver. Deves mudar tua vida.[12]

Se lermos "Torso arcaico de Apolo" do ponto de vista da leitura, a partir da relação que o leitor-espectador estabelece com a obra, destacam-se alguns aspectos que podem iluminar a interpretação de "O leitor". A primeira coisa que surpreende nesse poema é justamente sua atenção ao que não está na escultura: à sua cabeça, aos seus olhos e ao seu sexo. O observador repara justamente no que falta na obra, mas que, essencialmente, a obra aponta. A cabeça, que não está, é "inaudita", contém o que ninguém ainda escutou. Os olhos, de cuja interpelação ao espectador derivará a mensagem final da obra, tampouco estão no torso fragmentado; mas seu olhar ausente "mantém-se e reluz". A pedra não aparece diante do espectador "desfigurada e curta", mas plenamente formada e inteira, como se a unidade de seu sentido estivesse justamente na relação entre o presente e o ausente, entre o que mostra e aquilo que assinala. Na figura contemplada, tudo "arde", "reluz", "deslumbra", "cintila",

---
[12]RILKE, 1984, p. 19.

como se a obra emitisse luz ao invés de recebê-la. O que interessa da obra, o que ilumina, é o que irrompe "desde todos seus bordos", precisamente desde o lugar limítrofe entre aquilo que é e aquilo que não é. E daí, desse lugar intermediário, é que a obra olha e fala, é de onde ela oferece seu sentido. Todo o torso converte-se, no último verso, num imenso olho que coloca o espectador em seu âmbito e o interpela, dirigindo-se a ele com uma mensagem de transformação existencial: "deves mudar tua vida".

O poema contém três elementos que poderiam ser significativos para uma imagem da experiência da leitura. Em primeiro lugar, a relação entre o presente no texto e o ausente, entre o dito e o não dito, entre o escrito e um mais além da escrita: a leitura situar-se-ia justamente no modo como o presente assinala o ausente, o dito aponta para o não dito, o sentido se situa para além do escrito. Em segundo lugar, uma inversão da relação entre o leitor e o texto: não é o leitor que dá a razão do texto, aquele que o interroga, o interpreta e o compreende, aquele que ilumina o texto ou que dele se apropria, mas é o texto que lê o leitor, o interroga e o coloca sob sua influência. Por último, o texto como origem de uma interpelação: a leitura seria um deixar dizer algo pelo texto, algo que alguém não sabe nem espera, algo que compromete o leitor e o coloca em questão, algo que afeta a totalidade de sua vida na medida em que o chama para ir mais além de si mesmo, para tornar-se outro.

Talvez seja possível pôr esses três elementos em relação com a ontologia hermenêutica heideggeriana, devedora, em muitos aspectos, da herança de Rilke.[13] A relação entre o presente e o ausente na contemplação da escultura grega poderia se relacionar com a ideia da obra de arte como um diálogo permanente entre o des-ocultado e o oculto ou entre o aberto e o fechado; um diálogo em que é o oculto e o fechado aquilo de que procede toda des-ocultação e toda abertura. Desse ponto de vista,

---

[13]BENEDITO, M. F. *Heidegger en su lenguage*. Madrid: Tecnos, 1992. Especialmente o cap. 7.

a leitura é um diálogo entre o dito e o não dito do texto, entre o que a palavra entrega e o que retém, mas sendo o não dito o lugar essencial de onde ressoa o sentido. Ler, diz Heidegger, é "recolher na colheita do que permanece não dito no que se diz".[14] Por outro lado, a inversão da relação entre a obra e o espectador poderia se conectar com a ideia heideggeriana de que é o leitor o que pertence à obra e não a obra ao leitor, dado que é a obra que tem um caráter fundante da relação entre ambos, a que abre o ser ao qual o leitor e a obra juntamente pertencem. Por último, a imagem da obra que interpela o espectador não é alheia à ideia heideggeriana da experiência da leitura como algo que põe o leitor em questão, tira-o de si e eventualmente o transforma. Em Heidegger, a palavra que nomeia a obra é sempre resposta ao primeiro chamado da obra. A obra é um dirigir-se-a-nós ao qual se deve prestar atenção e do qual deriva seu verdadeiro sentido. Por isso, ler (e comentar) um texto é, fundamentalmente, escutar a interpelação que nos dirige e fazer-se responsável por ela.

Se considerarmos o poema em que o livro culmina, essa apoteose do poeta intitulada "Buda na glória",[15] observaremos que a imagem mudou completamente. O personagem a que se saúda e glorifica nesse poema conseguiu o repouso em si mesmo e a exata distância e relação ao existente. E, ao mesmo tempo, justamente por essa distância e por esse repouso, por ser agora uma pura presença que não julga nem valora, que eliminou toda projeção emocional e toda relação de ambição, seu ser contém o infinito. Se abstrairmos do poema o caráter glorioso

---

[14] Carta a E. Staiger (1950), citada por G. Vattimo, em sua *Introducción a Heidegger*. Barcelona: Gedisa, 1986. p.123.

[15] "Centro de todo centro, núcleo de todo núcleo, / amêndoa que se fecha e dulcifica... / este todo, até todas as estrelas, / é tua polpa: eu te saúdo. / Olha, tu estás sentindo que já nada depende / de ti; no infinito está tua casca, / e ali o forte sabor se concentra e apura. / E de fora um resplendor lhe ajuda, / pois, em toda a altura, são derramados / teus sóis, ardentes e plenos. / Mas em ti está já começando / o que superará os sóis" (RILKE, 1994, p. 245).

e cósmico do poeta, sua atitude talvez não esteja muito longe dessa receptividade desprovida de toda vontade de dominação que Heidegger chama Serenidade.

E talvez "O leitor" contenha, de uma forma condensada, o itinerário que vai daquele que se oferece a esse mandamento da pedra, que exige dele transformar a sua vida, até aquele que, "centro de todo centro", se fez capaz de uma relação justa e serena com o ser em sua pureza, desde aquele que "baixou seu rosto" para enfrentar a obra e deixar-se transformar por ela até aquele que alçou a vista e vivenciou a plenitude "do existente" com o olhar límpido e inocente de uma criança.

A figura do leitor

O quadro que serviu de ponto de partida para "O leitor" era primeiro um retrato de Suzanne Leenhoff, esposa de Manet, pintado em 1868, ao qual, vários anos depois, o pintor acrescentou a figura do leitor no canto superior direito, utilizando como modelo Léon Koëlla, o filho ilegítimo de Madame Manet e que ela fez passar por seu irmão menor até seu casamento com o pintor, quando o menino tinha onze anos, e que depois quase todos tomariam como filho desse matrimônio.

A primeira coisa que surpreende é a força do contraste entre as duas partes do quadro. O retrato de Suzanne apresenta-a completamente vestida de branco, os braços transparecendo sob as mangas e o busto sob um lenço que cobre o decote, e sentada num sofá também branco, tratado de maneira praticamente indistinguível do vestido, exceto pela direção das linhas de sombras. O fundo do quadro é uma cortina da mesma cor branca que vai se transformando num verde transparente na medida em que se aproxima da janela entreaberta que está à sua direita e atrás da qual se vislumbra um jardim. Além de um cinto e de um colar de duas voltas, só se destacam, do branco dominante, os rosas pálidos e os ocres das mãos e do rosto doce, arredondado e tranquilo. A luz que entra pela janela apenas faz sombras. Essa parte do quadro, um pouco mais que cinco sextas partes de sua superfície, transpira serenidade, uma certa elegância afetada e esse sentimento de calma e de bem viver próprio dos interiores burgueses.

Toda essa tranquilidade está violentamente perturbada pela presença enigmática da figura do leitor, de pé e de perfil, mostrando apenas a cabeça e os braços desde fora da tela. De um fundo negro manchado com um pouco de marrom, destaca-se uma linha formada de cima abaixo por três pontos: o rosto do leitor, o livro aberto na sua mão direita e sua mão esquerda apoiada sobre o espaldar do sofá. A linha que enlaça esses três elementos está acentuada pelo braço esquerdo estendido e colorido de verdes oliváceos e negros. O rosto do leitor, quase expressionista, está pintado com traços violentos e com fortes contrastes entre a luz e a sombra. Seu cabelo negro confunde-se, na sua parte não iluminada, com o negro do fundo. Uma de suas mãos, apenas uma mancha desfigurada de marrons e negros, sustenta um livro de um branco sujo com tons verde-oliváceos e fortemente contrastado com sombras de um verde enegrecido. Ainda que exista uma certa correspondência cromática entre o rosto e a mão do sofá, os dois extremos da linha, essa continuidade está interrompida pelo colorido mais luminoso do livro e pela íntima agitação que parece perturbá-lo.

O contraste entre os dois retratos é tão acentuado (não apenas no colorido, mas também na focalização e no traço), que quase se poderia dizer que são dois quadros completamente distintos. Se o retrato de Madame Manet tem algo da luz e da alegria impressionista, a figura do leitor está muito mais próxima de Cézanne, naqueles seus retratos mais escuros e mais planos. Não há nenhuma comunicação entre as figuras, nem entre a luz que as ilumina, nem entre os espaços que ocupam. Se o retrato de Madame Manet parece se irradiar para fora, o leitor é, melhor dizendo, uma figura que condensa a luz para dentro de si, convertendo-se num buraco negro. Suzanne olha o espectador completamente alheia à presença que está às suas costas, enquanto que Léon está completamente ensimesmado na leitura. Apenas a mão do leitor, apoiada sobre o sofá, parece querer invadir o espaço de sua mãe. Mas é o leitor que atrai imediatamente o olhar e sua mão, recortada entre o negro e o branco, adiantando-se na direção da luz, faz com que sua presença inquietante invada, interrompendo-a, a tranquilidade do resto da tela.

Leitura e metamorfose

Quem o conhece...? O poema começa interrogando. O poeta não sabe quem é o leitor e, por isso, pergunta. Mas o poeta não pergunta se há alguém aqui, alguma pessoa concreta, que saiba o que ele ignora (o poema não tem um destinatário interior ao texto e a voz do poeta não se dirige a outras vozes que pudessem entrar em diálogo com ele para lhe dar a informação que ele não tem), mas sua pergunta afirma, para dizer querer, sua plenitude, sua claridade, sua intemporalidade e seu conter, em seu rosto, a pureza da existência.[16]

Os olhos sem cobiça do leitor, seu topar-se com um mundo pleno e pronto, seriam, então, uns olhos que adquiriram algo do olhar pueril de uma criança. O olhar do leitor, como o das crianças, "vivencia" ou, melhor, "experiência". A palavra alemã é *erfehren* e sua tradução habitual é "experiência", contendo algo desse sair-para-fora-e-passar-através, da forma latina *ex-per-ientia*. E o que esse olhar experiencia é "o existente" – *das Vorhandene* –, o mundo-diante-da-mão, o mundo que já *ex-siste* fora de si porque está como que arremessado a uma existência sem finalidade e sem fundamento, literalmente a-teleológica e anárquica. Por isso, com esse olhar, o "vivenciar o existente" não é mais o distinguir, classificar e ordenar do mundo interpretado e administrado, não é mais julgar ou valorar as coisas, não é se apropriar do que existe, mas é um deixar aparecer o existente em seu ser, em sua plenitude e em seu distanciamento, isto é, em sua verdade.

---

[16] HANDKE, P. *Historia del lápiz*. Barcelona: Península, 1991. p. 196. Sobre Cézanne como modelo da escritura de Handke, ver também: *La doctrina del Sainte-Victoire*. Madrid: Alianza, 1985.

E, por fim, a alteração, o converter-se em outro do leitor, sua metamorfose:

> mas seus traços, que estavam ordenados,
> ficaram alterados para sempre.

O leitor desconhecido é um "este": alguém que só pode ser assinalado com um demonstrativo. Ainda que anônimo, temos sua presença embora o que o poema faça é, justamente, fazê-lo presente e assinalar na direção do lugar que ele ocupa: ei-lo aqui, aqui está, este que se assinala é o leitor, aquele que ninguém sabe quem é, aquele a quem ninguém conhece. Tornar presente o leitor não é fazê-lo conhecido, mas sim desconhecido; não é compreendê-lo, mas torná-lo incompreensível; permitir, em suma, que sua presença guarde um mistério inalcançável. O que o poema dá não é o conhecimento do leitor, a compreensão do leitor ou a identificação do leitor, mas sim sua presença desconhecida e incompreensível, enigmática, inidentificável e inalcançável. O leitor está aqui, como diz Handke a propósito das paisagens de Cézanne, como um "este", "brilhando em sua inacessibilidade".[17]

O leitor é anônimo e inacessível porque baixou seu rosto. O movimento de reorientar a direção do olhar (levantá-lo ou abaixá-lo, ou girá-lo) tem uma grande tradição na cultura ocidental. Todas as formas de conversão não são outra coisa que um girar dos olhos (e com o girar dos olhos, um giro de todo o corpo e de toda a alma) na direção de outra coisa mais essencial ou mais verdadeira. Recorde-se, por exemplo, a história do escravo liberto e sua moral já trivialmente pedagógica: "assim como o olho não pode se voltar em direção à luz e deixar as trevas se não girar todo o corpo, do mesmo modo tem-se de voltar desde o que está na origem de toda a alma, até que chegue a ser capaz de suportar a contemplação daquele que é [...]. Por conseguinte, a educação seria a arte de movimentar esse órgão da alma [...].

---

[17] HANDKE, P. *Historia del lápiz*. Barcelona: Península, 1991. p. 196. Sobre Cézanne como modelo da escritura de Handke, ver também *La doctrina del Sainte-Victoire*. Madrid: Alianza, 1985.

Se, desde a infância se trabalhasse podando, em tal natureza, aquilo que, com seu peso plúmbeo [...] inclina para baixo o olhar da alma; então, livre desse peso, ela se voltaria em direção ao verdadeiro (*A República* VII, 518c-519b). Lembremos, também, a reelaboração cristã desse motivo essencial a partir das *Confissões*, de Santo Agostinho, segundo a qual a conversão também é um afastar o olhar de um ser (a caducidade do mundo, os prazeres materiais, o pecado, etc.) para dirigi-lo na direção de um outro Ser. Mas a conversão que aqui sofre o leitor nada tem a ver nem com o essencialismo platônico, nem, muito menos, com uma aspiração na direção de qualquer divino substancial.

O segundo ser do poema – esse ser encarnado pelas páginas do livro na direção do qual o leitor baixou seu rosto – é um ser intermediário. A conversão do leitor só se cumpre plenamente quando ergue o olhar, mostra a transformação de seu olhar e experimenta o mundo de outra forma. O ser do livro é um ser mediador, mas entre que coisas? Eustaquio Barjau, depois de sugerir em Rilke um certo platonismo invertido, assim o expressa:

> Em Rilke, a realidade não está constituída por dois níveis, mas tem dois espaços: um espaço exterior, o que vemos das coisas enquanto alvos de nossos interesses concretos – até que chegue a morte –, e um espaço interior – o *Weltinnenraum* –, aquilo que há de gesto nas coisas, de aparência, de forma, de relação entre umas coisas e outras; num espaço interior – no espelho, para além da janela, no seio do anjo, e entre os versos do poeta – a coisa se apresenta como um momento dentro de uma corrente única e universal.[18]

A experiência da leitura é, no poema, uma conversão do olhar que tem a capacidade de ensinar a ver as coisas de outra maneira. A experiência da leitura converte o olhar ordinário

---

[18]BARJAU, E. Introducción a *Elegías del Duíno: Sonetos a Orfeo*. Madrid: Cátedra, 1993. p. 39.

sobre o mundo num olhar poético, poetiza o mundo, faz com que o mundo seja vivido poeticamente, torna realidade a expressão heideggeriana: "poeticamente habita o homem nesta terra". Mas para isso é necessário que esse "segundo ser" intermediário seja claramente diferente desse "primeiro ser" que é o mundo interpretado e administrado, o mundo em que cada um é cada um e no qual a percepção das coisas já está predeterminada por sua utilidade ou predefinida pelas estruturas que as configuram como parte do campo de nossa experiência possível. A linguagem não poética não constitui um segundo ser, dado que não é outra coisa que um instrumento de comunicação que se limita a cumprir determinadas funções próprias do primeiro ser. A linguagem não poética faz parte do primeiro ser. Só a linguagem poética (e toda linguagem essencial é poética, uma vez que toda linguagem essencial é abertura, criação ou inovação ontológica) abre esse segundo ser em que as coisas deixam de estar determinadas instrumentalmente como objetos de nossa avidez, e deixam também de estar definidas conceitualmente como parte de nossos sistemas convencionais de classificação e de ordenação da realidade.

A entrada no "segundo ser" ao qual o leitor baixou o rosto implica a despersonalização do leitor, uma vez que para aceitá-lo deve abandonar todas as formas de individualização próprias do mundo interpretado e administrado, aquelas que o fazem ser quem é: uma pessoa concreta com seus interesses, seus desejos, seus saberes, suas expectativas, seus gostos, etc. E também implica a desrealização da realidade tal como já está realizada e falsificada no "primeiro ser" do mundo interpretado e administrado.

> *a quem apenas o veloz passar das páginas plenas*
> *às vezes interrompe com violência?*

O rosto do leitor está quieto e como que vazio de toda substância, enquanto que o passar das páginas é pleno e veloz. Esses dois versos estão baseados na oposição entre o movimento rápido e a plenitude do passar das páginas do livro e a imobilidade vazia do rosto do leitor. O leitor fez-se indiferente a tudo o que pertence ao "primeiro ser" e não se deixa inquietar por isso. Sua concentração e seu ensimesmamento fazem-no invulnerável às solicitações do mundo interpretado e administrado. Com seu gesto de abaixar o rosto, o leitor fez calar o primeiro mundo e o reduziu a um mundo vazio, insignificante e imóvel. Todo movimento e toda plenitude estão agora nas páginas do livro: a única coisa que se passa é o passar dessas páginas. Por isso, elas são as únicas capazes de inquietá-lo, as únicas que podem fazer com que algo se lhe passe.

Nas páginas do livro, há violência para com o rosto do leitor: a violência de um interromper. E dir-se-ia que o rosto do leitor, normalmente imóvel e como que indiferente, às vezes se agita, mostrando a violência que o prende, expressando seu ser interrompido. Toda a ação está do lado do passar as páginas do livro e toda a paixão (essa passividade não passiva, mas estremecida e vibrante) está do lado do rosto do leitor. E é todo seu rosto que, às vezes, é interrompido pela violência que emana do passar das páginas do livro.

O interromper é, aqui, um violentar. O que interrompe o rosto do leitor é o inesperado, o imprevisto, o que não depende de seu saber nem de seu poder, nem sequer de sua vontade, o que ele não busca nem necessita. O leitor, em sua passividade e em sua entrega, abandonou toda violência para com o texto, toda vontade de domínio e de apropriação. Por isso, pode abrir-se à violência da obra, à violência inscrita na chamada da obra, nessa interpelação que é desvio e interrupção.

> *Nem sequer sua mãe estaria segura*
> *se ele é aquele que ali lê algo, mergulhado*
> *em sua sombra.*

A despersonalização do leitor é tal que nem sequer sua mãe o conheceria. No seu abandonar o primeiro ser e em seu abandonar-se à leitura, o leitor perde qualquer vínculo com sua mãe, se "des-maternaliza". Sua mãe não estaria segura dele como ele já não está seguro de si mesmo sem sua mãe, estando como está, fora da segurança de sua mãe. "Des-maternalizado" e descontrolado, fora de si, subtraído de sua origem e arrancado daquilo que lhe poderia dar segurança, o leitor já não tem direito ao pronome pessoal, a esse *ele* que só pode lhe ser aplicado de um modo figurado, não própria e literalmente, mas impropriamente e em itálico, como se ele mesmo já fosse uma citação, um texto arrancado de si, ex-citado, ex-propriado, ex-traído de seu próprio sentido. E, como uma citação que já perdeu seu lugar próprio, o lugar que ainda poderia lhe dar um sentido próprio, seguro e original, o leitor não é mais de ninguém, nem de sua mãe, nem sequer de si mesmo, dado que perdeu toda origem e toda originalidade, toda segurança e toda propriedade.

Por isso, porque é impróprio e inseguro e porque está como fora de si, o leitor não pode levar a esse algo que lê seu próprio e original ser, mas apenas seu impróprio ser e como derivado: sua sombra. O texto, esse segundo ser no qual o leitor submerge, está empapado da sombra do leitor. A palavra alemã é *Getränktes* e poderia ser traduzida também por "embriagado" ou por "embebido". O texto então também perdeu sua estabilidade, sua solidez e seu controle sobre si mesmo, ao estar impregnado dessa sombra líquida e embriagadora que o leitor derramou sobre ele. A sombra do leitor tem algo da fluidez dos líquidos. O texto, por sua parte, é permeável a esses líquidos, uma vez que se deixa empapar e embriagar por eles. Ambos são líquidos e podem misturar-se entre si. E o texto, uma vez liquefeito, embriagado e "des-maternado", agora pode ser o elemento em que o leitor pode submergir para emergir transformado, o elemento líquido da metamorfose.

> *E nós, que tínhamos horas,*
> *que sabemos...*

Nós, os que contemplávamos o leitor, pertencíamos ao mundo interpretado e administrado: estávamos seguros de nossa identidade, sabíamos quem éramos, e mirávamos o mundo de acordo com aquilo que não marcava nosso saber, nosso poder e nossa vontade. Nós "tínhamos horas" porque éramos donos do tempo, os que dividíamos o tempo em horas para poder contá-lo e dominá-lo. Mas *Stunden* significa também "horário escolar" ou "horas de aula". Porque, para sermos o que somos, para dominar o tempo e contá-lo, para saber o que são as coisas, para poder manipulá-las e submetê-las à nossa vontade, tivemos de recorrer às horas de aula, aos espaços e tempos que o mundo interpretado e administrado dispôs para nos converter no que somos e para nos fazer habitantes seguros e assegurados do primeiro ser. E precisamente por isso, por essas horas de aula que temos e que nos têm, não podemos saber.

> *que sabemos de quanto se dissipou*
> *até que, com esforço, ergueu o olhar?*

O leitor "ergueu o olhar" levantando de novo seu rosto e saindo já desse ser intermediário do texto em que havia submergido. Ergueu o olhar "com esforço", como se algo nele resistisse a deixar o livro. Porque, ao erguer o olhar, o leitor volta a cair no mundo interpretado e administrado e em si mesmo, em sua própria identidade, aquela que sua mãe conhece e controla, aquela que o aborrecimento das horas de aula fizera segura e assegurada. O leitor, ao erguer o olhar, experimenta outra vez a força do esforço com que esse mundo e essa identidade foram modelados, assegurados e sujeitados a si mesmos. E, além disso, experimenta a recuperação de si mesmo e de seu mundo como uma perda, como algo em que muitas coisas, talvez essenciais, desvaneceram-se irremediavelmente, tão sem remédio que nem sequer podemos saber o que eram.

> *carregando sobre si o que, abaixo, no livro,*
> *contecia,*

Não obstante, e ao mesmo tempo, o leitor levanta sobre si mesmo algo do que acontecia no livro, como se fosse capaz de arrastá-lo e levá-lo para cima com o mesmo esforço com que ergue o olhar. Porque o levar para cima o que acontece no texto é um "carregar", um transportar com esforço algo que pesa e que resiste em se despregar de onde está. Por isso, para arrastar aquilo que carrega sobre si mesmo, o leitor deve se esforçar, utilizar a força. Como se somente pela força fosse possível arrancar do segundo ser algo que ele contém, apropriar-se dele, e transportá-lo para o mundo interpretado e administrado para ali submetê-lo à lógica do uso. Não será o leitor também um ladrão, alguém que se apropria do que é impróprio, para fazê-lo sua propriedade, de uma propriedade que leva inscrita a marca de sua impropriedade primeira e da força com a qual foi apropriada?

> *e com olhos dadivosos, que ao invés*
> *de tomar, se topavam com um mundo pleno*
> *e pronto:*

Os olhos do leitor não tomam, mas dão; são olhos "dadivosos". Ao erguer o olhar, o leitor mostra a transformação de seu olhar. De um olhar que toma, de um olhar ávido e voraz que apressa e que colhe aquilo que olha, o leitor passou a ter um olhar que dá, um olhar generoso que se entrega em seu próprio olhar. Apesar disso, a atividade da leitura em geral é descrita como um tomar. E mais: já vimos como o leitor de Rilke, ao erguer o olhar no verso anterior, convertido num ladrão que usa a força, carregava "sobre si algo do que no livro acontecia".

A etimologia de *ler*, como recorda Heidegger,[19] remete a recolher, a colher, a colecionar, a coletar. Leitura, *lectio*, lição e também, e-leição, se-leção, co-leção, co-lheita. Heidegger mostra como o *legein* grego relaciona-se com o *leger* latino e com o alemão *lesen*, em seu sentido primitivo de um "pôr abaixo e pôr diante que se reúne a si mesmo e recolhe outras coisas". Esse pôr é também um juntar e um com-pôr: "[...] o ler que nós conhecemos mais, isto é, ler um escrito, continua sendo [...] uma variedade do ler no sentido de: levar-a-que-(algo) esteja-junto-estendido-adiante". E, além disso, como indica o alemão *lesen*, um coletar ou um re-coletar, um colher ou um re-colher: "A colheita de espigas (*Ähren-lese*) recolhe o fruto

---

[19] HEIDEGGER, M. Logos. In: *Conferencias y artículos*. Barcelona: Serbal, 1994. p. 179-200.

do solo. A vindima (*Trauben-lese*) colhe as bagas da videira". Por isso, o juntar e pôr diante não é um juntar qualquer coisa de qualquer maneira, não é um mero amontoar", mas implica uma busca e uma escolha previamente determinada por um colocar dentro, por um colocar sob um teto, por um preservar ou abrigar:

> O reunir que começa propriamente a partir de abrigar, a colheita, é, em si mesma, de antemão, um eleger (e-leger) aquilo que pede abrigo. Mas a eleição (e-leição), por sua parte, está determinada por aquilo que dentro do elegível (e-legível) mostra-se como o selecionado (o melhor). Na estrutura essencial da colheita, o primeiro que existe frente ao abrigar é o eleger (germânico: *Vor-lese*, pre-leção), ao qual se insere a seleção que põe sob si o juntar, o colocar dentro e o pôr sob o teto.

Por fim, o re-colher do *lesen* implica um estar concernido com aquilo que se recolhe: "[...] o que está *diante de* e *junto a* importa-nos e, por isso, concerne a nós (vai conosco)".

Se entendemos o re-colher e o colher num sentido de apropriação, é claro que o verso de Rilke inverte a posição heideggeriana. Do ponto de vista da apropriação, o eleger-recolher-abrigar seria um fazer próprio aquilo que está aí adiante. A eleição estaria, então, determinada por um critério econômico (seria e-legível o que está bem para o *oikos*, para a casa, o que se ajusta à *oikonomia*, ao *nomos* ou à lei da casa), a colheita seria um re-colher a-propriador, e o abrigar seria um a-colher no próprio (na própria casa, na própria alma, no próprio saber) determinado pela própria lei. Haveria, portanto, toda uma economia da leitura que seria, em último caso, alimentícia: toda leitura seria um incorporar (um fazer tomar parte do próprio corpo) o que está fora e somos capazes de pôr ao nosso alcance.

Certamente é indiscutível que Heidegger mantenha uma concepção da leitura reduzida a uma relação de apropriação em relação ao texto, ainda que essa relação seja enormemente complexa e matizada. E tem de se ter em conta também que o leitor mostra olhos "dadivosos" depois da leitura, quando já havia erguido o olhar. O que é "dadivoso", portanto, não é a sua leitura, mas o seu olhar depois da leitura. Mas esse olhar, e isso é fundamental, é também leitura. Em Rilke, como também em Heidegger, não existe um ser fora da linguagem ou, o que dá no mesmo, não há mundo fora da maneira pela qual a linguagem o abre e o determina. É como se a leitura fosse a que dá os "olhos dadivosos" ao leitor, isto é, uma relação com "o existente" em que o existente está aí, pleno e pronto, oferecido ao olhar, para que o olhar lhe dê seu próprio ser. O livro é aquilo que ensinou o leitor a ler o mundo poeticamente.

De outra parte, o olhar transformado do leitor "se topava" com um mundo. Esse topar é um encontrar-se com um mundo. E encontrar-se significa topar com aquilo que não se busca. O olhar dadivoso do leitor não busca porque não sabe o que quer, porque não está determinado pela vontade; por isso, encontra. E o que encontra é um mundo "pleno e pronto", ou seja, não fragmentado pela divisão e não humilhado pela carência. O mundo interpretado e administrado, pelo contrário, é um mundo dividido, analisado, despedaçado, repartido pela nossa mania apropriadora e delimitado pela nossa mania classificadora. E é, também, um mundo cuja característica essencial é o não se submeter completamente à nossa vontade: por isso, é sempre insuficiente e está sempre como "a meio fazer", como se não fosse totalmente real, como se não fosse outra coisa a não ser a matéria-prima para aquilo que nós queremos "realizar" nele. O olhar apropriador, o olhar que toma, é um olhar que divide e que não acolhe o que *é*, mas sim o que *deveria ser*. Por isso, constrói a realidade analiticamente e a partir do ponto de vista de sua manipulação possível. Mas os olhos dadivosos não dividem, nem projetam a vontade de dominação e, por isso, encontram um mundo que revela sua plenitude e sua verdadeira realidade, seu ser como é, sua independência de nós, sua inacessibilidade e seu mistério.

como crianças caladas que jogavam sozinhas
e de pronto vivenciam o existente;

Nesses versos, os olhos "dadivosos" do leitor e o seu topar com um mundo "pleno e pronto" são aparentados com as crianças. As crianças são silenciosas e solitárias e jogam, e talvez sejam essas também as qualidades da leitura: a leitura é um jogo que se joga em solidão e em silêncio, uma das formas essenciais de ensimesmamento. Mas é também um jogo que – ainda que esteja reconcentrado em si mesmo e como que separado do "existente" – tem, não obstante, a ver com isso, e de forma essencial, pelo menos em alguns instantes privilegiados. E sempre "de pronto", não ao fim de um processo, mas subitamente, como num relâmpago.

A figura da criança é essencial nas *Elegias de Duíno* e nos *Sonetos a Orfeu*. Aí as crianças fazem parte de um cortejo de figuras (as coisas, o animal, os que morreram jovens, a amante, o herói, o moribundo) que balizam o caminho até o anjo, justamente por seu incompleto pertencimento "ao mundo interpretado".[20] As crianças de Rilke desconhecem o passado e o futuro e não têm, portanto, recordações nem planos, são solitárias, vivem sem contar as horas, numa pura duração indeterminada, habitam os espaços intermediários "entre mundo e jogo" e são receptivos ao "puro acontecer".[21] As crianças vivem numa espécie de eternidade,

---

[20] "Os anjos não, os homens não, / e os animais, sagazes como são, já se dão conta / de que não estamos muito seguros, em casa, / no mundo interpretado" (I, 10-13), em: RILKE, 1993, p. 62. E. Barjau comenta: "O 'mundo interpretado' é o conjunto de coisas vistas como objetos dos interesses e das necessidades concretas do ser humano; portanto, algo muito distante dessa mera trama de relações em que deve se converter o cosmos por obra da 'tarefa' do homem. Os animais, de cujo *status* ontológico – muito diferente e nem sempre inferior ao do homem – falar-se-á em outras Elegias, advertem já que, ainda que vivamos num mundo no qual pretendemos ter estabelecido um sentido – que pretendemos ter 'interpretado' – não habitamos muito confiantes nele: no fundo de todos nossos interesses e esforços, escuta-se sempre o 'ostinato' da inanidade e do medo [...]" (BARJAU, E. *Rilke*. Barcelona: Barcanova, 1981, p. 92).

[21] "[...] Oh, horas da infância, / quando por trás das figuras havia mais que apenas / passado e diante de nós não estava o futuro. / Crescíamos, certamente, e às vezes tínhamos urgência / para chegar logo a ser maiores,

como fora do tempo, olham o Aberto como algo ainda não organizado num mundo ainda não dividido e classificado. Suas vivências são como um respirar, como uma interiorização calma e não possessiva, ainda não consciente nem seletiva. As crianças não conhecem a cobiça que determina o olhar adulto sobre o mundo e, sobretudo, ainda não são capazes de reflexão e, por isso, não distinguem entre o interior e o exterior. No entanto, ao crescer, nós as obrigamos a olharem para trás (para si mesmas) de uma forma reflexiva, como se fosse precisamente a individualização pessoal própria dos adultos e sua consciência reflexiva do "eu" a que obstaculizasse, nelas, a possibilidade de se abrirem ao Aberto.[22]

Essa figura da infância já está anunciada nos *Novos Poemas*. No primeiro livro há um poema intitulado "Infância" (*Kindheit*), que insiste no caráter impessoal (no sentido de "ainda-não-personalizado") das crianças, em sua solidão, em seu ser incompreensíveis para nós e, ao mesmo tempo, na plenitude radiante de sua vida: em seu estar cheios de encontros e de figuras, em viver em comunhão com as coisas e em ter um essencial parentesco com as imagens.[23] E no segundo livro, pouco depois de "O leitor",

---

em parte por amor / àqueles que já não tinham outra coisa mais, senão ser maiores. / E, todavia, em nosso andar sozinhos, / comprazíamo-nos com o duradouro e estávamos ali / no espaço intermediário entre mundo e jogo, / num lugar que desde o princípio / foi fundado para um puro acontecer". (RILKE, 1993, p. 83-84, IV, 65-75).

[22] "Com todos os olhos vê a criatura / o Aberto. Só nossos olhos estão / como que voltados para trás e postos inteiramente em torno dela, / qual armadilha em torno de sua livre saída. / O que há fora não sabemos pelo semblante / do animal somente; porque à criança pequena / já lhe damos a volta e o obrigamos que olhe / para trás, para as formas, não para o Aberto, que / no rosto do animal é tão profundo. Livre de morte. / [...] Nós nunca temos, nem sequer um só dia, / o espaço puro diante de nós, ao qual as flores / abrem-se infinitamente. Sempre existe mundo / e nunca Nenhuma Parte sem Não: o puro, / não vigiado que o homem respira e sabe / infinitamente e não cobiça. Quando criança / perde-se em silêncio nisto e a / despertam violentamente [...]" (VIII, 1-9, 14-21), em: RILKE, 1993, p. 105-106.

[23] Transcrevo o final do poema: "[...] nunca mais esteve a vida tão cheia / de encontros, de voltar a ser, de seguir avançando / como então, quando não nos acontecia mais / do que o que acontece a uma coisa e a um animal:

aparece também "A criança", num poema em que se faz presente sua descontinuidade com o mundo "dos outros", dos adultos, enfatizando sua atitude quieta e contemplativa, seu não estar preso do querer, sua plenitude, sua claridade, sua intemporalidade e seu conter, em seu rosto, a pureza da existência.[24]

Os olhos sem cobiça do leitor, seu topar-se com um mundo pleno e pronto, seriam, então, uns olhos que adquiriram algo do olhar pueril de uma criança. O olhar do leitor, como o das crianças, "vivencia" ou, melhor, "experiência". A palavra alemã é *erfehren* e sua tradução habitual é "experiência", contendo algo desse sair-para-fora-e-passar-através, da forma latina *ex-per-ientia*. E o que esse olhar experencia é "o existente" – *das Vorhandene* –, o mundo-diante-da-mão, o mundo que já *ex-siste* fora de si porque está como que arremessado a uma existência sem finalidade e sem fundamento, literalmente a-teleológica e anárquica. Por isso, com esse olhar, o "vivenciar o existente" não é mais o distinguir, classificar e ordenar do mundo interpretado e administrado, não é mais julgar ou valorar as coisas, não é se apropriar do que existe, mas é um deixar aparecer o existente em seu ser, em sua plenitude e em seu distanciamento, isto é, em sua verdade.

E, por fim, a alteração, o converter-se em outro do leitor, sua metamorfose:

mas seus traços, que estavam ordenados,
ficaram alterados para sempre.

/ vivíamos então o seu como humano / e nos enchíamos até o bordo de figuras. / E nos fizemos tão solitários quanto um pastor, / e tão sobrecarregados de grandes distanciamentos, / e como de longe tocados e eleitos, / e lentamente, como um longo fio novo, / inseridos naquelas séries de imagens / em que agora nos desconcerta persistir" (RILKE, 1994, p. 109).

[24] "Contemplam, sem querer, seu jogo, / durante longo momento; de vez em quando, sai / do perfil o redondo, o existente rosto, / claro e inteiro, igual a uma hora em ponto, / que começa e que toca até o final. / Mas os outros não contam aquelas batidas, / turvados pela fadiga, e pela vida apáticos; / e não se dão conta de como ele o leva... / como segue levando tudo, inclusive / quando, cansado, está sentado, / com aquele vestidinho, como em sala de espera, / junto a eles, e quer aguardar seu tempo" (RILKE, 1994, p. 239).

5
A novela pedagógica e a pedagogização da novela

> *Ce qui vient au monde por ne rien troubler ne mérite*
> *ni égards ni patience.*
>
> René Char

Basil Bernstein estudou de modo magistral os princípios que estruturam o que ele denomina texto pedagógico.[1] O texto pedagógico, diz Bernstein, configura-se mediante a apropriação de outros textos que foram selecionados, descontextualizados, transformados e recontextualizados: a literatura escolar não é a Literatura, do mesmo modo que a física escolar não é a Física e a história escolar não é a História. Quando um texto passa a fazer parte do discurso pedagógico, esse texto fica como que submetido a outras regras, como que incorporado a outra gramática. E essa gramática é, naturalmente, uma gramática didática, dado que todo texto escolariza-se do ponto de vista da transmissão-aquisição; mas é, também, uma gramática ideológica. O primeiro ponto, portanto, seria tentar pensar o que ocorre quando a novela é convertida em texto pedagógico e submetida às regras didáticas e ideológicas do discurso pedagógico oficial e dominante. No entanto, como também diz Bernstein, o

---

[1] Ver: BERNSTEIN, B. *A estruturação do discurso pedagógico*. Petrópolis: Vozes, 1996. Especialmente o cap. 5.

discurso não pode controlar totalmente o discurso; todo texto leva consigo possibilidades de significação que escapam sempre de qualquer controle, e todo texto pedagogizado arrasta consigo a possibilidade de pôr em questão e de modificar a gramática na qual ele está inserido. Desse ponto de vista, o segundo ponto seria pensar de que modo a novela pode escapar do controle das regras didáticas e ideológicas do discurso pedagógico dominante ou pode contribuir para solapá-las.

A seguir, em torno dessa problemática geral e com uma atenção especial à novela histórica, apresento uma série de fragmentos em forma de colagem. De qualquer maneira, espero que as diferentes seções, aparentemente heterogêneas, ressoem entre si e configurem, pelo menos implicitamente, um certo sentido global.

A musa pedagógica

No início da seção 14 de *O nascimento da tragédia*, Nietzsche descreve Sócrates como alguém em cujo olho de ciclope "jamais brilhou a benigna demência do entusiasmo artístico". Algumas linhas depois, afirma que o único gênero de arte poética que o espírito antiartístico de Sócrates podia compreender era a fábula esópica, considerando, sem dúvida, as seções 31 d da *Apologia* e 60 e do *Fédon*, onde Platão conta que, estando Sócrates no cárcere, esperando a morte, e tentando seguir o conselho de seu *daimon* que lhe pedia que cultivasse a música, compôs duas coisas: um proêmio em honra a Apolo e a versão em verso de algumas fábulas de Esopo. Em continuação a essa afirmação sobre a mais que duvidosa capacidade artística de Sócrates, Nietzsche cita um medíocre e hoje esquecido poeta alemão – um tal Gellert –, autor de relatos morais em verso, de uma explícita intenção edificante, que assim estabelece o valor da poesia: "para quem não possui muito entendimento, serve para dizer a verdade com uma imagem".[2]

---

[2] NIETZSCHE, F. *El nacimiento de la tragedia*. Madrid: Alianza, 1973. p. 119.

Nietzsche está tratando de fazer, aí, um tipo de genealogia da literatura didática, que talvez possamos tomar, aqui, como ponto de partida, independentemente da valoração que hoje possamos fazer do rigor filológico ou histórico desse primeiro livro do filósofo e, independentemente também, de que a fábula moral seja um caso especialmente limitado e não muito interessante do pedagogismo literário. Poderíamos começar dizendo que há um fio ininterrupto em nossa cultura, em que aquilo que nós chamamos de literatura foi concebido como um veículo fácil, agradável e indireto para a transmissão de alguma verdade.

O curioso do texto que estou comentando é que Nietzsche identifica literatura didática e novela ou, melhor, qualifica a novela como o gênero poético que melhor expressa o espírito teórico. O teórico em arte, em contraste com o trágico, caracterizar-se-ia por sua pretensão de verdade e, a partir daí, por sua pretensão de justiça. A novela seria, então, o gênero "moral" por excelência: um gênero "otimista" e "progressista", impulsionado pela confiança na inteligibilidade da existência humana e na possibilidade de sua reforma. No fragmento em que essa ideia é formulada, um par de páginas à frente dessa citação irônica de Gellert que acabo de referir, Nietzsche diz o seguinte:

> Platão proporcionou a toda a posteridade o protótipo de uma nova forma de arte, o protótipo da novela: da qual se tem de dizer que é a fábula esópica amplificada até o infinito, na qual a poesia mantém com a filosofia dialética uma relação hierárquica similar à que, durante muitos anos, manteve a mesma filosofia com a teologia: a saber, a de ancila (escrava). Essa foi a nova posição da poesia, para a qual Platão a empurrou, sob a pressão do demoníaco Sócrates.[3]

O que Nietzsche parece indicar aqui não é apenas que a poesia é capaz de transmitir verdades e máximas morais formuladas

---

[3] NIETZSCHE, 1973, p. 119.

fora dela, na filosofia, mas que a poesia, em sua forma de novela, compartilha com a dialética, ainda que de modo inferior e como que subordinado, a pretensão de conhecer o mundo e de modificá-lo. A poesia pós-platônica, então, não apenas seria didática no sentido de que conformaria algo assim como um meio agradável para a aprendizagem da verdade, sem o esforçado ascetismo da aridez dialética (uma espécie de atalho fácil e popular para os que não são capazes de seguir os escarpados e nobres caminhos da filosofia), mas no sentido de que seu próprio projeto seria pedagógico enquanto teórico, enquanto que estaria intrinsecamente orientado para o incremento do conhecimento e para a melhora do mundo. A tese de Nietzsche parece ser a de que a operação socrático-platônica abre a época em que ainda vivemos, a época da metafísica, justamente como a época da Pedagogia, isto é, a época da confluência da poesia-novela e da Filosofia num mesmo desígnio otimista e progressista, leia-se pedagógico, no que concerne à existência. Tal desígnio não é outra coisa senão um impulso baseado na crença de que o pensar "é capaz não apenas de conhecer, mas, inclusive, de corrigir o ser"[4] e na convicção de que o conhecimento tem "a força de uma medicina universal".[5]

No entanto, há alguns elementos no texto nietzschiano que permitem estabelecer alguma distância em relação a essa intuição, sem dúvida provocativa e certamente perspicaz, mas demasiadamente unilateral em sua própria generalidade. Um desses elementos é um parágrafo dessa mesma seção 14, no qual, antecipando o tão celebrado dialogismo bakhtiniano, Nietzsche caracteriza o diálogo platônico como um gênero híbrido e excêntrico: uma forma de expressão que mistura todos os estilos e formas existentes, que oscila entre a narrativa, a lírica e o drama, entre a prosa e a poesia, entre a filosofia e a literatura, que infringe a lei da forma linguística unitária, e que constitui um tipo de arte em que cada um dos elementos permanece como que descentrado por sua relação com os demais.

---

[4] NIETZSCHE, 1973, p. 127.
[5] NIETZSCHE, 1973, p. 129.

Se seguirmos essa pista e, em lugar de nos fixarmos no hipotético sistema de verdades que o diálogo trataria de transmitir, e considerarmos a forma diálogo e a sua necessidade interna como a forma privilegiada da investigação e do ensino, como a forma do logos pedagógico enfim, logo nos daremos conta de que não é possível separar sua dimensão poética de sua dimensão filosófico-científica e, muito menos, subordinar a primeira à segunda. A estrutura do logos pedagógico que aparece na forma diálogo contém um núcleo filosófico doutrinário (o conteúdo a transmitir) que se apresentaria no marco concreto de uma cena que reproduziria as características de uma conversação entre diferentes interlocutores (o contexto empírico da transmissão) e que incluiria, apenas para efeitos expositivos e didáticos, ilustrações literárias (o método da transmissão). A separação entre o núcleo dogmático que constituiria o conteúdo da transmissão, o marco dramático que constituiria a representação do contexto concreto de apresentação desse conteúdo, e a série de elementos literários que constituiriam ajudas para a sua ilustração, leva a uma má compreensão do caráter híbrido e excêntrico do logos pedagógico, seu dialogismo constitutivo, ao considerar como uma hierarquia de elementos exteriores entre si aquilo que, se for examinado atentamente, é um jogo constante de diferenças e de interferências entre níveis que, justamente porque diferem entre si, são capazes também de se interferirem e desestabilizarem mutuamente.

Os elementos dramáticos ou, se quisermos, a cenografia da conversação, fica como que descentrada de sua função primária, a mimese ou a representação mais ou menos verossímil de uma situação real, da forma social concreta em que se desenvolvia o ensino filosófico, e fica como que reorientada para a expressão da forma interna e indiscernível de uma vontade de saber que não pode se realizar a não ser no interior dessa conversação. E, de modo inverso, o elemento dialético também fica transformado pela cena dramática que expressa seu método ou seu discurso; e o que possa haver de tese ou de conteúdo dogmático se faz inseparável de toda essa dinâmica de rodeios, excursos, avanços e retrocessos, obstáculos, soluções provisórias, impulsos e desvios, reformulações, resultados aporéticos, perguntas, sinopses e diéreses, subidas e descidas que constituem a própria essência de seu jogo. De outro lado, os personagens heterogêneos que povoam o diálogo com seus diversos mundos vitais, assim como a referência ou a evocação dos acontecimentos históricos ou sociais que constituem o espaço público comum em que transcorre o ensino, mostram a presença não meramente anedótica da vida ordinária e do tempo concreto no movimento pedagógico da busca do saber e da justiça.

O mesmo poderíamos dizer da relação que existe entre os elementos mais explicitamente abstratos ou conceituais, doutrinários no sentido estrito, e os mais enfaticamente literários ou narrativos. Nos diálogos platônicos, a poesia é constantemente recriada e interpelada pela razão, mas o curso do pensamento deixa-se também constantemente interferir e desviar pela poesia e pelo mito. O que existe é um jogo tenso, um mútuo descentramento às vezes violento, um diálogo apaixonado em que cada um dos polos tira o outro de suas posições e, às vezes, se deixa inquietar por ele. A poesia resiste a toda subordinação e o mesmo Nietzsche assinala, com perspicácia, que o que é criado por Platão é uma forma de arte que mantém uma íntima afinidade com as formas artísticas que aparentemente contesta, basicamente o mito e a tragédia, acrescentando, em seguida, que "o Platão pensador havia chegado, através de um desvio, justamente ao lugar em que, como poeta, havia mantido sempre sua morada".[6] Ao fazer uma leitura dos diálogos platônicos que não se ajusta com seu aspecto mais escolarmente temático e ao considerar a especificidade de sua forma, a sua poética, Nietzsche adverte que aí, na forma, a relação entre doutrina e arte ou, se quisermos, entre conteúdo e expressão, tem muito mais matizes que os que se pode encontrar na tese trivial da condenação platônica da poesia e de sua subordinação à filosofia.

---

[6] NIETZSCHE, 1973, p. 120.

Se, além disso, levarmos em conta o caráter aberto e não finalizado do diálogo platônico, a enorme distância que existe entre o que se poderia isolar como sua tese e o que funciona como seu método ou seu percurso, e a maneira às vezes implacável como cada afirmação construtiva é imediatamente solapada ou, pelo menos, ironicamente colocada a distância, podemos concluir que "cada diálogo constitui-se numa interminável introdução a um saber que não se transmite".[7] O saber ao qual o diálogo introduz não é o referente imediato da conversação, mas outra coisa que poderíamos chamar de disponibilidade e rigor, abertura e autoexigência. O logos pedagógico põe-se a caminho sem prefigurar o fim e sem afirmar mais conteúdos do que os indispensáveis para que siga a caminhada. O projeto de busca e de transmissão da verdade não pôde se desprender da ilimitada ironia socrática e do caráter de jogo, de paixão pura e vazia de esperanças, que Sócrates havia dado ao impulso teórico.

A nova forma de arte que Platão inventa – o diálogo como encarnação do logos pedagógico – aparece, assim, como um gênero específico da literatura grega que de nenhuma outra maneira se esgota na subordinação da retórica à lógica, ou da literatura à filosofia. O desígnio pedagógico, esse desígnio otimista e progressista a que Nietzsche parece ligar o destino da novela em sua subordinação ao espírito teórico, parece ser um desígnio muito mais complexo, plural, aberto e, até mesmo, "trágico" do que aquele que se poderia derivar de uma interpretação excessivamente unilateral da relação hierárquica entre literatura e dialética, no marco concreto de uma conversação que seria simplesmente considerada como a cena empírica do ensino. Nada a ver, é claro, com uma comunicação de doutrinas pré-elaboradas, em que a forma da comunicação está diferentemente contextualizada segundo as condições e os requisitos de uma situação vital concreta e em que as doutrinas estão ilustradas

---

[7] P. PEÑALVER. *Márgenes de Platón. La estructura dialéctica del diálogo y la idea de exterioridad*. Murcia: Secretariado de Publicaciones de la Universidad de Murcia, 1986. p. 108.

literariamente de uma maneira estritamente instrumental. Como se a literatura não fosse outra coisa que um método mais ou menos eficaz para a transmissão indireta e agradável do *corpus* doutrinário e como se a situação vital do ensino não fosse mais que o contexto concreto dessa transmissão, o que se tem de levar em conta, em suas possibilidades e em suas resistências, para que a transmissão se cumpra.

O problema de Platão ou, pelo menos, o problema "platônico" que apresenta interesse no campo da Pedagogia não é outro senão o problema da forma que tem a busca, a expressão e a comunicação da verdade. E o que a obra de Platão nos oferece como resposta, além de um *corpus* doutrinal mais ou menos transmissível, não é outra coisa senão sua própria estratégia formal: a organização interna do diálogo como o tecido precário, inseguro, às vezes equívoco e sempre provisório e insatisfeito do logos pedagógico. Um logos que constantemente resiste em fixar-se em dogma e que é justamente essa resistência: a manutenção obcecada da distância entre o jogo do dizer e a fixação do dito, o excesso da atividade de pensar sobre o resultado do pensado, a interrupção implacável de todo dizer monológico, e o gosto aventureiro pela errância, por esse rodeio que desvia o curso linear do discurso. O logos pedagógico é um jogo que arruína, de saída, qualquer afirmação com pretensões de ditame e que, enquanto jogo, conjura necessariamente toda tentativa de convertê-lo numa receita metodológica. Dito de maneira resumida: uma atividade cujo conteúdo se desconhece e cujo método deve ser constantemente inventado e reinventado.

Numa conclusão provisória e certamente simplificadora, diremos que o logos pedagógico seria o que funciona através do jogo aberto e excêntrico, nunca fechado e nunca centrado, de três elementos que constantemente interferem entre si. Em primeiro lugar, a vida concreta, espacial e temporalmente determinada, sempre plural e complexa, em que se desenvolvem os protagonistas. Em segundo lugar, um tecido dialógico híbrido, ou um jogo excêntrico entre discursos heterogêneos. Em terceiro lugar, um impulso na direção da verdade e da justiça, ou uma suscetibilidade compartilhada pelo conhecimento e pela melhoria do humano.

Desse ponto de vista, a novela, essa forma de arte que Platão legou à posteridade como a encarnação do logos pedagógico, tem a ver com o próprio jogo da verdade e da justiça e não com a transmissão não problemática de um *corpus* doutrinário ou de uma série de lemas morais. A novela é a problematização incessante do que contar e do como contá-lo, quando aquele que conta atenta para essa vida concreta que, por um lado, tem de ser transformada e que, por outro lado, constitui o elemento vivo do discurso; também quando atenta para que o discurso não permaneça jamais fossilizado em doutrina e mantenha sempre a liberdade de seu jogo; e quando atenta, por último, para a responsabilidade teórica e moral que está implícita em todo ato de fala e que obriga a falar e a escrever justamente, ou seja, com o olhar posto tanto na verdade quanto na justiça. E aqui faz sentido, me parece, deixar suspensa no ar a pergunta com que Nietzsche conclui a seção que estou comentando, depois de que, sob a aparência de um Sócrates antiartista, intui uma arte socrática cujas possibilidades ainda teria de compreender: "por acaso a arte é um correlato e um suplemento necessário da ciência?".[8]

A novela pedagógica

Podemos considerar novela pedagógica aquela que se deixa ler principalmente como portadora de um ensinamento.[9] Julia Kristeva, em um de seus trabalhos sobre a gênese da estruturação novelesca, afirma enfaticamente que "antes de ser uma história,

---

[8] NIETZSCHE, 1973, p. 124.

[9] Essa é a definição da "novela de tese", que faz S. R. Suleiman, em *Le roman à thèse ou l'autorité fictive* (Paris: PUF, 1983). É interessante observar que a edição americana desse livro se intitula *Authoritarian Fictions. The Ideological Novel as a Literary Genre* (New York: Columbia University Press, 1983). Como se novela de tese, novela ideológica, novela autoritária e novela pedagógica fossem sinônimos.

a novela é uma instrução, um ensinamento, um saber".[10] E acrescenta que o gênero novela surge "do ensino, ao mesmo tempo que do relato épico e da poesia cortesã", ou seja, que desde suas origens está orientada tanto para a função comunicativa e didática da linguagem quanto para sua função poética. Como se a novela consistisse na apropriação seletiva e transformadora de certos gêneros literários preexistentes, com a intenção de fazê-los servir a objetivos pedagógicos mais ou menos explícitos. Algo muito parecido com a hipótese nietzschiana sobre a novela como a apropriação, a ampliação e a transformação das formas artísticas anteriores num tipo de fábula subordinada ao teórico e ambos regulados pelo espírito otimista e progressista do logos pedagógico. Desse ponto de vista, a novela teria sido pedagógica em suas origens e continuaria sendo em todos aqueles casos em que a forma de relato pareça subordinada à transmissão de algum ensinamento: de alguma tese teórica ou prática, seja de que tipo for. A novela pedagógica não seria outra coisa que um instrumento poeticamente sofisticado para persuadir ou convencer o leitor da verdade de alguma coisa e, se essa verdade for do tipo moral, para exortá-lo a atuar de determinada maneira. Por outro lado, a novela pedagógica seria basicamente comunicativa, no sentido de que a relação entre o autor e o leitor seria similar à que existe entre um professor e seu aluno, um pregador e sua audiência ou um orador e seu público. O emissor teria um projeto explícito sobre o destinatário e tentaria assegurar-se da eficácia da transmissão, isto é, da realização sem desvios de seu projeto.

O que ocorre é que agora o caráter pedagógico parece uma contaminação da "verdadeira" literatura: o adjetivo *pedagógico* é utilizado como uma etiqueta desqualificadora no âmbito literário e muito poucos escritores sentir-se-iam cômodos acaso se classificasse de "pedagógica" sua própria obra. Há uma desconfiança ambiental nos círculos literários, sobretudo na crítica literária de vanguarda, para com toda novela que "queira dizer"

---

[10]KRISTEVA, J. *Le texte du roman*. La Haya: Mouton, 1970. p. 21.

alguma coisa e para com toda forma de ler literatura que preste uma atenção privilegiada a esse "querer dizer", mais ainda se esse "querer dizer" refere-se a um ensinamento que se apresenta explicitamente como tal. A oposição entre literatura e comunicação e a incompatibilidade entre ambas parece um dogma da teoria literária contemporânea. Um dogma que funcionou como um critério de desclassificação de todo o âmbito da literatura que ainda se apresenta como fundado sobre a estética da representação e sobre a ética da transmissão. E um dogma que, além disso, modificou completamente o estatuto da crítica e as modalidades legítimas da leitura.

Desde a separação entre literatura e comunicação, a "verdadeira" literatura aparece como liberada de qualquer pretensão representativa ou mimética de uma suposta "realidade" que lhe seria exterior, assim como de qualquer tentativa de expressão de uma suposta "subjetividade" do autor, que seria também independente do texto. A literatura anuncia-se como radicalmente produtiva de uma realidade e de uma subjetividade que não teria outro modo de existência que não seja o estritamente literário: o mundo do texto não tem outra realidade que não seja a textual e o autor do texto não é outra coisa que uma função do próprio texto. Por outro lado, a literatura moderna libera-se também de sua subordinação a qualquer valor moral, a qualquer modelo estético que se pudesse considerar como canônico e, inclusive, nem sequer pretende agradar a um leitor hipócrita, que buscaria, na literatura, algum tipo de prazer.

Se a literatura não é representação nem expressão, se não se refere nem se subordina a nada que lhe seja exterior, se não é comunicação de verdades sobre o mundo nem de imperativos morais, se não é tampouco o lugar de um prazer sem consequências, a literatura fica como que recolhida em si mesma, como que não se referindo a outra coisa senão a si mesma, a seu próprio modo de existência. A literatura pretende-se pura significação que não significa nada fora de si mesma, pura comunicação que não comunica outra coisa senão a própria existência da literatura.

É possível, como ocorria no caso de Nietzsche, que semelhante dogma sobre a separação entre literatura e comunicação seja excessivamente unilateral, e é possível, também, que a péssima conotação que o adjetivo *pedagógico* tem hoje, no campo literário, provenha de uma concepção demasiadamente estreita e dogmática desse logos pedagógico cuja complexidade e cuja abertura tentei mostrar na seção anterior. A insistência da literatura em afirmar obstinadamente sua independência de qualquer lei que lhe seja exterior expressa sua resistência à subordinação. No entanto, ainda que seja certo que essa resistência indica o caráter não subsidiário da literatura em relação a qualquer tentativa de subordinação a finalidades exteriores, também o é que a literatura nunca foi subsidiária. O que aqui me interessa é, justamente, insistir nessa radical impossibilidade de subordinação da literatura. Mas não tanto para manter a literatura separada da pedagogia, mas sim para explorar essa resistência à subordinação frente a uma concepção do logos pedagógico que seja capaz de incluir tensões e contradições constitutivas.

Permitam-me desenvolver um pouco esse ponto, utilizando um ensaio programático principiante de Peter Handke, um autor nada suspeito de "pedagogismo" e celebrado, na época em que escreveu esse texto, por seus ataques ao realismo comprometido alemão da geração anterior a de Günter Grass, para citar um de seus autores emblemáticos –, a geração que se considerava a si mesma como ocupada na denúncia crítica da história e da realidade alemã, e por seus ataques simultâneos a essa literatura lúdica, meramente divertida, que faz o leitor esquecer-se de si mesmo e do mundo, procurando um prazer sem consequências. O texto que vou utilizar aqui, um ensaio de 1967 intitulado provocativamente *Eu habito uma torre de marfim*, diz assim em suas primeiras linhas:

> [...] o sistema estúpido de educação que os representantes das autoridades responsáveis me aplicaram, tanto a mim quanto a todos, não podia fazer, de mim, grande

coisa. Eu nunca fui educado pelos educadores oficiais: sempre deixei que fosse a literatura a me transformar [...]. Tendo me dado conta de que eu mesmo tinha podido mudar graças à literatura, que a literatura havia feito outro de mim, eu espero, sem cessar, da literatura uma nova possibilidade de me transformar [...]. E porque me dei conta de que eu mesmo tinha podido mudar graças à literatura, que é apenas a literatura que me permitiu viver com uma maior consciência, estou convencido de poder mudar os outros graças à minha literatura.[11]

A pergunta, naturalmente, é que literatura é a que tem esses efeitos e, sobretudo, como é que a literatura pode atuar desse modo.

A lista de autores aos quais Handke agradece o "haver mudado sua consciência do mundo" consta de nomes tão pouco assimiláveis à literatura explicitamente "pedagógica" como Kleist, Flaubert, Dostoiévski, Kafka, Faulkner ou Robbe Grillet. Autores cujo mérito essencial, diz Handke, é oferecer "uma possibilidade da realidade ainda não pensada e ainda não consciente: uma nova possibilidade de ver, de falar, de pensar, de existir" ou, em outras palavras, produzir "uma manifestação brusca de todas as imagens do mundo aparentemente definitivas".[12] A literatura que tem o poder de mudar não é aquela que se dirige diretamente ao leitor, dizendo-lhe como ele tem de ver o mundo e o que deverá fazer, não é aquela que lhe oferece uma imagem do mundo, nem a que lhe dita como deve interpretar-se a si mesmo e às suas próprias ações; mas, tampouco, é a que renuncia ao mundo e à vida dos homens e se dobra sobre si mesma. A função da literatura consiste em violentar e questionar a linguagem trivial e fossilizada, violentando e questionando, ao mesmo tempo, as convenções que nos dão o mundo como algo já pensado e já dito, como algo evidente, como algo que se nos impõe sem reflexão.

---

[11]HANDKE, P. *J'habite une tour d'ivoire*. Paris: Bourgois, 1992. p. 23-24.
[12]HANDKE, 1992, p. 24.

A literatura que muda o leitor, tal como a entende Handke, é aquela que afugenta a "linguagem do tipo tu-já-sabes-o-que-quero-dizer" e, ao afugentá-la, desrealiza também o mundo do tipo todos-já-sabemos- como-são-as-coisas. Desse ponto de vista, e na medida em que está contra todo esse "realismo" explícito tão caro aos "realidófilos", nem por isso renuncia a entrar em relação com a realidade e com a autenticidade e, portanto, com a verdade e com o pensamento. Mas com uma verdade que não existe a não ser enquanto vontade de verdade e com um pensamento que não é outra coisa senão resistência aos conceitos que nos dão as coisas já pensadas e, portanto, impensadas. Quase no final do texto que estou comentando, Peter Handke afirma o seguinte:

> [...] não tenho temas favoritos de escritura, não tenho mais do que apenas um tema: ver claro, mais claro em mim mesmo, aprender a me conhecer ou a não me conhecer, aprender o que faço sem me dar conta, o que penso sem me dar conta, o que penso sem refletir, o que digo sem refletir, o que digo por automatismo, o que os outros também fazem, pensam e dizem sem refletir: chegar a ser atento e provocar atenção, provocar sensibilidade e chegar a ser mais sensível, mais receptivo, mais preciso, para que eu e os outros possamos também existir de maneira mais precisa e mais sensível, para que eu possa me entender melhor com os outros e ter melhores relações com eles.[13]

A diferença já não está entre literatura e comunicação, mas entre a literatura que comunica fazendo se manifestarem as imagens convencionais do mundo e a literatura que nos dá o mundo como algo já pensado, como um mero objeto de reconhecimento. A diferença essencial estaria entre duas formas de logos pedagógico: o que faz pensar e o que transmite o já pensado, ambas as formas incluindo a literatura. Há uma passagem, em *Diferença e repetição*, em que Deleuze distingue

---

[13] HANDKE, 1992, p. 32-33.

entre os objetos do reconhecimento (as coisas que podem ser pensadas confortavelmente e que deixam o pensamento tranquilo), e os encontros que forçam a pensar. No primeiro caso, o pensamento supõe tudo aquilo que questiona e está, como diz Deleuze, "cheio de si mesmo". No segundo caso, o pensamento é um modo da sensibilidade e da paixão em relação àquilo que comove a alma e a deixa perplexa. E só nessa relação sensível e apaixonada com aquilo que faz pensar, o pensamento é também uma aprendizagem. Com relação à aprendizagem, escreve Deleuze:

> [...] nunca se sabe, de antemão, como alguém chegará a aprender – mediante que amores se chega a ser bom em latim, por meio de que encontros se chega a ser filósofo, em que dicionários se aprende a pensar. [...] Não há um método para encontrar tesouros e tampouco há um método de aprender, a não ser um movimento violento, um cultivo ou *paideia* que percorre o indivíduo em sua totalidade. [...] a cultura é o movimento de aprender, a aventura do involuntário que encadeia uma sensibilidade, uma memória e logo um pensamento.[14]

Em algumas obras (tanto literárias quanto não literárias), aprecia-se, de uma maneira quase material, a origem sensível da escrita e do pensamento, seu caráter de experiência, sua raiz num encontro com o que faz pensar, realizado sob tonalidades afetivas de uma grande delicadeza. E quando esse choque sensível relaciona-se com a memória de outras perplexidades, a escrita começa a nascer sob a forma de uma paixão talvez inútil, mas da qual já é impossível escapar. E surge aí a dificuldade para concluir de outra maneira que não seja retomando a perplexidade num outro nível. O que aconteceu, de permeio, foi uma intensificação da sensibilidade e uma modificação da tonalidade da experiência. Eu creio que aí, nessa intensificação da sensibilidade e nessa modificação da relação sensível com a

---

[14]DELEUZE, G. *Diferencia y repetición*. Madrid: Júcar, 1988. p. 274.

experiência, é onde está a aprendizagem que podemos encontrar na literatura, pelo menos o que, de verdade, vale a pena.

Podemos suspeitar, a partir daqui, que talvez o antipedagogismo da literatura não seja outra coisa que uma reformulação crítica de sua posição num logos pedagógico de caráter dogmático. Um logos pedagógico que não é o instrumento para a transmissão de verdades teóricas ou morais nem a projeção, sobre o outro, de um projeto explícito sobre como deveria ser, em que deveria acreditar e como deveria se comportar, mas sim a interrupção constante de toda pretensão de imposição da verdade e a suspensão permanente de toda tentativa de fixação de um projeto. Desse ponto de vista, talvez o antipedagogismo da literatura, sua resistência à subordinação, não seja tanto uma rebelião contra a comunicação, mas contra toda pretensão de fechar a interpretação do texto e de centrá-lo em torno de um significado doutrinário e unívoco; não tanto uma revolta contra o sentido, mas contra toda pretensão de solidificação do sentido; não tanto uma negativa à representação ou ao realismo, mas a todo realismo que não problematiza o método da representação; não tanto um abandono da ética da transmissão, mas de todas as formas de transmissão que não são éticas justamente porque dão como já sabido ou já pensado aquilo que se transmite; não tanto um rechaço aos valores morais, mas a toda essa moral conformista e fingida de boa consciência na qual se refugiam os moralistas; não tanto uma separação da existência humana concreta, mas de todas essas formas de conduzir a existência humana sem inquietá-la, sem colocá-la em questão, sem levá-la além de si mesma.

A pedagogização da novela

No início da seção anterior, eu dizia que podemos considerar novela pedagógica todo relato que se deixa ler enquanto inclui a possibilidade de que se derive um ensinamento de sua leitura. É claro que existem novelas cujas marcas pedagógicas são mais enfáticas. E também existem novelas que ninguém diria que são novelas pedagógicas, mas que admitem uma leitura em termos de algum ensinamento de que são portadoras, ainda que uma atenção focalizada exclusivamente no ensinamento que se pudesse derivar delas implique deixar fora dimensões fundamentais da obra. No entanto, se considerarmos "ensinamento" qualquer afirmação geral sobre a existência humana à qual a obra possa dar lugar, ou qualquer influência que a obra possa exercer sobre o leitor, toda novela poderia ser pedagógica, sem prejuízo de suas outras dimensões. E, seguindo essa via, poderíamos chegar à conclusão de que o caráter pedagógico de uma novela é um efeito de leitura, dado que todo relato, toda ficção, pode-se ler a partir do pressuposto de que contém um ensinamento, ainda que o ensinamento que supostamente se derive de sua leitura não esgote todas as dimensões da obra. O "pedagógico", então, seria uma modalidade de leitura aplicável a qualquer texto e o "pedagógico" da novela pedagógica não estaria tanto na novela, como no modo de lê-la.

Algo semelhante parece sustentar Genette quando afirma que "todo texto escrito tem o potencial de ser ou de não ser literatura, segundo seja recebido, digamos, como espetáculo ou, digamos, como mensagem".[15] Tal afirmação implica que a "literariedade" não é uma qualidade presente em alguns textos e ausente em outros, mas é uma qualidade que se pode reivindicar acerca de qualquer objeto de escrita. E, dessa afirmação, pode-se derivar que também o grau de "pedagogicidade" de um texto – de uma novela, nesse caso – depende basicamente das condições de sua leitura, ainda que, de alguma maneira, esteja também inscrita em seus aspectos formalmente literários ou em seu conteúdo narrativo. Todo texto, até mesmo o mais científico ou o mais informativo, pode ser lido como um texto literário se atentarmos para a sua forma linguística, a sua literariedade, a sua retórica; e todo texto, até mesmo o mais autorreferencial, pode ser lido como um texto comunicativo se atentarmos para o que

---

[15]GENETTE, G. Structuralisme et critique littéraire. In:_____. *Figures*. Paris: Seuil, 1966. p. 146.

diz, o seu sentido, ainda que aquilo que diga seja que ele não tem sentido. No primeiro caso, teríamos uma leitura poética ou retórica e, no segundo, uma leitura significativa ou hermenêutica. De qualquer maneira, se é certo que qualquer texto pode ser lido como literatura ou como comunicação, também é verdade que existe uma hierarquia de funções que, de algum modo, vem marcada no interior do texto: todo texto se dá ele mesmo a ler, pelo menos em princípio, de uma ou de outra forma. Por outro lado, a citação de Genette parece sustentar o dogma que antes eu critiquei: o da separação entre literatura e comunicação através da distinção forte entre espetáculo e mensagem e, em consequência, tanto a restrição da Pedagogia à comunicação da mensagem quanto a convicção da futilidade da literatura. Em qualquer caso, e feitas as salvaguardas anteriores, pode-se dizer que o elemento pedagógico de um texto é, essencialmente, um efeito da leitura. Assim, deve-se buscar o pedagógico só secundariamente no texto e principalmente na Pedagogia, isto é, no discurso que se apropria do texto para sua utilização educativa com vistas à expressão de algum ensino, seja de que tipo for.

O discurso pedagógico dá a ler, estabelece o modo de leitura, tutela a leitura e a avalia. Ou, dito de outra maneira, seleciona o texto, determina a relação legítima com o texto, controla essa relação e determina hierarquicamente o valor de cada uma das realizações concretas da leitura. O discurso pedagógico dogmático, aquele que se apropria do texto para a demonstração de uma tese ou para a imposição de uma regra de ação, deve assegurar a univocidade do sentido e, para isso, deve "programar", de alguma maneira, a atividade do leitor. Para conseguir isso, a Pedagogia tem dois recursos: *ou* se assegura de que o texto contenha, de forma mais ou menos evidente, sua própria interpretação de maneira que se imponha por si mesma, *ou* o professor tutela a leitura, tomando para si a tarefa da imposição e o controle do sentido "correto". A Pedagogia dogmática seleciona os textos em função de sua não ambiguidade na mensagem que contêm e, além disso, dá os textos já interpretados, já comentados e já lidos de antemão, mediante o controle forte que estabelece sobre as modalidades de sua recepção por parte do leitor. A leitura, portanto, está atravessada por constrições orientadas para impor a leitura única. Em primeiro lugar, as do próprio texto, como, por exemplo: as redundâncias que reduzem ao máximo as falhas, que permitiriam uma leitura plural; o esquema axiológico não ambíguo e geralmente dualista, que impede o relativismo da interpretação moral; a organização teleológica da trama, que permite uma construção progressiva do sentido; a presença, no próprio texto, de um personagem que vai dando a interpretação legítima do que acontece; etc. Em segundo lugar, as do intérprete autorizado, que superpõe ao texto seus próprios enunciados interpretativos e garante, assim, que a interpretação não transborde, jamais, do que havia sido previsto de antemão, como objetivo pedagógico.

Mas, além disso, o discurso pedagógico dogmático joga com as constrições peculiares ao próprio contexto da leitura. É necessário que o leitor reconheça que se trata de um texto pedagógico, isto é, de um texto que quer dizer algo que, talvez, não esteja dito explicitamente no texto. O leitor deve saber que o relato é uma ilustração de uma doutrina ou uma exposição de uma regra de conduta. E esse conhecimento do leitor se consegue simplesmente pelo reconhecimento do contexto específico em que se produz a leitura e pela maneira como esse contexto designa o texto enquanto texto pedagógico especializado e lhe consigna, portanto, uma intencionalidade determinada. De outro lado, tem-se de ter em conta que o contexto da leitura está constituído, também, por outros textos. No caso da novela pedagógica, essa relação de intertextualidade é especialmente importante porque ela determinaria a subordinação da novela em relação a um *corpus* doutrinário frente ao qual ela funcionaria, seja como uma ilustração, seja como um método indireto e talvez preparatório para sua exposição e sua apropriação. Talvez a subordinação dogmática da novela à teoria, da qual falava Nietzsche, não seja outra coisa senão o tipo de leitura do diálogo platônico que impõe que seus elementos narrativos e poéticos só sejam legíveis no interior de seus elementos doutrinários. Se definirmos a intertextualidade como a coexistência de vários discursos num único espaço textual,[16] a pedagogização dogmática da novela estabeleceria uma relação hierárquica e não conflitiva entre eles. Desse modo, o espaço textual da Pedagogia dogmática configura-se como um espaço monológico, apesar da copresença de vários discursos heterogêneos entre si.

Diante desse modo dogmático de pedagogização da novela, poderíamos imaginar outro modelo que funcionasse como seu reverso. Tratar-se-ia, aí, de tornar impossível a transmissão de um sentido único. Para isso, a seleção dos textos deve privilegiar sua "multivocidade", sua "plurissignificatividade" e sua abertura; o comentário dos textos deve destinar-se a multiplicar suas possibilidades de sentido; o contexto da leitura deve ser o menos especializado possível; a não fixação do sentido deve ser impulsionada pelo jogo excêntrico de textos plurais e, em cada texto, pela manutenção – e de modo que esteja como que dividido contra si mesmo – da diferença e da tensão entre sua leitura poética e sua leitura hermenêutica.

A novela histórica e a experiência do passado

Igualmente ao que ocorre entre a filosofia e a literatura, a distinção entre história e literatura parece cada vez mais artificial, como distinção *in re*. Por um lado, a história dos historiadores pode ser considerada como um gênero literário que tem sua própria evolução histórica e suas próprias regras formais e que compartilha, com a novela, alguns elementos fundamentais como a figuração do tempo, a inclusão de acontecimentos numa trama, o uso de metáforas, a construção de cenas dramáticas e de ambientes, etc. Por outro lado, a novela histórica – e, sobretudo, a novela histórica realista – mantém a pretensão de "fazer ver" ou de "fazer compreender" alguma coisa ao leitor,

---

[16] KRISTEVA, J. *Séméiotiké: recherches pour une sémanalyse*. Paris: Seuil, 1969. p. 133-137, 143-173, 191-196.

acerca da sociedade ou do mundo do passado e pode ser ajuizada por seu valor de verdade. De qualquer maneira, e apesar de seu caráter mais que duvidoso, a distinção entre história e literatura continua sendo um tanto usual na linguagem e continua sendo usada para fins de classificação dos textos, dos autores e dos leitores, e do contexto institucional de ambos, e para fins de legitimação e de deslegitimação.

Os filósofos profissionais, assim como os historiadores profissionais, costumam qualificar como "mera literatura" os trabalhos que rompem com as regras estabelecidas em sua disciplina e que propõem novas formas de escrever a filosofia ou a história. Lembremos a expressão de García Márquez, algo mais que uma *boutade*, enquanto trabalhava em *O general em seu labirinto* e diante da desconfiança dos historiadores com um sentido patrimonial de sua disciplina: "é preciso fazer a história da Colômbia, antes que a façam os historiadores". E lembremos, também, como caracterizava seu trabalho um historiador e filósofo francês, Michel Foucault, que, junto com autores como Paul Veyne e Philippe Ariès, revolucionou a historiografia no final dos anos 1960:

> [...] me dou conta de que não escrevi mais que ficções. Não quero, todavia, dizer que esteja fora da verdade. Parece-me que existe a possibilidade de fazer funcionar a ficção na verdade; de induzir efeitos de verdade com um discurso de ficção, e fazer isso de tal maneira que o discurso de verdade suscite, "fabrique" algo que ainda não existe, ou seja, "ficcione".[17]

O que a frase de García Márquez parece dar a entender é que tudo é história, tanto aquilo que ele faz quanto o que fazem os historiadores; o que acontece é que a história dos novelistas tem alguma qualidade especial que é preciso tentar salvar antes que os historiadores de profissão impossibilitem isso. Foucault,

---

[17] FOUCAULT, M. Les raports de pouvoir passent à l'intérieur des corps. *La Quizaine Littéraire*, n. 247, p. 5, 1977. Entrevista concedida a L. Finas.

ao contrário, muito de acordo com o espírito nietzschiano em suas melhores obras,[18] parece dizer que tudo é ficção, o que acontece é que as ficções funcionam no interior da verdade, essa ficção solidificada que se esqueceu de que o é, já que elas fabricam algo que ainda não existe. Mas ambos os enunciados são rigorosamente intercambiáveis. O que importa não é a diferença entre história e literatura, entre história-verdade e literatura-ficção, entre história objetiva e literatura subjetiva, entre história-realidade e literatura-imaginação, mas a diferença entre duas modalidades de relação com o passado.

Porque aquilo que aí está em jogo não é tanto "a verdade", mas o que poderíamos chamar de o valor da verdade. E essa é outra expressão que devemos a Nietzsche: "[...] tem-se de tentar, de uma vez, pôr em dúvida o valor da verdade".[19] Quando se nos fala da "verdade", devemos perguntar qual é o sentido e qual é o valor do que se nos dá como "verdadeiro". E é preciso distinguir, em termos de valor, entre as verdades nobres – as que inquietam e aquilo que somos e são um impulso para a liberdade –, e as verdades baixas – as do conformismo, as que consolam e reclamam submissão e sujeição. E creio que Foucault e García Márquez conhecem algo que também conhecia Nietzsche: que há "verdades" da estupidez, do servilismo e da baixeza; que a verdade comporta-se, demasiadas vezes, como uma senhora discreta, sociável e piedosa, cheia de boa vontade, a serviço da cultura, da moral ou do Estado; que a verdade não pode se

---

[18] Não resisto transcrever, aqui, uma citação belíssima de "Sobre verdade e mentira em sentido extramoral", um texto de 1873, incluído em: *El libro del filósofo*. Madrid: Taurus, 1974, p. 91: "Portanto, que é a verdade? Uma multidão em movimento de metáforas, metonímias, antropomorfismos; numa palavra, um conjunto de relações humanas que, elevadas, transpostas e adornadas poética e retoricamente, depois de longo uso, o povo considera firmes, canônicas e vinculadoras: as verdades são ilusões das quais se esqueceu que o são, metáforas já utilizadas que perderam sua força sensível, moedas que perderam sua imagem e que agora entram em consideração como metal, não como tais moedas".

[19] NIETZSCHE, F. *La genealogía de la moral*. Madrid: Alianza, 1972. p. 175.

separar da "política da verdade", ou seja, das lutas para impor as regras do "jogo da verdade", para mantê-las se submetendo a elas ou para pervertê-las e utilizá-las ao arrepio, para inventá-las e mudá-las. Há uma história "verdadeira" e uma literatura "verdadeira" que são, ambas, igualmente fraudulentas. E a fraude se chama, tanto num como no outro caso, convencionalismo e trivialidade. Algo parecido ao que antes tentei assinalar com o texto de Handke. Não são verdadeiras nem a história nem a literatura histórica que nos dão uma imagem confortável, convencional e não problemática do passado, nem as que nos dão uma imagem em termos de espetáculo anedótico e trivializado. Tampouco são verdadeiras nem a história nem a literatura histórica que se acomodam demasiadamente bem à experiência dos vencedores. Não são verdadeiras, enfim, nem a história nem a literatura que nos dão uma experiência do passado completamente inofensiva.

Há, basicamente, dois modos de fazer com que a experiência do passado seja inofensiva. E ambos são modos da indiferença. O primeiro modo consiste em dar a ler o passado como passado, sem relação alguma com o presente. Nesse caso, pratica-se um método da indiferença, ainda que essa indiferença se disfarce de certos princípios de imparcialidade e de objetividade, que não seriam outra coisa senão a repressão, no trabalho histórico, de todo "pré-juízo", isto é, de todo interesse que tenha, como ponto de partida, uma inquietude ou uma preocupação contemporânea, seja ela particular do historiador (ou do novelista), ou geral de seu tempo. A história erudita e a história anedótica ou pitoresca seriam exemplos extremos dessa primeira atitude.

O segundo modo de indiferença que faz com que a história seja inofensiva consiste em abolir a distância histórica. A distância histórica fica abolida quando se reconstrói a história para ver, no passado, as causas mais remotas ou mais imediatas do presente e, assim, para explicar a "necessidade" do presente. Philippe Ariès conta que usava esse tipo de história quando era professor em institutos de bairro e se propunha a despertar o interesse pela História em jovens desmotivados:

[...] tratava-se de adolescentes e era necessário, por conseguinte, para despertar sua curiosidade, conectar aquele passado desconhecido com o que existia, para eles, de conhecido no presente, e retroceder logo desse presente conhecido para aquele passado desconhecido, insistindo em sua solidariedade e continuidade.[20]

Esse tipo de história torna inteligível e conhecido o presente, já que consegue "reduzir, ou pelo menos limitar e precisar o absurdo do mundo".[21] E torna inteligível também o passado, já que constrói seletivamente seu sentido enquanto que privilegia os aspectos que deixaram um vestígio ou uma sobrevivência no presente e mutila tudo aquilo que ficou apagado no mundo contemporâneo. Mas a distância histórica também fica abolida quando, ao olhar o passado, não vemos outra coisa senão a nós mesmos, ainda que seja com outra vestimenta e numa outra cor. O que aqui faz o historiador (ou o novelista) é inserir o passado numa atmosfera familiar, na atmosfera inconsciente de seu próprio mundo, naquilo que ele percebe sem esforço e sem mediação, sem objetivação, naquilo que ele não é capaz de problematizar porque constitui seu próprio mundo da vida. Seja porque busca, no passado, a origem deste nosso mundo, seja porque projeta este nosso mundo no passado; esta história que apaga as diferenças é aquela que faz com que nos reconheçamos em toda parte, aquela que nos dá uma imagem eterna e autossatisfeita, de nós próprios, aquela que nos permite, nas palavras de Foucault, "o jogo consolador dos reconhecimentos".[22] Por outro lado essa história, enquanto que insiste na continuidade do presente e do passado, conecta perfeitamente os fabricantes de ontem com os dominadores de hoje e reproduz, portanto, a ideologia dos vencedores.

A reconstrução e a interpretação do passado é um fazer valer o passado para o presente, o converter o passado num

---

[20]ARIÈS, P. *El tiempo de la historia*. Barcelona: Paidos, 1988. p. 250.

[21]ARIÈS, 1988, p. 251.

[22]FOUCAULT, M. Nietzsche, a genealogia e a história. In: _____. *Microfísica do poder*. Rio: Graal, 1985. p. 15-38.

acontecimento do presente. Só assim é verdadeira experiência. A experiência do passado, portanto, não é um passatempo, um mecanismo de evasão do mundo real e do eu real. E não se reduz, tampouco, a um meio para adquirir conhecimentos sobre o que aconteceu. No primeiro caso, o passado não nos afeta – nem em nós próprios, nem em nosso presente –, dado que transcorre num espaço-tempo separado. No segundo caso, o passado tampouco nos afeta – nem em nós próprios, nem em nosso presente –, dado que aquilo que sabemos mantém-se exterior a nós mesmos e ao mundo em que vivemos. A interpretação do passado só é experiência quando tomamos o passado como algo ao qual devemos atribuir um sentido em relação a nós mesmos.

Se pensarmos essa relação em termos de intertextualidade, poderíamos considerar o passado como um texto que lemos (ou que se nos dá a ler) em relação ao modo como lemos (ou se nos dá a ler) o presente. Nas formas de história às quais referi anteriormente, aquelas do "jogo consolador dos reconhecimentos", o texto do passado confirma o texto do presente tal como esse se nos dá a ler nos discursos dominantes. Mas do que se trata, me parece, é que o texto do passado não sirva para a confirmação e a consolidação da imagem convencional e autossatisfeita que esses discursos produzem de nós mesmos e de nosso mundo, mas para sua crítica e seu questionamento. Para isso, a história deve tentar, em primeiro lugar, salvar o esquecido e o reprimido na história monumental do reconhecimento, na história dos vencedores, e constituir-se num tipo de contramemória. Em segundo lugar, deve insistir na diferença entre o passado e o presente, com vistas a produzir um efeito de desfamiliarização em relação a nós mesmos e ao nosso mundo. A crítica ao presente só pode ser feita a partir do presente, numa história que se sabe apaixonadamente perspectivista, mas tomando o passado em sua diferença e destacando, nele, os elementos esquecidos e reprimidos.

Para que essa experiência do passado seja possível, o sujeito da experiência – o historiador ou o leitor – deve ser um sujeito desconforme e inquieto. Esse sujeito é o que vai do presente ao passado, mas arrastando consigo sua desconformidade, ou seja, evitando toda relação de continuação. E é, também, o que vem do passado ao presente, mas para interrompê-lo e colocá-lo em questão, para desestabilizá-lo e dividi-lo no interior de si mesmo. Foucault diz isso de uma maneira magistral:

> Saber, mesmo na ordem histórica, não significa "reencontrar" e sobretudo não significa "reencontrar-nos". A história será "efetiva" na medida em que ela reintroduza o descontínuo em nosso próprio ser. [...] Ela não deixará nada abaixo de si que teria a tranquilidade asseguradora da vida ou da natureza; ela não se deixará levar por nenhuma obstinação muda em direção a um fim milenar. Ela aprofundará aquilo sobre o que se gosta de fazê-la repousar e se obstinará contra sua pretensa continuidade. É que o saber não é feito para compreender, ele é feito para cortar.[23]

A música de Sócrates

Voltemos a O nascimento da tragédia e a essa discussão sobre a função daquilo que nós chamamos de literatura em relação ao caráter teórico, otimista e progressivo do logos pedagógico. No final da seção 15,[24] Nietzsche assinala que o otimismo teórico, ainda que amplie constantemente os limites do conhecido, também esbarra constantemente contra esses limites e surge ali, nesse naufrágio, "o impossível de esclarecer", o obscuro que não se deixa iluminar. Confrontado com esse desmoronamento, o otimismo teórico intui seu próprio fracasso e a arte volta a ser necessária como "proteção e remédio", isto é, tanto para suportar a quebra do otimismo teórico quanto para levar o conhecimento além de si mesmo, para a sua própria transformação.

Em continuação, Nietzsche estabelece uma distinção de valor que ainda pode nos ser útil: nos níveis inferiores deste

---
[23]FOUCAULT, 1985, p. 20.
[24]NIETZSCHE, 1973, p. 130.

nosso mundo, a avidez otimista, insaciável e demasiado ingênua, demasiado crédula, de conhecimento manifesta-se como hostilidade à arte que poderia colocá-la em questão; no entanto, nas esferas mais altas, o otimismo teórico perde o pé e a segurança e transmuta-se em necessidade de arte. Entre o baixo e o alto, diz Nietzsche, entre o conhecimento otimista satisfeito de si mesmo e a necessidade trágica da arte, travam-se lutas enormes nas quais temos de intervir. De seu resultado depende que possa se dar a transmutação do conhecimento na arte e que essa transmutação conduza a novas configurações "do Sócrates cultivador da música".

Talvez esse Sócrates musical possa encarnar o logos pedagógico aberto e plural que resiste a todo dogmatismo e a todo repousar autossatisfeito num conhecimento finalmente apropriado. E talvez seja alguma nova configuração desse Sócrates a que dê, à novela histórica e, com a novela histórica, à própria história, seu lugar e sua dignidade educativa. A história pedagógica, aquela que nos forma e nos transforma, não pode ser outra coisa senão uma reivindicação da liberdade, dessa liberdade que as formas por demais convencionais da história dos historiadores parecem negar-lhe e que a verdadeira literatura, a verdadeira ficção, deu-se a si mesma, em sua obcecada resistência a qualquer servidão. E não pode ser, tampouco, outra coisa senão o método que nos põe em relação com o impensável, um método que a novela encarna de maneira exemplar e que a história dos historiadores talvez tenha esquecido, ocupada como está em transmitir o já pensado. E, por fim, não pode ser outra coisa senão o permanente questionamento daquilo que somos, um questionamento que a história dos historiadores parece tentar reprimir, ocupada como está em funcionar como memória dos vencedores.

6
Sobre a lição[1]
ou do ensinar e do aprender na amizade e na liberdade

quæ voluit legisse, volet rescribere lectis
Ovídio

Há ocasiões em que a aventura da palavra se dá em um ato de ler em público. Em tais ocasiões, e especialmente quando esse ato de ler em público tem lugar em uma sala de aula, costumamos dizer que se trata de uma lição. Lição, *lectio*, leitura. Uma lição é uma leitura e, ao mesmo tempo, uma convocação à leitura, uma chamada à leitura. Uma lição é a leitura e o comentário público de um texto cuja função é abrir o texto a uma leitura comum. Por isso, o começo da lição é abrir o livro, num abrir que é, ao mesmo tempo, um convocar. E o que se pede aos que, no abrir-se o livro, são chamados à leitura não é senão a disposição de entrar no que foi aberto. O texto, já aberto, recebe àqueles que ele convoca, oferece hospitalidade. Os leitores, agora dispostos à leitura, acolhem o livro na medida em que esperam e ficam

---

[1] Talvez todo texto não seja senão reescritura. Este texto foi dedicado aos alunos e alunas de Filosofia da Educação da Universidade de Barcelona (curso 1996-1997) e foi escrito sob a influência da leitura do livro de Angel Gabilondo, *Trazos del Eros: sobre hablar, leer y escribir* (Madrid: Tecnos, 1997). Daí – e do fato de que nunca foi redigido para ser publicado – o tom geral do texto e a abundância de paráfrases, citações ocultas, estilísticos, motivos comuns, etc.; em outras palavras, influências não reconhecidas. Valha esta nota de rodapé como um reconhecimento geral.

atentos. Hospitalidade do livro e disponibilidade dos leitores. Mútua entrega: condição de um duplo devir.

Uma lição é esse ato de ler em público que está explicitamente implicado ou envolvido num ensinar e num aprender. Na lição, a leitura aventura-se no ensinar e no aprender. Ou, dito de outra maneira, o ensinar e o aprender se dão, jogam, na leitura. Por isso, uma leitura torna o jogo mais fácil quando permite que o ensinar e o aprender aconteçam.

O que se trata aqui é de propor a experiência da leitura em comum como um dos jogos possíveis do ensinar e do aprender. E, simultaneamente, estabelecer o que tem a ver esse jogo com a experiência da liberdade, com essa curiosa relação de alguém consigo mesmo, à qual chamamos de liberdade, e com a experiência da amizade, com essa curiosa forma de comunhão com os outros que chamamos de amizade. E isso porque a experiência da leitura, quando está envolvida com o ensinar e o aprender, implica a relação de cada um consigo mesmo e com os outros. Mas o problema da lição em seu envolvimento com o ensinar e o aprender e em sua implicação com a amizade e a liberdade não é o problema de como ler bem, mas o de como ler de verdade ou, se quisermos, o de como uma lição pode ser uma verdadeira leitura, uma verdadeira aprendizagem na amizade e na liberdade.

O ensinar e o aprender

O professor – aquele que dá o texto a ler, aquele que dá o texto como um dom, nesse gesto de abrir o livro e de convocar à leitura – é o que remete o texto. O professor seleciona um texto para a lição e, ao abri-lo, o remete. Como um presente, como uma carta.

Da mesma forma que aquele que remete um presente ou uma carta, o professor sempre está um pouco preocupado em saber se seu presente será aceito, se sua carta será bem recebida e merecerá alguma resposta. Uma vez que só se presenteia o que se ama, o professor gostaria que seu amor fosse também amado por aqueles aos quais ele o remete. E uma vez que uma carta é como uma parte de nós mesmos que remetemos aos que amamos, esperando resposta, o professor gostaria que essa parte de si mesmo, que dá a ler, também despertasse o amor dos que a receberão e suscitasse suas respostas.

Mas a remessa do professor não significa dar a ler o que se deve ler, mas sim "dar a ler o que se deve: ler". Ler não é um dever no sentido de uma obrigação, mas no sentido de uma dívida ou de uma tarefa. E é uma dívida e uma tarefa – a dívida e a tarefa da leitura – que o professor dá quando remete o texto. Uma dívida é a responsabilidade que temos para com aquilo que nos foi dado ou enviado. Uma tarefa é algo que nos põe em movimento. Por isso, dar o texto é oferecê-lo como um dom e, nesse mesmo oferecimento, abrir uma dívida e uma tarefa, a dívida e a tarefa da leitura, a dívida que só se salda assumindo a responsabilidade da leitura, a tarefa que só se cumpre no movimento de ler.

O professor, o que dá a lição, é também o que se entrega na lição. Primeiro, entrega-se em sua eleição; depois, em sua remessa; em continuação, em sua leitura.

O professor, quando dá a lição, começa a ler. E seu ler é um falar escutando. O professor lê escutando o texto como algo em comum, comunicado e compartilhado. E lê também escutando a si mesmo e aos outros. O professor lê escutando o texto, escutando-se a si mesmo enquanto lê, e escutando o silêncio daqueles com os quais se encontra lendo. A qualidade da sua leitura dependerá da qualidade dessas três escutas. Porque o professor empresta sua voz ao texto, e essa voz que ele empresta é também sua própria voz, e essa voz, agora definitivamente dupla, ressoa como uma voz comum nos silêncios que a devolvem ao mesmo tempo comunicada, multiplicada e transformada.

Porque se a face exterior do texto é uma – a que poderíamos denominar "o dito do texto", aquela que contém seu significado dado, fixado, literal, mais ou menos transparente e idealmente homogêneo para todos os leitores –, sua face interior é necessariamente múltipla. E, assim, o professor, quando lê o texto, o lê simultaneamente para fora, para dentro e para os ouvintes. Para fora porque o professor pronuncia para si mesmo e para os demais isso que diz o texto. Para dentro porque o professor diz o texto com sua própria voz, com sua própria língua, com suas próprias palavras, e esse redobrar-se do texto faz com que as palavras que o compõem soem para ele, lhe pareçam ou lhe digam de um modo singular e próprio. Para os ouvintes, porque o professor diz o texto no interior de algo que é comum, daquilo que poderíamos chamar de seu "sentido comum", aquilo que os ouvintes sentem em comum quando prestam atenção à mesma coisa e que nada mais é senão a experiência da pluralidade e do infinito do sentido. Por isso, em sua leitura, o professor lê o texto literalmente, e ao mesmo tempo com suas próprias palavras, e simultaneamente atentando ao silêncio entre as palavras, ao espaço em branco entre as letras, às margens das páginas.

Elementos da lição: o texto, a voz do professor e esse silêncio que é de todos e de ninguém, isto é, da própria linguagem em sua multiplicidade e em seu infinito, digamos, comum.

Na lição, eu dizia, os alunos são convocados a um texto, chamados a um texto. Através dessa convocação, os alunos são situados no que se vem dizendo, nesse vir presente na leitura do que já se disse, nessa presença do já dito, do que outros já disseram, mas que, enquanto texto publicamente pronunciado, vem-se dizendo cada vez de novo.

O texto a que os alunos são convocados é o fluxo do que se vem dizendo ou, melhor, "do que, dizendo-se, vem". Sempre o mesmo, mas sempre cada vez. Por isso, ler é recolher o que se vem dizendo para que se continue dizendo outra vez (que é outra vez a mesma e cada vez outra vez) como sempre se disse e como nunca se disse, numa repetição que é diferença e numa diferença que é repetição.

No ler a lição, não se buscam respostas. O que se busca é a pergunta à qual os textos respondem. Ou melhor, a pergunta que os textos abrigam no seu interior, ao tentar respondê-la: a pergunta pela qual os textos se fazem responsáveis. Por isso, a única resposta que se pode buscar na leitura é a responsabilidade pela pergunta. Se ler em comum é uma correspondência no texto, essa correspondência só pode ser corresponsabilidade na pergunta pela qual o texto já é o primeiro responsável. Por isso, a leitura não resolve a questão, mas a reabre, a re-põe e a re-ativa, na medida em que nos pede correspondência. E há modos de falar, modos de ministrar a lição, que impedem corresponder. Por exemplo: o modo de falar de quem já sabe de antemão o que diz o texto ou o modo de falar daquele que, uma vez que tenha dito o que diz o texto, dá por resolvida a questão.

Na leitura da lição não se busca o que o texto sabe, mas o que o texto pensa. Ou seja, o que o texto leva a pensar. Por isso, depois da leitura, o importante não é que nós saibamos do texto o que nós pensamos do texto, mas o que – com o texto, ou contra o texto ou a partir do texto – nós sejamos capazes de pensar.

O que se deve ler na lição não é o que o texto diz, mas aquilo que ele dá o que dizer. Por isso, a leitura da lição é escuta, além daquilo que o texto diz, o que o texto abriga e o que ele dá o que dizer. Ler não é apropriar-se do dito, mas recolher-se na intimidade daquilo que dá o que dizer ao dito. E demorar-se nisso. Entrar num texto é morar e demorar-se no dito do dito. Por isso, ler é trazer o dito à proximidade do que fica por dizer, trazer o pensado à proximidade do que fica por pensar, trazer o respondido à proximidade do que fica por perguntar.

O objetivo da lição não é nos deixar terminados pela assimilação do dito, nem nos deixar determinados pela aprendizagem dogmática do que deve ser dito, mas in-de-terminar aquilo que dá o que dizer, aquilo que fica por dizer. In-de-terminar é não terminar e não de-terminar. Por isso, ler é recolher-se na indeterminação do dizer: que não haja um final nem uma lei para o dizer, que o dizer não se acabe nem se determine.

O que dá o que dizer, ao texto, é algo que se diz de muitas maneiras. Por isso, o dito do texto reativa o dizer, os dizeres. Então, o recolher-se àquilo que dá o que dizer, ao texto, o encarregar-se disso, o responsabilizar-se por isso, é colocar-se nos caminhos que ele abre. Por isso, na lição, a ação de ler extravasa o texto e o abre para o infinito. Por isso, reiterar a leitura é reitinerar o texto, encaminhá-lo e encaminhar-se com ele para o infinito dos caminhos que o texto abre.

Na amizade

A lição é convocação em torno do texto: congregação de leitores. E assim, na lição, o texto converte-se em palavra *emplazada*, em palavra colocada na *plaza*, no lugar público, no lugar que ocupa o centro para simbolizar o que é de todos e não é de ninguém, o que é comum. E na *plaza*, enquanto palavra *emplazada*, o texto nos *emplaza*: pelo texto, cada um está *emplazado* no comum, *emplazado* pelo comum.[2]

Por isso, a lição é um ato de ler público, que exige um certo ver-se cara a cara, uma presença pública do corpo, um oferecimento público do corpo, às vezes falando e às vezes em silêncio, mas sempre em relação a algo comum, a algo para o qual todos os olhos e todos os ouvidos tendem, atendem. O corpo situado do leitor é atento, concentrado, falante ou em silêncio, mas sempre tenso e em suspenso, suspendido.

Em torno do texto como palavra *emplazada* – quando o texto é realmente algo que se pode chamar de comum –, articula-se uma forma particular de comunidade, uma forma particular de estar *emplazados* pelo que é comum. E essa forma é uma amizade, uma *philía*, uma unidade que suporta e preserva a diferença, um nós que não é senão a amizade de singularidades possíveis. O comum do texto é, assim, comunidade de diferenças ou, estritamente, uma conversação. Mas uma conversação que tem também sua face silenciosa, reflexiva, solitária. *Emplazados* pelo comum do texto, os que assistem à lição leem em silêncio, cada um para si mesmo e, simultaneamente, com os demais.

---

[2] Optou-se por deixar *plaza* e *emplazar* na forma original para que não se perdesse o jogo de palavras que faz o autor. [N.T.]

Por isso, o aprender pela leitura não é a transmissão do que existe para saber, do que existe para pensar, do que existe para responder, do que existe para dizer ou do que existe para fazer, mas sim a co-(i)mplicação cúmplice no aprender daqueles que se encontram no comum. E o comum não é outra coisa que aquilo que se dá a pensar para que seja pensado de muitas maneiras, aquilo que se dá a perguntar para que seja perguntado de muitas maneiras e aquilo que se dá a dizer para que seja dito de muitas maneiras. A leitura nos traz o comum do aprender enquanto que esse comum não é senão o silêncio ou o espaço em branco de onde se mostram as diferenças.

Ler com os outros: expor os signos no heterogêneo, multiplicar suas ressonâncias, pluralizar seus sentidos. Frente à homogeneidade do saber que restringe a diferença, a heterogeneidade do aprender que produz a diferença. Por isso, a amizade de *ler com* implica-se na amizade de *aprender com*, no se en-con-trar do aprender. E, nesse caso, o aprender não é apenas um meio para o saber. Ler não é o instrumento ou o acesso à homogeneidade do saber, mas o movimento da pluralidade do aprender. Dar-se como texto para ser lido por muitos – e não como doutrina a ser assimilada – é oferecer-se como abertura para o múltiplo. E responder, lendo com outros, ao texto é encarregar-se de algo comum e constituir uma comunidade que não é a do consenso, mas sim a da amizade. Porque esse algo comum que congrega os leitores está, de saída, dividido em si mesmo, distendido, esparramado, disseminado, pluralizado, heterogeneizado.

Amizade de leitores: participação no comum do texto como aquilo que diferencia. Mas numa diferença que não é referível a nenhuma totalidade, que não é redutível à unidade, à integração ou à síntese do diverso. Por isso, a comunidade dos convocados à lição tem seu ser na dispersão e na descontinuidade, na divergência, na dessemelhança, na distinção e no dissenso. Comunidade dos que não têm em comum senão o espaço que faz possível suas diferenças. Comunidade cujos membros não se conjugam nunca em comum, ainda que não deixem de ressoar juntos. Relação refratária à síntese, alérgica à totalização, resistente à generalização. Relação no texto como o que separa sem re-unir.

Na lição, o texto comunica. Mas o comunicar do texto não é a elaboração do comum, mas o estabelecimento de um "entre" no que os leitores se separam e se dispersam de um modo não totalizável, numa relação pluralizadora. O comunicar do texto, seu ser-em-comum, é o espaçamento que torna possível o heterogêneo. O texto comum é o texto no qual os leitores participam, é o texto com-partilhado entre os leitores, o que os leitores com-partem, o que os parte em comum, o que não se com-parte a não ser como partição e re-partição.

Por isso, os leitores não têm em comum senão o comparecer juntos ante a dissolução ou a desintegração do comum como aquilo que os une, e ante o aparecimento do comum como aquilo que os divide.

A comunidade que cria a lição é a amizade cúmplice daqueles que foram mordidos por um mesmo veneno. Aqui, deve-se lembrar de Alcibíades, ao entrar no banquete e ao tomar a palavra, já convertido em membro da assembleia:

> E ainda mais, o estado do que foi mordido pela víbora é também o meu. Com efeito, dizem que quem sofreu tal acidente não quer dizer como foi senão aos que foram mordidos, por serem os únicos, dizem eles, que o compreendem e o desculpam de tudo que ousou fazer e dizer sob o efeito da dor. Ou então, mordido por algo mais doloroso, e no ponto mais doloroso em que se possa ser mordido – pois foi no coração ou na alma, ou no que quer que se deva chamá-lo que foi golpeado e mordido pelos discursos filosóficos, que têm mais virulência que a víbora, quando pegam de um jovem espírito, não sem dotes, e que tudo fazem cometer e dizer tudo – e vendo por outro lado os Fedros, Agatãos, Erixímacos, os Pausânias, os Aristodemos e os Aristófanes; e o próprio Sócrates, é preciso mencioná-lo? E quantos mais... Todos vós, com efeito, participastes

em comum, do delírio filosófico e dos seus transportes báquicos e por isso todos ireis ouvir-me [...].³

A amizade consiste em haver sido mordidos e feridos pelo mesmo, haver sido inquietados pelo mesmo. Por isso, não poderá entrar na comunidade cúmplice dos leitores aquele que não tenha sentido a mordida do texto. E, também por isso, aquele que tenha sido mordido não quererá falar com ninguém que não tenha passado pelo mesmo que ele passou. E se a condição de professor é que já tenha sido mordido, não será isso – a cumplicidade dos mordidos, dos envenenados, dos que compartilham a mesma mania e o mesmo delírio – o que o professor busca na lição?

Na liberdade

A liberdade que a lição dá é a liberdade de tomar a palavra. Por isso, a ação do texto é o texto por vir: a palavra do por-vir. Em virtude de nossa dis-posição no que vem se dizendo ou no que se dizendo vem, estamos abertos ao por-vir do dizer. Por isso, o tomar a palavra é a ruptura do dito e a transgressão do dizer enquanto limitado e institucionalizado, enquanto dito como está mandado. Somente a ruptura do já dito e do dizer como está mandado faz com que a linguagem fale, deixa-nos falar, deixa-nos pronunciar nossa própria palavra.

A amizade da leitura não está em olhar um para outro, mas em olhar todos na mesma direção. E em ver coisas diferentes. A liberdade da leitura está em ver o que não foi visto nem previsto. E em dizê-lo.

Mas para que essa liberdade seja possível, é preciso entregar-se ao texto, deixar-se inquietar por ele, e perder-se nele. A liberdade aqui só é generosidade. Não apropriação do texto para nossos próprios fins, mas desapropriação de nós mesmos,

---

³ A tradução deste trecho do *Banquete* é de José Cavalcante de Souza em: PLATÃO. *O Banquete*. São Paulo: Nova Cultural, 1991. p. 1-53. Coleção Os Pensadores. [N.T.]

no texto. Porque a palavra que o texto dá, para que a tomemos, só é dada ao preço da suspensão de nosso querer dizer, de nossas intenções, de nossa vontade. Porque a palavra que se toma não se toma porque se sabe, mas porque se quer, porque se deseja, porque se ama. Ao tomar a palavra, não se sabe o que se quer dizer. Mas se sabe o que se quer: dizer. Um dizer em que a liberdade ao mesmo tempo se afirma e se abandona: se afirma abandonando-se, se abandona afirmando-se.

A palavra que se toma não é uma palavra que se possa ter ou da qual alguém possa se apropriar, mas é, melhor dizendo, uma palavra que vem ou que advém quando alguém se abandona à palavra, quando alguém se coloca em disposição de escutar a palavra que vem. A palavra que se toma é imprevista e imprevisível, escapa a qualquer vontade e a qualquer domínio, é sempre surpreendente, sempre nos surpreende. Por isso, a liberdade de tomar a palavra não deve ser entendida como poder ou como propriedade, mas como uma abertura para o novo e para o desconhecido.

O ler da lição converte-se num falar e, às vezes, num escrever. Aprender a ler é aprender a escrever. Aprender lendo e aprender escrevendo. Porque através da leitura, a escritura libera um espaço para além do escrito, um espaço para escrever. Ler é levar o texto ao seu extremo, ao seu limite, ao espaço em branco onde se abre a possibilidade de escrever. E, por isso, o aprender da leitura dá, às vezes, a impressão de que não se aprendeu nada. Se o ensinar é dar um saber já elaborado, aquele que ensina a ler não dá nada porque o texto não dá nada que, como o saber, possa ser armazenado e apropriado. O texto só deixa escrever.

Ensinar a ler é produzir esse deixar escrever, a possibilidade de novas palavras, de palavras não pré-escritas. Porque deixar escrever não é apenas permitir escrever, dar permissão para escrever, mas estender e alargar o que pode ser escrito, prolongar o escrevível. A leitura torna-se assim, no escrever, uma tarefa aberta, na qual os textos lidos são despedaçados, recortados, citados, in-citados e ex-citados, traídos e transpostos, entremesclados com outras letras, com outras palavras. Os textos são entremeados com outros textos. Por isso, o diálogo da leitura tem a forma de um tecido que constantemente se destece e se tece de novo, isto é, de um texto múltiplo e infinito.

Enfiar-se na leitura é enfiar-se no texto, fazer com que o trabalho trabalhe, fazer com que o texto teça, tecer novos fios, emaranhar novamente os signos, produzir novas tramas, escrever de novo ou de novo: escrever.

Terceira parte
FIGURAS DO PORVIR

7

Agamenon e seu porqueiro
Notas sobre a produção, a dissolução
e o uso da realidade nos aparatos pedagógicos
e nos meios de comunicação

Tradução: *Tomaz Tadeu da Silva*

> *A verdade é a verdade, diga-a Agamenon ou seu porqueiro.*
> *Agamenon: De acordo*
> *O porqueiro: Não me convence.*
> Antonio Machado/Juan de Mairena

Juan de Mairena, o autor do livro cujas primeiras palavras constituem o apólogo[1] que coloquei na epígrafe deste texto, é um dos trinta e seis heterônimos ou apócrifos inventados por Antonio Machado. Este, por sua vez, é um dos maiores poetas espanhóis deste século e foi, além disso, durante muitos anos, professor de Francês em diversos institutos de educação secundária de algumas cidades de Castilha e Andaluzia. Tal como Machado, também Juan de Mairena era poeta e professor, mas não professor de Francês em um instituto, mas de Retórica, de Poética e de Filosofia na Escola Popular de Sabedoria Superior de uma cidade provinciana frequentada por um variado grupo de adolescentes. Cético em suas convicções, heterodoxo em sua palavra, enormemente cordial no trato e

---

[1] MACHADO, A. (1936) Juan de Mairena. Sentencias, donaires, apuntes y recuerdos de un profesor apócrifo. In:_____. *Prosas Completas*. Madri: Espasa Calpe, 1989. p. 1909.

estritamente socrático em sua pedagogia, Juan de Mairena nos deixou algumas magníficas anotações de suas aulas, nas quais a habitual grandiloquência metafísica e sublime com a qual se costumam tratar os grandes problemas vitais e culturais está frequentemente contraponteada com o cinismo engenhoso, brincalhão e saudável de personagens baixos e populares, tais como Perogrullo, Gedeón, Badila, ciganos, artesãos, figuras das ruas ou dos cafés, ou o anônimo porqueiro de Agamenon.

Como bom professor de Retórica e de Poética, e também de Filosofia, Juan de Mairena coloca na epígrafe dos diários nos quais recolhe as versões de seus cursos um apólogo sobre a verdade. E o apólogo começa com uma sentença pronunciada não sabemos por quem, ou escrita não sabemos onde, que faz uma distinção clara entre o "ser" da verdade e o "dizer" da verdade.

O "ser" da verdade está formulado tautologicamente: "a verdade é a verdade", como quem diz "a verdade é verdadeira" ou "o ser verdade da verdade está em sua própria condição de verdadeira". Mas a duplicação da palavra "verdade" nesse enunciado não é de todo inocente, uma vez que faz com que a sentença funcione implicitamente como um imperativo. "A verdade é a verdade" pode ser traduzida como "é preciso aceitar a verdade porque é verdade" ou "é preciso inclinar-se diante da verdade por sua própria condição de verdadeira". Essa afirmação, "a verdade é a verdade", está nos dizendo por que razão temos que nos inclinar diante dela, do mesmo modo que o enunciado, aparentemente tautológico, "a realidade é a realidade", às vezes adjetivado como "a dura realidade", funciona para que nos comportemos como pessoas realistas, isto é, para que, reconhecendo o caráter real da realidade (como se disséssemos: "sua solidez", "seu peso" ou "sua dureza"), nos apeguemos de uma forma realista a seus mandamentos. O primeiro enunciado do apólogo, então, não apenas afirma o "ser" da verdade como também seu poder e sua força.

Por outro lado, o "dizer" da verdade refere-se a dois personagens que não apenas representam duas posições e duas funções sociais distintas (observe-se que Agamenon manda nos homens e o porqueiro manda nos porcos), mas também subordinadas. O porqueiro é o porqueiro de Agamenon, o servo de Agamenon, aquele que cuida, não de quaisquer porcos, nem sequer de seus próprios porcos, mas dos porcos de Agamenon, dos porcos desse homem chamado Agamenon, que é o proprietário dos porcos e seguramente também o proprietário de "seu" porqueiro. Apenas Agamenon tem nome próprio, enquanto que o porqueiro não é nem proprietário dos porcos, nem proprietário de si mesmo, nem sequer proprietário de seu nome.

A sentença que abre o apólogo – a afirmação "a verdade é a verdade, diga-a Agamenon ou seu porqueiro" – indica claramente que o "ser" da verdade e a "força" da verdade não tem nada a ver com o "dizer" da verdade, que a verdade é independente de quem a diga e, sobretudo, independente das diferenças entre os homens.

E é essa independência da verdade relativamente às relações sociais que marcam as condições de sua enunciação que vai ser julgada a seguir por esses dois personagens convertidos já em rivais, isto é, em contendores de uma luta cujo território é a verdade do poder e o poder da verdade.

Na segunda parte do apólogo, Agamenon, o proprietário dos porcos, do porqueiro, de seu nome e, seguramente, também da verdade, aquele que está acostumado a dizer a verdade em seu próprio nome, está de acordo com que a verdade é imperativa por si mesma, por sua condição mesma de verdade, independentemente de quem a diga. Além disso, Agamenon, o que tem a força, está disposto a reconhecer que a força da verdade deriva da própria verdade, do próprio caráter verdadeiro da verdade. Mas o porqueiro, que não é ninguém porque não tem força, nem nome, nem porcos, nem sequer verdade, não se deixa enganar. Ele não se deixa convencer de que a verdade seja a verdade independentemente de quem a diga, de que a realidade seja a realidade independentemente de quem a defina, e de que os porcos sejam os porcos independentemente de quem sejam seus proprietários. Ele sabe que a verdade, como os porcos, nunca será sua, porque ele não é ninguém. Ele sabe que sempre vai ser vencido na luta pela verdade e na luta pelos porcos. Mas no fundo de seu coração continua batendo a dignidade desse irrecuperável "não me convence" como a única coisa que pode opor ao tirano. O porqueiro não tem uma verdade distinta da verdade do tirano. O porqueiro sabe que está de antemão vencido pela verdade do poder. O porqueiro sabe que a verdade do poder é a única verdade e a verdade verdadeira. Mas conserva, ao menos, a secreta dignidade de não deixar se convencer pelo poder da verdade.

E agora estamos já em condições de nos fazer uma pergunta que talvez não seja de todo impertinente. Porque seguramente terão observado vocês que o apólogo nos dá as palavras dos personagens rivais, de Agamenon e de seu porqueiro, porém nos furta o terceiro personagem. A primeira sentença, a afirmação "a verdade é a verdade, diga-a Agamenon ou seu porqueiro", está aí de forma impessoal e anônima, como que caída do céu, como se não fosse dita por ninguém, como se essa verdade sobre o ser da verdade e sobre o dizer da verdade que se apresenta à consideração de Agamenon e do porqueiro estivesse ali por si mesma, como escrita no ar, como vinda de lugar algum, sem poder e sem proprietário. Quem fala na primeira sentença?

Minha suspeita é que essa primeira sentença foi cunhada por outro servidor de Agamenon, ao qual poderíamos chamar seu "filósofo". Sem dúvida, Agamenon tem uns quantos servidores que garantem sua força física, seu poder sobre os porcos e a vida de seus súditos. Mas, certamente, conta também com alguns servidores que garantem sua força "simbólica", isto é, seu poder sobre as mentes e as consciências. Alguns reforçam o poder de seu braço, outros asseguram o poder de sua verdade. E para assegurar o poder de sua verdade é conveniente que essa verdade seja reconhecida como a verdade, isto é, que apareça como independente da força. Por isso o que faz o filósofo de Agamenon é fixar as regras do jogo da verdade ou, se quiserem, as condições da luta pela verdade.

A primeira sentença do apólogo é uma sentença na qual o filósofo de Agamenon fala da verdade e da força da verdade, estabelecendo ao mesmo tempo as regras do jogo da verdade. Mas sua eficácia repousa na ocultação do filósofo como sujeito que enuncia a sentença, em fazer como se fosse a verdade mesmo que estivesse falando, como se fosse o ser mesmo da verdade o que se estivesse apresentando a si mesmo como independente de todo o dizer. E é aí, como muito bem sabe o porqueiro, que o jogo da verdade começa a ser um jogo marcado, um jogo no qual ele nunca pode ganhar, um jogo no qual o poder da verdade está a serviço da verdade do poder.

A partir deste apólogo de Machado/Mairena, e com a manifesta intenção de me aprofundar nos riscos e nas possibilidades do ponto de vista do porqueiro, o que vou propor-lhes a seguir é uma série de reflexões sobre a verdade do poder e sobre o poder da verdade na época da globalização informativa e comunicativa. E vou me permitir, além disso, misturar a palavra "verdade" com outras palavras similares e que funcionam de modo parecido como, por exemplo, "objetividade", "realidade", "certeza", etc. Porque na época moderna é a mesma coisa dizer "é verdade" e "é certo" ou "é seguro" ou "é objetivo" ou, até mesmo, "é real". Por isso vou proceder como se a primeira sentença do apólogo de Juan de Mairena pudesse ter sido formulada também como "a realidade é a realidade ou o objetivo é o objetivo, ou as coisas são as coisas ou o que existe é o que existe... diga-o Agamenon ou seu porqueiro", variações, essas últimas, com as quais seguramente Agamenon também concordaria e o porqueiro, talvez, não.

Da realidade da mentira à mentira da realidade

Para situar o que se segue em uma consideração sobre a globalização, isto é, sobre o tema geral do seminário deste ano, vou tomar como fio condutor, a partir de agora, uma tese formulada por um filósofo italiano chamado Gianni Vattimo, no primeiro capítulo de um livro menor, mas muito vigoroso, intitulado *A sociedade transparente*. O ponto de partida da tese de Vattimo consiste em uma determinada interpretação da sociedade na qual vivemos na medida em que ela pode ser caracterizada como uma sociedade da comunicação generalizada ou, mais concretamente, na medida em que ela pode ser definida como uma sociedade na qual os aparatos de comunicação de massa (os periódicos, o rádio, o cinema, a televisão, mas também os aparatos culturais e educacionais de massa) são determinantes para a produção, a reprodução e também para a dissolução disso que chamamos de realidade.

E observem vocês que eu disse "produção" e "dissolução" da realidade e não, como também se poderia dizer, "manipulação" ou "falsificação" da realidade. E não se trata de que a manipulação ou a falsificação não sejam importantes ou que não nos causem um particular desassossego a certeza de que vivemos em um mundo no qual a informação generalizada corresponde a um engano generalizado, em um mundo da simulação, em um mundo no qual, como diz o magnífico escritor espanhol Manuel Vázquez Montalbán, impera, quase sem simulação, a dupla verdade, a dupla moral e a dupla contabilidade. O jogo da mentira e da denúncia da mentira têm em nossos tempos uma importância que dificilmente pode ser exagerada – como em todos os tempos, talvez. E esse provérbio grego provavelmente cunhado por Solón, um dos míticos Sete Sábios, enormemente citado e parafraseado no mundo antigo, esse provérbio que diz que "muito mentem os poetas", pode ser substituído hoje por "muito mentem os jornais, o rádio, ou a televisão, ou o cinema". Talvez, em nossos tempos, como em todos os tempos, a honradez tenha uma de suas formas de manifestação na declaração de guerra à mentira, na suspeita permanente, no ceticismo sistemático, no continuar dizendo que, talvez, as coisas não sejam como nos dizem que elas são, que os fatos não ocorrem como nos dizem que eles ocorrem e, talvez, de forma mais importante, que aquilo que nos dizem que tem que ser e que tem que ocorrer não é tudo o que pode ser e não é tudo o que pode ocorrer. Talvez, em nossos tempos, como em todos os tempos, a tarefa consista em educar um ser que não se deixe enganar. Mas que não se deixe enganar não apenas pelos jornais, ou pelo rádio, ou pela televisão ou pelo cinema, mas que não se deixe enganar tampouco por todos esses aparatos educativos ou culturais que, pretendendo imunizá-lo contra a mentira da mídia, inculcam, talvez, outras formas de mentira, disfarçadas, desta vez, com o manto da realidade.

Mas pediria a vocês que prestassem atenção no fato de que Vattimo não fala de falsificação ou de manipulação da realidade, mas de sua produção e de sua dissolução. O problema que ele tenta formular é o da realidade mesma, bem como o do funcionamento dos aparatos que a produzem e a dissolvem. Em sua abordagem desse problema, do problema da fabricação e, ao mesmo tempo, do desvanecimento da realidade na sociedade da comunicação, Vattimo utiliza como contraste ou como pano de fundo uma tese ao mesmo tempo complementar e oposta à sua: concretamente, a que foi formulada por Adorno num ensaio sobre a indústria cultural escrito para o célebre livro que assinou com Max Horkheimer, aquele que foi o fundador e o diretor desse Instituto de Investigação Social de Frankfurt no qual se formou a assim chamada Escola de Frankfurt, livro ao qual deram o título de *Dialética da Ilustração*. Nesse texto, Adorno considera a indústria cultural como um gigantesco aparato de homogeneização e de padronização das consciências e das visões de mundo, através da produção de uma realidade única.[2] Entretanto, frente à conclusão de Adorno, Vattimo sugere que os meios de comunicação de massa produziram uma explosão e uma multiplicação generalizada das visões de mundo. Para Vattimo, "o ocidente vive uma situação explosiva, uma pluralização que parece irrefreável e que torna impossível conceber o mundo e a história de acordo com pontos de vista unitários".[3] E um pouco mais adiante: "a intensificação das

---

[2] HORKHEIMER, M.; ADORNO, T. W. (1994) La industria cultural. In:_____. *Dialéctica de la Ilustración*. Madrid: Trotta, 1994. p. 165-212.

[3] VATTIMO, G. (1989) *La sociedad transparente*. Barcelona: Paidós, 1990. p. 80.

possibilidades de informação sobre a realidade e seus mais diversos aspectos torna cada vez menos concebível a ideia mesma de uma realidade". Talvez se cumpra no mundo dos meios de comunicação de massa uma "profecia de Nietzsche: o mundo verdadeiro, afinal, converte-se em fábula. Se nós fazemos hoje uma ideia da realidade, esta, em nossa condição de existência tardo-moderna, não pode ser entendida como dado objetivo que está por debaixo, ou mais além, das imagens que a mídia nos proporciona. Como e onde poderíamos aceder a uma tal realidade em si? Realidade, para nós, é, antes, o resultado do entrecruzar-se, do contaminar-se (no sentido latino) das múltiplas imagens, interpretações e reconstruções que competem entre si ou que, de qualquer maneira, sem coordenação central alguma, são distribuídas pela mídia".[4]

A tese de Vattimo sobre o "efeito-realidade" dos meios de comunicação afirma a pluralização da realidade e, como correlato, a erosão do princípio de realidade, isto é, a dissolução da realidade como princípio. E a valorização desse efeito pluralizador e dissolvente é, com algumas cautelas e reconhecendo os perigos, positiva: "se através da multiplicação das imagens do mundo perdemos, como se costuma dizer, o 'sentido da realidade', talvez não seja essa, afinal, uma grande perda".[5]

O que Vattimo acaba de dizer é que, em nosso mundo, os porqueiros tomaram a palavra e não falam da mesma forma que o tirano. E como não existe palavra única, ninguém pode mais utilizar os enunciados tautológicos implicitamente imperativos com os quais a palavra do amo pretendia legitimar seu valor de palavra única, toda essa coisa de "a verdade é a verdade" ou "a realidade é a realidade". Nosso porqueiro sabia muito bem que "a verdade é a verdade" ou "a realidade é a realidade" são as palavras do amo, do único que fala. E o que agora ocorre graças à lógica imanente ao funcionamento da mídia é que o amo já não é o único que fala, que a verdade se declina no plural e que existem tantas

---

[4] VATTIMO, 1990, p. 81.
[5] VATTIMO, 1990, p. 83.

realidades quantas são as definições da realidade. Nas palavras do próprio Vattimo, "[...] tomaram a palavra minorias de todo o tipo, saíram a participar da discussão pública culturas e subculturas de todos os tipos. Pode-se, certamente, objetar que essa forma de tomar a palavra não teve como contrapartida nenhuma autêntica emancipação política: o poder econômico está ainda em mãos do grande capital. Porém o fato é que a própria lógica do 'mercado' da informação reclama uma contínua dilatação desse próprio mercado, exigindo, consequentemente, que 'tudo' se converta, de alguma maneira, em objeto de comunicação".[6]

A tese de Vattimo é de que a realidade nos converteu em uma multiplicidade de interpretações ou, em termos de Nietzsche, que o mundo verdadeiro nos converteu em fábula.[7] Na sociedade da informação e da comunicação generalizada, diz Vattimo, já não temos uma realidade que seja distinta das interpretações e que nos possa servir como princípio ou como fundamento da verdadeira interpretação, já não temos um mundo verdadeiro, independentemente das fábulas que contamos sobre ele. Multiplicam-se, assim, as formas possíveis do engano e da falsificação, permitem-se formas inéditas de manipulação, favorecem-se a trivialização e o vazio de sentido, apresentam-se novos perigos, mas, ao mesmo tempo, temos a possibilidade de nos libertarmos da tirania do princípio de realidade e da ditadura do mundo verdadeiro. Poder-se-ia dizer, com as mesmas palavras que Heidegger tomou emprestada de Holderlin para concluir seu ensaio sobre a técnica, que "onde está o perigo, ali cresce também o que salva".[8]

---

[6] VATTIMO, 1990. p. 79.

[7] "Como o 'mundo verdadeiro' acabou se convertendo em uma fábula" é o título de um capítulo de: NIETZSCHE, F. (1888) *Crepúsculo de los ídolos*. Madri: Alianza 1973. p. 51. Por outro lado, e para a ideia de que não existe uma realidade independente das interpretações, ver o aforismo 22 de: NIETZSCHE, F. (1986) *Más allá del bien y del mal*. Madri: Alianza, 1972. p. 44-45.

[8] HEIDEGGER, M. La pregunta por la técnica. In: _____. *Conferencias y artículos*. Barcelona: Serbal, 1994. p. 30.

O interessante da formulação de Vattimo é o modo como recoloca o problema da relação entre a verdade e a ficção, ou entre a realidade e a interpretação. E nesse ponto o único que faz nosso filósofo é aplicar ao mundo da comunicação algumas das teses mais radicais daquilo que se veio a chamar de "ontologia hermenêutica", ou também, em outros termos, "niilismo consumado", a partir de uma linha de pensamento cujos marcos essenciais são Nietzsche, Heidegger e Gadamer. Não vou aborrecer vocês com os detalhes da argumentação, limitando-me a assinalar algumas ideias gerais, com o fim de ampliar um pouco o sentido dessa afirmação um tanto provocadora de que a perda do sentido da realidade talvez não seja, afinal, uma grande perda porque, talvez, a realidade tenha funcionado como um poderosíssimo princípio totalitário.

Para a hermenêutica entendida ontologicamente, a linguagem não é apenas um sistema convencional de signos para a representação da realidade ou para a expressão da subjetividade, mas constitui o modo primário e original de experimentar o mundo. E é desse ponto de vista que se deve ler a célebre sentença de Gadamer: "o ser, que pode ser compreendido, é linguagem".[9] E aqui é muito importante o funcionamento das vírgulas. Não é só esse ser particular que é objeto da compreensão que é linguagem, mas todo o ser que, enquanto pode ser compreendido, se identifica com a linguagem. A ontologia hermenêutica pretende validade universal e isso significa que na e pela linguagem se nos revela o ser em todas as suas modalidades. A ontologia hermenêutica se amplia até incluir em seu âmbito a ciência e a técnica e até mesmo a totalidade da experiência humana. Para a ontologia hermenêutica, a linguagem é um modo de aparição do ser e, portanto, o lugar da verdade. Desse ponto de vista, a linguagem não é apenas um meio para a expressão, a significação ou a comunicação: não estão, de um lado, as coisas ou os fatos e, de outro, as palavras que os nomeiam, os representam e os tornam comunicáveis. Além

---

[9] GADAMER, H.-G. (1960) *Verdad y Método*. Salamanca: Sígueme 1977. p. 567.

disso, a verdade não se entende a partir do modelo positivo do saber científico, como correspondência entre as proposições e os fatos. A conclusão, óbvia, é que tanto a realidade quanto a verdade perdem seu caráter imperativo.

É nesse contexto no qual se podem situar as afirmações nietzschianas sobre a verdade como a ficção que se impõe como verdadeira ou sobre a realidade como a interpretação dominante. E é a partir dessas posições que se pode falar, por exemplo, de jogos de verdade, de poética da verdade, de política da verdade, de história da verdade, de história do realismo, de história da realidade, etc.

Sobre crentes e agnósticos

Agora já podemos nos colocar legitimamente uma pergunta aparentemente absurda, mas que eu creio ser fundamental: de onde vem a realidade? Ou, melhor, a que vem a realidade?

Porque a realidade, isso que, parece, está começando a se dissolver em interpretações, é algo bastante recente (é impossível, por exemplo, traduzir ao grego antigo ou ao latim clássico a palavra "realidade") e, além disso, algo próprio de nosso mundo (que eu saiba não se encontra nada que seja parecido com a palavra "realidade" em outras línguas e culturas estranhas à nossa). Ou seja, que apenas nós somos (ou éramos, se cremos em Vattimo) seres plenamente realistas, o que não teria demasiada importância e seria, além disso, um título de orgulho, se estivéssemos absolutamente convencidos de duas coisas. Primeiro, se estivéssemos convencidos de que nossa história pode ser contada em termos de progresso, isto é, se pudéssemos dizer que nós somos, finalmente, realistas, que, finalmente, graças a Deus ou aos avanços da ciência, nós conseguimos saber de uma forma realista o que existe na realidade e por isso inventamos finalmente essa palavra tão nossa, a palavra "realidade". E, em segundo lugar, se estivéssemos convencidos de que o melhor que poderiam fazer os homens dessas outras culturas distintas da nossa seria desenvolver também, como nós e com nossa ajuda, uma concepção realista da realidade que lhes permitisse usar adequadamente a palavra "realidade".

Mas acontece que essas duas convicções são cada vez menos evidentes, digam o que digam os que estão empenhados em que "não caiamos" no relativismo. A propósito, observaram vocês que no relativismo sempre "se cai"? Por que será que o relativismo é uma queda ou um tropeço ou uma tentação? Porque, certamente, vocês observaram que também se fala na "tentação" do relativismo. Por que será que o relativismo é pecado? Tenho a suspeita de que a concepção do relativismo como pecado, essa concepção que está implícita nas expressões que acabo de assinalar, revela, como que por contraste, que a crença na verdade e na realidade é isso, uma crença que, como todas as crenças, exige, para a sua manutenção ou para seu fortalecimento, a manifestação, por parte dos crentes, de constantes e reiteradas profissões de fé. O relativismo é pecado porque vai contra a fé – e é necessário conservar a fé na realidade e na verdade porque essa fé é condição indispensável para que sejam fiéis aos que falam em seu nome, a todos aqueles por cuja boca fala a realidade e a verdade, bem como para seguir seus mandamentos. E, da mesma forma que houve um tempo em que se obedecia aos que falavam em nome de Deus e transmitiam suas ordens, é necessário que se obedeça aos que falam em nome dos Fatos e transmitem seus imperativos. E é essa fé que hoje parece estar em crise.

Concluamos já essa digressão um tanto religiosa e voltemos para onde estávamos, para essa afirmação de que a realidade é um invento europeu e, além disso, recente, e para essa pergunta um tanto perversa que eu lhes convidava a fazer: de onde vem e a que vem a realidade?

Breve história da realidade

Para começar uma breve história da realidade,[10] poderíamos tomar como ponto de partida uma fórmula bem conhecida

---

[10] Os elementos filológicos desta seção baseiam-se em: GARCIA CALVO, A. Sobre la realidad o de las dificultates de ser ateo. *Lalia. Ensayos de estudio lingüístico de la sociedad*. Madrid: Siglo XXI, 1973.

do grego antigo, que se baseia na antítese entre *logo* e *ergo*, entre o que apenas é de palavra, o que é em aparência, e o que é deveras, o que é objetivamente, o que é de fato, o que é em realidade. Um narrador, por exemplo, poderia expressar-se assim: "Manuel dizia (*logo*) que amava Maria, mas de fato (*ergo*) apenas estava interessado em dormir com ela". Com isso, o narrador está denunciando o engano das declarações de Manuel sobre seus sentimentos para com Maria. Mas, além disso, com a segunda parte de seu enunciado, está nos dizendo, também com palavras, que não é amor o interesse supostamente único, objetivo e verdadeiro de Manuel pela relação carnal com Maria. Porque não é por estar o segundo membro contraposto ao primeiro que deixa de estar feito de palavras. Os dois elementos da antítese, *logo* e *ergo*, são ambos metalinguísticos, isto é, anotações sobre como devemos considerar os dois fragmentos do discurso, instruções sobre com qual das duas proposições devemos concordar, indicações sobre qual delas devemos crer. E, além disso, e talvez de forma mais importante, a relação entre os dois elementos funciona também como uma anotação sobre o significado e o uso da palavra "amor", como se o que nos estivessem dizendo é que Manuel usa a palavra "amor" de forma enganosa, nomeando com ela um interesse carnal, quando a palavra "amor" só é legítima quando se usa para nomear um interesse que não inclua apenas o desejo físico. A suspeita, naturalmente, é que o segundo membro do discurso é duplamente enganoso, uma vez que apoia seu engano sobre a qualidade enganosa do primeiro, apresentando-se, assim, como verdadeiro.

Se consideramos agora o funcionamento nominal do segundo membro da antítese, seria necessário ter em conta que o nome grego *ergos* não significava, originalmente, de forma alguma, "coisa" ou "realidade", ou seja, as mais abstratas e, ao mesmo tempo, as mais concretas e as mais reais de nossas palavras, mas que começou por significar a obra do homem, a ação humana ou inclusive o trabalho. Daí que a palavra *energeia*, derivada de *ergos*, significasse algo assim como "capacidade" ou "disposição para agir". Do mesmo modo que esse outro nome que em nossa língua é meio sinônimo de "realidade", essa coisa da "práxis" ou da "prática", vem do nome verbal *pragma* que significava algo assim como "atuação" ou "negociação". E do mesmo modo também que o verbo grego *ontos,* do qual se deriva o nome *eonta,* que se traduz depois ao latim como *entis* e ao espanhol como *entes,* significa "tratar sobre algo", "trazer algo à discussão".

Aquilo que nós chamamos "realidade", essa espécie de totalidade genérica que inclui o conjunto das "coisas", foi primeiramente concebido como o terreno do dizer e do agir, como o problema de nossas palavras e de nossas ações, como aquilo que nos concerne e que está no nosso meio, no meio de nossos dizeres e de nossos fazeres, como "a questão". Nesse sentido, é como se disséssemos "a realidade? Eis aí o assunto, eis aí o problema, eis aí a questão".

A língua latina utilizou o ablativo *re* da palavra *res,* às vezes reforçado com o adjetivo *vera,* fazendo-o funcionar do mesmo modo que o segundo membro da antítese grega entre *logo* e *ergo.* Assim, o grego *ergo* pode ser traduzido em latim como *revera,* algo assim como "verdadeiramente", "de fato" ou "o que é de fato, em verdade". E o nome latino *res,* que nós traduzimos também por "coisa", era empregado originariamente para as propriedades e para a contabilidade e para os assuntos judiciais, cujos inculpados se chamavam réus antes de se chamarem "acusados", assim como também para os assuntos públicos, porque a expressão latina *res publica* não significa, em absoluto, a República, isto é, o Estado, mas aquilo que concerne a todo mundo e que por isso mesmo se discute.

E talvez não seja de todo impertinente fazer outra consideração filológica a partir dessa última aproximação entre o réu e o acusado. Porque a palavra espanhola *"cosa",* assim como a portuguesa "coisa" ou a francesa *"chose"* derivam do uso latino da palavra *"causa"* para designar a discussão daquilo que se discute, isto é, daquilo que é o caso ou o assunto da discussão. A causa não é o que produz um efeito, mas a negociação de um caso ou de um assunto, de uma coisa, porém de uma coisa não no sentido de "objeto da realidade", mas no sentido de "assunto que concerne à discussão".

Apenas secundariamente temos a progressiva evolução da palavra *res* para designar as coisas naturais, como em *Rerum natura*, o título célebre de Lucrécio, habitualmente traduzido como *Da natureza das coisas*. E, finalmente, o adjetivo *realis* e o substantivo *realitas* aparecem no latim medieval e no contexto da especulação das escolas aristotélico-tomistas a partir da progressiva substantivação ou coisificação ou, se vocês quiserem, para utilizar uma palavra muito expressiva do jargão marxista, a partir da progressiva reificação de certos morfemas que, em sua origem, funcionavam como marcadores metalinguísticos e a partir da progressiva abstração e generalização de certos nomes que primariamente se referiam ao assunto da discussão ou àquilo em torno do qual se colocava o funcionamento de instituições humanas como o comércio, o trabalho, a política ou a justiça.

A conclusão é que a palavra "realidade" – e a própria realidade – constitui-se por uma progressiva desvinculação. Em primeiro lugar, por uma progressiva desvinculação de seu caráter linguístico ou retórico ou, o que dá no mesmo, do funcionamento da língua para a persuasão. Em segundo lugar, por uma progressiva desvinculação de sua função nas instituições nas quais encarna o poder e a propriedade. E somente assim, uma vez desvinculada da língua e das relações sociais, uma vez convertida em realidade em si, em realidade extralinguística e extrassocial, em realidade plenamente real, como se disséssemos "a realidade pode funcionar como princípio externo e independente tanto para o controle da língua quanto para o controle social", se é que ambas as formas de controle não são, em realidade, uma só.

Em nosso tempo, uma vez que a realidade esteja convertida em plenamente real e as coisas em objetos plenamente objetivos, o real já não pode ser aquilo que se discute, aquilo que se põe em questão, aquilo que abre a questão e o questionamento: agora o apelo à realidade da realidade e à objetividade das coisas funciona terminantemente como aquilo que fecha a discussão e resolve a questão. Quando é a realidade que fala, nós devemos nos calar.

Além disso, a desvinculação progressiva da realidade e sua progressiva conversão na totalidade das coisas permite também que nosso mundo tenha objetivado como coisas e, portanto, como partes da realidade, tanto a própria linguagem quanto as relações sociais. Como se de um lado estivessem "as coisas" e de outro "as palavras" que as representam e as dizem e, ainda de outro lado, "a vida social" na qual estão as coisas e na qual funcionam as palavras.

O uso da realidade

A partir dessa breve história da realidade que acabo de contar-lhes, podemos, agora, talvez, dizer algo a respeito de como funcionam a palavra realidade e o princípio da realidade. Porque talvez tenha razão Vattimo quando afirma que estamos perdendo o sentido da realidade ou que a explosão e a pluralização das informações estão dissolvendo o princípio da realidade ou a realidade como princípio. Talvez o modo de existência tardo-moderno nos esteja dando uma experiência da realidade não separada, novamente, nem do dizer nem das relações sociais. E como em nossa época o dizer se fragmentou em múltiplos dizeres e somos, além disso, bastante conscientes da lógica social da dominação, talvez essa experiência da realidade esteja começando a tornar supérflua a hipótese mesma da realidade.

Entretanto, embora as teses de Vattimo pareçam verossímeis como interpretação de nosso mundo, também é real que a realidade funciona bastante bem e ainda goza de boa saúde. Ainda mais: quase se poderia dizer que vivemos tempos bastante "realistas".

A práxis, por exemplo, consiste para nós em transformar a realidade. Mas para transformar a realidade é necessário primeiro crer nela, é necessário conhecer primeiro a realidade e é necessário adaptar-se, depois, de forma realista, a seus imperativos.

O princípio de realidade funciona, então, como um potente princípio de controle da práxis.

Com certeza, vocês têm ouvido frequentemente a afirmação de que "é preciso partir da realidade". E se terão dado conta de que quando alguém diz isso às vezes dá enérgicos golpes sobre a mesa, como se a realidade fosse o que existe sobre a mesa (e sobre a mesa às vezes existem papéis com palavras escritas) ou a própria mesa, com essa presença sólida e como que evidente que costumam ter as mesas. Além disso, às vezes, quando alguém faz essa afirmação, costuma agitar diante dos olhos um punho cerrado, como se a realidade fosse o que existe dentro do punho ou o próprio punho, que se move diante de nossos narizes com essa contundência ameaçadora que é própria dos punhos. A pergunta, naturalmente, é: quem fala em nome da realidade, quem dá os golpes em cima da mesa e quem agita o punho diante de nossos narizes? E creio que estarão vocês de acordo comigo se lhes digo que são os *experts* e, idealmente, os cientistas, os que tomaram hoje em dia o controle da realidade, o controle das mesas e o controle dos punhos.

E, certamente, vocês terão também ouvido falar dessa coisa de que "é necessário sermos realistas", isto é, "é necessário que ajamos como está mandado, como manda a realidade", isto é, "é necessário que ajamos como mandam os que têm a realidade em seus punhos". A palavra "realista" é uma palavra que tem hoje raro prestígio e um funcionamento bastante perverso. É curioso que a palavra "realista" se oponha hoje a uma outra palavra que antes tinha prestígio, a palavra "idealistas", como se nós tivéssemos aprendido a confiar no realista, o que sabe fazer as coisas, o homem prático e eficaz, o homem modesto em suas aspirações mas preciso em suas ações, o homem que sabe "do que trata a realidade" e que age adaptando-se a ela. Por outro lado, a palavra "realista" se opõe também a "livresco", como Sancho Pança se opõe a Dom Quixote, como o homem que "vive na realidade" se opõe ao que vive nos livros e, portanto, em uma realidade falsa, em uma "realidade teórica". E, por último, o homem realista é também o homem objetivo, como se a palavra "realista", opondo-se à palavra "subjetivo", indicasse as qualidades do homem comum, do homem que renunciou à sua singularidade para constituir-se como objetivo, isto é, como um qualquer. E Deus me livre de defender aqui os idealistas, os teóricos ou quaisquer outros. Do que se trata aqui, parece-me, é de denunciar o realista como o que representa as coisas tais como são na realidade, o que representa a própria realidade, como se fosse a realidade mesma que falasse por sua boca.

Ou seja, que o estado da realidade é ambíguo. Por um lado, talvez tenha razão Vattimo quando diz que a realidade volta a ser um terreno de discussão e, portanto, que se tornou já desnecessária a hipótese de uma realidade real exterior à discussão mesma. Por outro lado, entretanto, constitui uma boa arma para a discussão, ou para terminar a discussão, o recurso de tomar a realidade no punho e agitá-la diante dos olhos dos contendores. O que é preciso, parece-me, é mergulhar na posição do porqueiro porque, como certamente sabia muito bem nosso porqueiro, para combater a realidade do poder é necessário colocar em dúvida o poder da realidade.

Se a realidade parece um invento europeu recente, talvez possamos fazer agora uma brevíssima consideração sobre a verdade, com o fim de chamar a atenção de vocês sobre o funcionamento do modelo positivo de verdade, do modelo da adequação ou da correspondência entre as proposições e a realidade, do modelo que constitui a ciência moderna e nosso sentido comum, desse modelo de acordo com o qual a ciência é a teoria do real e, por isso, o principal jogo do verdadeiro ou do falso relativamente à realidade. Pois essa realidade desvinculada do dizer e da vida social, essa realidade independente e única, realmente real e objetivamente objetiva, essa realidade cuja origem investigamos nos parágrafos anteriores, não é, por acaso, a realidade da ciência? E não seria ela, então, solidária do modelo de verdade própria da ciência positiva?

E se antes concluí minha breve história da realidade dizendo que para combater a realidade do poder é necessário colocar em dúvida o poder da realidade, agora concluirei esta breve consideração da verdade dizendo o que, sem dúvida, nos estava querendo dizer o porqueiro de Agamenon: que para combater a verdade do poder é necessário colocar em dúvida o poder da verdade.

E agora?

Seguramente vocês se deram conta de que tenho estado falando o tempo todo de algo que tem muito a ver com educação ou, até mesmo, falando da própria educação. Como educadores, movemo-nos constantemente nesta tensão entre a produção e a imposição de uma verdade única e o surgimento de múltiplas verdades. Nas escolas, às vezes, oferecemos como realidade as interpretações dominantes. Nós mesmos falamos em nome da verdade ou em nome da realidade e enunciados imperativos como "a verdade é a verdade" ou " a realidade é a realidade" são demasiado frequentes em nossas bocas. Os aparatos educacionais e culturais nos quais trabalhamos são também, juntamente com os meios de comunicação de massa, lugares de produção, de reprodução, de crítica e de dissolução disso que chamamos verdade e disso que chamamos realidade.

Nós, como educadores, somos demasiadas vezes servidores de Agamenon, embora acreditemos que servimos a verdade ou que mostramos a realidade, porque a vitória de Agamenon depende justamente de que reconheçamos sua verdade como a verdade e sua realidade como a realidade. Ela depende de que acreditemos que nos submetemos ao poder da verdade quando nos apegamos à verdade do poder, que ela é a única verdade e a verdade verdadeira; depende de que pensemos que nos submetemos ao poder da realidade quando nos inclinamos diante da realidade do poder, quando acreditamos que ela é a única realidade e a realidade real. Mas às vezes também nos sentimos como o porqueiro e suspeitamos que, talvez, não seja verdadeira a verdade de Agamenon, nem real sua realidade. E como sabemos que a verdade de Agamenon é a única verdade e que a realidade de Agamenon é a única realidade, e que ambas são imperativas, nossa suspeita começa a dirigir-se à verdade e à realidade mesmas e, então, como diz Vattimo, perdemos o sentido da realidade e o sentido da verdade. E, então, nos sentimos inseguros, e não sabemos o que ensinar, e não sabemos com que cara nos apresentar na sala de aula e com que palavras nos dirigir a nossos alunos, e já começamos a duvidar de que tenhamos cara, ao menos essa cara solene e bastante dura que costumam ter os educadores quando falam em nome da verdade, e já inclusive duvidamos de que tenhamos palavras, ao menos essas palavras seguras e asseguradas que pronunciam os educadores quando falam em nome da realidade, e já começamos a duvidar também que nossos alunos sejam reais e verdadeiramente nossos. E agora?

Agora que já não podemos crer no que acreditávamos nem dizer o que dizíamos, agora que nossos saberes não se sustentam sobre a realidade nem nossas palavras sobre a verdade, talvez seja a hora de aprender um novo tipo de honestidade: o tipo de honestidade que se exige para habitar com a maior dignidade possível um mundo caracterizado pelo caráter plural da verdade, pelo caráter construído da realidade e pelo caráter poético e político da linguagem. Aquilo que desmoronou com o princípio da realidade, com o postulado da verdade e com a hipótese da linguagem representativa não passa de uma ficção, essa ficção que tinha inventado aquele servidor oculto de Agamenon que chamamos de "o filósofo" para fixar as regras do jogo da verdade. O que ocorre é que essa ficção era como um solo firme e seguro e, ao perdê-lo, nos sentimos cair no vazio e damos o nome de "niilismo" a esse vazio no qual desapareceu tudo aquilo que era sólido e ao qual nos podíamos agarrar. Mas o vazio é também o nome da possibilidade. E para nós o possível se tornou mais necessário que o real porque o real, embora nos mantivesse seguros e assegurados, havia começado a nos asfixiar.

Talvez o ponto de vista do porqueiro nos esteja indicando que a realidade não é outra coisa que o assunto da discussão; ou que a realidade é a questão, isto é, "o que está em questão"; ou que a realidade é o problema, isto é, o que é problemático e pode ser problematizado. E desse ponto de vista a verdade não é já a verdade, mas um dos modos possíveis de determinar o assunto, de encarar a questão, de dar conta do problema.

E se a realidade não é a realidade, mas a questão; se a verdade não é a verdade, mas o problema; se perdemos já o sentido da realidade e se, como o porqueiro, desconfiamos da verdade, teremos, talvez, que aprender a viver de outro modo, a pensar de outro modo, a falar de outro modo, a ensinar de outro modo. Talvez tenhamos que aprender a nos apresentar na sala de aula com uma cara humana, isto é, palpitante e expressiva, que não se endureça na autoridade. Talvez tenhamos que aprender a pronunciar na sala de aula uma palavra humana, isto é, insegura e balbuciante, que não se solidifique na verdade. Talvez tenhamos que redescobrir o segredo de uma relação pedagógica humana, isto é, frágil e atenta, que não passe pela propriedade. E dizer, tal como Juan de Mairena a seus alunos: "não é fácil que eu já lhes possa ensinar a falar, nem a escrever, nem a pensar corretamente, porque eu sou a incorreção mesma, uma alma sempre em rascunho, cheia de riscos, de vacilações e de arrependimentos. Levo comigo um diabo – não o demônio de Sócrates, mas um diabinho que risca às vezes o que eu escrevo, para escrever em cima o contrário do riscado: que às vezes fala por mim e outras eu falo por ele, quando não falamos os dois em dueto, para dizer em coro coisas diferentes".[11]

---

[11] MACHADO, (1936) 1989, p. 1933. [1936]

8
Elogio do riso
Ou de como o pensamento põe, para dançar, um chapéu de guizos[1]

> *Atravessá-lo todo e ser nada, ou seja: não ser de tal modo que não se possa ser também outra coisa.*
> Schelling

Os títulos dos seminários, dos congressos, das jornadas e demais eventos desse tipo são, sempre, um pouco pomposos. E essa questão de "formar o pensamento, pensar a formação" não é uma exceção. Este seminário é excepcional em muitas coisas, mas não é excepcional, e talvez não poderia sê-lo, no fato de nos convocarmos sob um título pomposo. Parece-me que com esses títulos tentamos conseguir duas coisas. Em primeiro lugar, fazer de conta que nos reunimos para uma tarefa importante: dessas que justificam o gasto, que valem a pena. Em segundo lugar, permitir, pelo menos por um momento, que demos uma certa importância a nós mesmos. Justificar o gasto e alimentar uma certa autossatisfação: não é pouco, para um título. Desde logo, há também outras coisas num seminário, não o nego. Talvez, às vezes, ocorra algo que não estava previsto. Nunca se sabe o que pode

---

[1] Este texto foi escrito para ser lido como uma conferência, num seminário intitulado Formar o Pensamento e Pensar a Formação, que teve lugar na Universidade de Barcelona, em 1994. Daí o registro oral do texto e as referências iniciais ao contexto em que foi lido.

ocorrer num seminário. Mas que se tenha de justificar o gasto e que se tenha de alimentar um pouco o ego dos participantes, isso é algo que sabe qualquer um que tenha participado, alguma vez, numa coisa desse tipo.

Julio Cortázar, esse cronópio amável, terror dos famas, dizia que gostava de se olhar no espelho com a gravata ao pescoço, porque isso lhe dava a sensação de que um senhor de gravata tem de ser um senhor estupendo. Eu sinto algo parecido com isso quando me imagino contribuindo para formar o pensamento e para pensar a formação. Como não será estupenda uma pessoa assim, uma pessoa que se dedica a coisas tão sérias, tão úteis, tão necessárias, tão importantes? E, ainda mais, se usa uma gravata. O que acontece é que, às vezes, alguém sente que começa a ficar com cara de gravata. E, além disso, começa a vir uma vontade irresistível de deixar a gravata e pôr, digamos, um barrete catalão.[2] Acima de tudo para ver o que sente, sobre si mesmo, um senhor com tal barrete; se ele se sentirá tão estupendo quanto um senhor de gravata. E foi algo assim que se passou comigo quando me convidaram para participar desta reunião; tive uma vontade terrível de colocar, não um barrete catalão, mas uma capa puída, um chapéu de guizos, ou umas orelhas de burro. Os signos do pícaro, do bufão e do bobo. Ainda que fosse só para fazer um experimento: que se pode pensar quando alguém leva, em lugar de gravata, um chapéu de guizos? Que tipo de pensamentos podem surgir numa cabeça ladeada por umas orelhas de burro? Se alguém veste a capa puída dos vagabundos, pode pensar da mesma maneira daquele que leva uma toga de professor? E, sobretudo, servirão esses pensamentos, se é que são pensamentos, para alguma coisa, digamos, importante?

Assim é que tive tentações de colocar, em mim, um chapéu de guizos. Por curiosidade, para ver o que acontece. Mas o que me ocorre é que já tenho demasiadamente interiorizada a toga de professor. Não a gravata de um senhor importante,

---

[2] O autor refere-se a um tipo de barrete cilíndrico, de lã, usado na catalunha. [N.T.]

mas sim a toga de professor. E que faz um professor com um chapéu de guizos? Ou com umas orelhas de burro? Ponho a toga sobre mim e, debaixo, a capa puída? Ou ponho a capa por cima da toga? Em qualquer caso, ridículo. A toga e o chapéu de guizos parecem incompatíveis. A toga e as orelhas de burro tampouco vão muito bem uma com a outra. Um estudante, sim, pode vestir a capa puída do vagabundo. Mas um professor não pode. Um professor com capa puída pareceria um impostor e não um professor de verdade. Um professor tem de ter uma postura sobre as coisas das quais ele fala, tem de saber manter uma posição. E se veste uma toga, qualquer impostura pode se apresentar como se fosse uma postura e qualquer posição pode se converter em imposição. Mas se veste uma capa puída, se não tem posturas para impostar, nem posições para impor, se não se enxerga bem a sua toga, quem vai lhe prestar atenção?

Um professor tem muito de pregador. Por isso, o tom professoral é uma mistura de austeridade e dogmatismo. A única coisa que um professor pode fazer sem se ruborizar demais é pregar o riso, analisar o riso: reivindicar seriamente o chapéu de guizos, falar dogmaticamente sobre as orelhas de burro, fazer um sermão sobre a capa puída dos vagabundos. Mas um professor não pode vestir um chapéu de guizos. Eu, pelo menos, não posso. Aos professores nos falta, talvez irremediavelmente, essa aristocracia de espírito, essa finura de espírito, essa leveza que ainda tinha o pensamento quando não era monopólio dos professores, quando ainda não se havia contaminado dessa austeridade pedagógica, moralizante, solene, dogmática e um tanto caspenta que é própria do tom professoral. Talvez tivéssemos de deixar de ser professores para poder aprender a formular um pensamento em cujo interior ressoe, desembaraçadamente, o riso. Assim, que devo confessar-lhes, desde o início, que não fui capaz de substituir a toga por um chapéu de guizos ou pelas orelhas de burro, nem sequer pela capa do vagabundo. E vocês terão de se conformar com um riso reivindicado, elogiado, pregado, analisado: com um sermão sobre o riso. Que podemos fazer! Talvez outro dia...

O riso e o sério

Assim, lamentavelmente, hoje vou falar do riso, com um inevitável tom professoral. E como este é um seminário sério, que trata de coisas sérias, vou falar desse riso que está no meio do sério, que ocupa o sério, que se compõe com o sério e que mantém com o sério estranhas relações; desse riso que dialoga com o sério, que dança com o sério; ou melhor, desse riso que faz dialogar o sério, que o tira de seus esconderijos, que o rompe, que o dissolve, que o coloca em movimento, que o faz dançar. Para ver se é verdade – como dizia Schlegel, falando de Goethe, desse homem superior que, da altura de seu espírito, era capaz de rir-se de suas próprias obras-primas – que o riso é a "suprema seriedade", a coroa da seriedade. Para ver se é verdade que o riso é o chapéu de guizos com que a seriedade se veste, quando é capaz de aniquilar, brincalhona e ágil, suas próprias pretensões.

Não confundi-lo, pois, com esse riso que está à margem do sério, bem situado nos espaços delimitados do ócio e do entretenimento; com esse riso que se coloca no espaço trivializado e delimitado do lúdico e que é inofensivo porque não se mistura com o sério, porque se mantém sempre num lugar marginal, como uma espécie de intermediário festivo, de válvula de escape, num exterior à norma da seriedade, que não faz outra coisa senão confirmar a seriedade normativa.

Não confundi-lo, tampouco, com esse riso frívolo, um tanto cruel e algo masoquista, que se utiliza como barreira de proteção contra o sério, como mecanismo de defesa frente ao sério. Esse riso que não é senão uma estratégia de convite do eu que, para escapar da angústia, e sem poder negar o real, faz desaparecer, na zombaria, qualquer conteúdo. Esse riso que retrocede, que caminha sempre para trás, e que não é senão um dispositivo para não jogar nenhum jogo, para não se jogar em nenhum jogo.

E não confundi-lo, por último, com esse riso que se opõe ao sério em nome de outra forma de seriedade. Esse riso polêmico, um tanto ressentido, que ataca uma forma de seriedade, mas tentando reconstruir outra forma diferente, em nome de um valor mais alto. Esse riso militante, crente, sempre associado a uma nova fé. Esse riso que traz a desordem apenas para instaurar uma nova ordem, que ataca os dogmas apenas para redogmatizar sobre suas ruínas. Esse riso que costuma ser tão moralizante e tão razoável como o sério ao qual se opõe, uma vez que o faz em nome de outra seriedade. Esse riso não reflexivo que não é capaz de rir-se de si mesmo.

Nem exterioridade, nem barreira de proteção, nem oposição: composição. Gostaria de falar do riso como componente do pensamento sério. Não como aquele que se produz quando o pensamento sério descansa; tampouco como o componente que se defende da seriedade do pensamento; nem, sequer, como aquele que luta contra o pensamento sério. O riso que me interessa aqui é aquele que é um componente dialógico do pensamento sério. E um elemento essencial da formação do pensamento sério. De um pensamento que, simultaneamente, crê e não crê, que, ao mesmo tempo, se respeita e zomba de si mesmo. De um pensamento tenso, aberto, dinâmico, paradoxal, que não se fixa em nenhum conteúdo e que não pretende nenhuma culminância. De um pensamento móvel, leve, que sabe também que não deve se tomar, a si mesmo, demasiadamente a sério, sob pena de se solidificar e se deter, por coincidir excessivamente consigo mesmo. De um pensamento que sabe levar dignamente, no mais alto de si, como uma coroa, um chapéu de guizos.

O riso e a Pedagogia

Por que falar do riso? Primeiro, porque em Pedagogia se ri pouco. Não sei se vocês compartilharão comigo a opinião de que se ri pouco em Pedagogia. Cortázar dizia, numa página magnífica de Rayuela, que na literatura argentina se assobia pouco. Não me recordo de nenhum assobio na literatura pedagógica que eu tenho lido. Vocês podem imaginar um livro de Pedagogia em que o autor deixa, por um momento, de deitar moral, de argumentar, de propor, de dogmatizar, de criticar, e se põe a assobiar? Mas tampouco me recordo de muitos risos. Não sei o que vocês terão lido, mas eu quase não me lembro de nenhum livro de Pedagogia em que exista algo de sentido humorístico. Não tanto algo de sátira, de paródia, de ironia, essas formas inteligentes do riso, pois talvez isso fosse pedir demais, mas pelo menos alguma palhaçada, não sei, alguma bufonada, alguma estupidez, mas não das normais – porque dessas existem muitas –, mas sim daquelas que se sabem estúpidas e que não pretendem ser outra coisa a não ser estúpidas e, eventualmente, opor sua declarada estupidez à estupidez mascarada e mentirosa dos que não se acreditam estúpidos.

Talvez meu objetivo principal em falar do riso seja a convicção de que o riso está proibido, ou pelo menos bastante ignorado, no campo pedagógico. E sempre pode ser interessante pensar um pouco por que um campo proíbe ou ignora. São as proibições e as omissões que melhor podem dar conta da estrutura de um campo, das regras que o constituem, da sua gramática profunda. Que acontece, então, na Pedagogia, para que se ria tão pouco? Eu tenho duas hipóteses. A primeira é que, na Pedagogia, moraliza-se demasiadamente. E o discurso moralizante tem um tom grave, sério, um certo tom patético. A segunda hipótese é que o campo pedagógico é um campo constituído sobre um incurável otimismo. E o riso está sempre associado a uma certa tristeza, a uma certa melancolia, a um certo desprendimento. O pedagogo é um moralista otimista; um crente, em suma. E sempre custa, a um crente, estabelecer uma distância irônica sobre si mesmo.

Mas não é só nos livros que falam de educação que se sente a falta, de quando em quando, do tilintar de algum riso. Tampouco se ri muito nas instituições educacionais. Não me refiro, é claro, ao riso previsto, a esse riso adulador que se segue às piadas do professor ou ao riso que está programado para que a matéria seja um pouco divertida e "entre" com um pouco mais de facilidade. Tampouco me refiro ao riso dos intervalos, dos recreios, a esse riso que areja o espírito antes que esse volte outra vez ao duro trabalho sério, que esse, sim, é o realmente importante. Eu falo do riso que se mete desrespeitoso, irreverentemente, no domínio do sério. Ao riso que se ri precisamente naquilo que a Pedagogia marca como não risível. Aquele que faz as pessoas sérias exclamarem, indignadas: "riem-se de tudo, não levam nada a sério, não respeitam nada, não acreditam em nada...".

Não sei se vocês estarão de acordo comigo de que a permissividade para com o riso é inversamente proporcional ao caráter "moral" dos objetivos pretendidos pelo discurso pedagógico, ou ao caráter "sagrado" daquilo que o constitui. Quanto mais moral é uma aula, menos riso nela existe. Quando um professor interrompe abruptamente o riso, com um "aqui estamos falando sério", é um sinal de que aquilo que se está tratando é algo "moral", algo que tem a ver com valores, com normas, com modos de comportamento, com mecanismos de constituição e regulação da consciência. E quanto maior o componente "sagrado" – e não se deveria reduzir o sagrado ao religioso – também menos riso. Não se ri nas igrejas, mas tampouco se ri nos tribunais, ou nos lugares carregados de simbologia patrióticas (o túmulo de um herói da pátria, por exemplo; ou de um mártir da revolução), nem sequer se ri nos museus, quando se pretende que esses abrigam uma "Cultura" com maiúsculas, uma cultura "sacralizada". E há momentos em que uma aula se parece com uma igreja, com um tribunal, com uma celebração patriótica ou com uma missa cultural. E são esses momentos os que mais resistem à prova do riso, porque aí o riso é transgressão, profanação, irreverência, quase blasfêmia. Se tabu é aquilo de que não se pode falar, poderia haver também um tabu do riso: uma série de situações nas quais não se pode rir e uma série de conteúdos dos quais alguém não pode zombar. Somente uma escola completamente secularizada e não moralista poderia permitir que o riso se infiltrasse por toda parte.

E é numa dessas aulas "sérias" que não se sabe o que fazer com o bufão ou com aquele que se faz de palhaço, com esses personagens irreverentes que tanto atrapalham, que colocam em perigo a estabilidade da aula, sua própria possibilidade.

Seu riso é o sinal de que eles não entram no jogo. Às vezes se aproveitam do jogo, jogam ironicamente, sem acreditar no jogo, com uma certa distância irreverente, mas não participam como deveriam participar, com a seriedade com que deveriam participar. E seu riso é como um trabalho de sapa, como um esvaziamento de sentido, como um dispositivo muito eficaz de dessacralização. Dessa maneira, o primeiro motivo para falar aqui do riso é o mero fato de sua ausência tanto dos livros de Pedagogia quanto das instituições de educação. Que aconteceria se aí puséssemos, só para experimentar, para ver o que acontece, um chapéu de guizos?

Teorias do riso

O outro motivo para falar aqui do riso é mais livresco, mais professoral, se vocês quiserem, dado que tem a ver com a biblioteca. Um professor, essa espécie de pregador de que eu falava atrás, é também uma determinada relação com um certo setor da biblioteca. E quando seleciona um "tema" sobre o qual falar, ele seleciona, ao mesmo tempo, um pedaço de sua biblioteca. Assim, portanto, tenho de falar um pouco da biblioteca e não poderei evitar um certo pedantismo professoral – pelo que espero suas desculpas –, nem duas ou três citações e alguma nota de rodapé. Um professor, quando prega, não pode abster-se de dar uma bibliografia.

Nos últimos tempos, estou estudando a ideia de formação tal qual ela foi formulada no neo-humanismo alemão, entre os séculos XVIII e XIX, entre Kant e o 0Romantismo, a ideia de *Bildung*, a última grande ideia filosófica de educação; essa ideia que é central na filosofia moderna alemã e que se mantém viva até a sua demolição definitiva na segunda das *Considerações intempestivas*, de Nietzsche. Nesse campo filosófico, há um veio muito interessante: uma discussão acerca do conceito e do alcance da ironia, que tem seu ponto de partida em alguns fragmentos de crítica literária inspirados na filosofia de Fichte, publicados por Schlegel, em 1797, numa revista de Berlim. Participaram, dessa discussão, alguns literatos de primeira grandeza, como Kleist, Hoffmann ou Novalis, filósofos como Richter, Solger ou Schelling, e inclusive interveio, com paixão incomum, nada menos que o próprio Hegel. Nessa discussão apaixonada e não resolvida, foi tratado algo muito mais importante do que o valor de uma técnica literária ou de um gosto estético. O que está em jogo é toda uma atitude diante da realidade e toda uma concepção da subjetividade: toda uma maneira de ser e de se instalar no mundo. Além disso, o conceito de *Bildung*, de formação, é aí, nessa polêmica, essencial. Permitam-me resumir para vocês, ainda que seja de uma maneira demasiadamente grosseira, os termos dessa discussão.[3]

A polêmica em torno da ironia expressa o contraste entre uma ideia de formação não abandonada, que destaque os momentos dinâmicos da não satisfação (do rompimento, do ceticismo, da contradição, do paradoxo, da desilusão, da antítese, da finitude, da insuficiência, do devir, do relativo, da dissonância, da irregularidade, da decepção), e uma ideia mais dogmática, mais construtiva, mais fechada, mais edificante, que tende a uma determinação e a uma solidificação final da subjetividade e do caráter, a um acabamento do processo da formação. A ironia expressa uma forma de consciência etérea, que paira sobre tudo, e que em nada se fixa porque não pode tomar partido a favor de uma situação particular frente a outra situação. A ironia provém da unilateralidade, da determinação, da fixação. Por outro lado, a ironia também é, talvez de modo fundamental, autoironia. Na consciência irônica, o eu está sempre por cima de si mesmo e por isso não toma, a si mesmo, muito a sério. A consciência irônica é uma consciência em que o eu sempre está se revelando frente ao seu próprio poder, frente a qualquer instalação satisfeita pelo seu próprio sucesso, frente a qualquer fixação. O irônico pode ser impertinente porque,

---

[3] Para uma exposição de conjunto, ver: INNERARITY, Daniel. La ironía romántica y su crítica hegeliana. *Hegel y el Romanticismo*. Madrid: Tecnos, 1993. p.187 e seg. cap. 6.

em primeiro lugar, o é consigo mesmo. Resumindo, o irônico seria aquele que põe, em si mesmo, o chapéu de guizos sempre que o mundo se faz demasiadamente compacto e sempre que sua própria subjetividade se faz demasiadamente consistente e ameaça colocar-se excessivamente de acordo consigo mesma. Frente à estatuária, o chapéu de guizos permite que entre a leve fluidez da música para que a dança volte a começar.

No outro lado da barricada, os detratores da ironia – Hegel, entre os mais virulentos – criticam-na como arbitrariedade, como capricho, como irresponsabilidade, como jogo perigoso com o nada, como aniquilação irresponsável de qualquer conteúdo, de qualquer valor. Hegel utiliza palavras duríssimas contra a ironia romântica. A consciência irônica, diz Hegel, produz sujeitos carentes de forma, almas migratórias ou nômades, naturezas sem conteúdo, espíritos vaidosos que se sabem sem valor, caracteres patológicos, indiferentes, irreais, vazios, perdidos na imensidão sem se fixarem em sua própria liberdade. E, frente à ironia, reivindica a seriedade do objetivo e a firmeza da subjetividade: o caráter duro e compacto da realidade e a necessária imitação e determinação da verdadeira liberdade: "A verdadeira seriedade só se produz através de um interesse substancial por uma coisa, verdade, moralidade, que tem conteúdo em si mesma, por um conteúdo que, como tal, é essencial para mim, de tal modo que eu só me faço essencial para mim na medida em que submergi em tal conteúdo e me fiz adequado a ele em meu saber e em meu atuar".[4]

Para a consciência que atingiu a "verdadeira seriedade", o chapéu de guizos é apenas a recordação de uma adolescência atormentada, da qual alguém se libertou ao se converter naquilo que ele é. E uma recordação que tem de ser guardada no fundo mais obscuro do sótão, encerrada em um baú cuja chave foi lançada fora, para que não aconteça que, algum dia, ao mexermos de novo com tal recordação, ela nos mostre que aquilo em que

---

[4] HEGEL, G. W. F. *Introducción a la Estética*. Barcelona: Península, 1979. p. 111.

nos convertemos não é grande coisa. A consciência bem formada, segundo Hegel, tem de ser suficientemente madura para poder olhar o chapéu de guizos sem nostalgia e, inclusive, com um certo desprezo. A consciência irônica, ao contrário, seria aquela que corresponderia à impressionante ideia de subjetividade anunciada por Schelling, na primeira das lições de Erlangen, de 1820, e a qual eu usei como epígrafe deste capítulo: "atravessá-lo todo e ser nada, ou seja: não ser de tal modo que não se possa ser também outra coisa [...]. A liberdade é a essência do sujeito".

Lendo a polêmica romântica em torno da ironia, lembrei-me da obra do célebre teórico russo da literatura, Mikhail Bakhtin. Bakhtin desenvolve uma história da novela que é, ao mesmo tempo, uma história da formação da consciência europeia: uma espécie de *Fenomenologia do Espírito* cujo conteúdo é a palavra literária e, especialmente, a palavra novelesca. E, nessa história, a composição dialógica entre os gêneros elevados e nobres (o drama, a tragédia, a novela de provação) e os gêneros baixos (a sátira, o picaresco, a farsa) é chave para pensar o dinamismo da consciência. Como se a consciência, para se formar, necessitasse sempre do riso como o momento da negatividade. O que acontece é que a fenomenologia formativa de Bakhtin não fica eliminada, como a hegeliana, mas se mantém numa abertura permanente, em uma contínua tensão. E é o riso que se encarrega de manter essa tensão dialógica em que a consciência se abre, se desprende e se coloca continuamente para além de si mesma.

Por fim, gostaria também de colocar sobre a mesa um capítulo de *A era do vazio*, em que Lipovetsky desenvolve a ideia de que a comicidade própria da incredulidade pós-moderna, essa comicidade branda, generalizada, niilista, esse riso tênue, distante e descomprometido que é próprio das sociedades secularizadas, supõe a liquidação do verdadeiro riso, do riso desatado, louco, explosivo, às gargalhadas. A ideia de Lipovetsky é que, uma vez desaparecido o sagrado, é impossível rir. E só resta uma comicidade conformista e generalizada, sem tensão, sem desprendimento, sem dor, um tipo de ironia sem arestas, plana, contida. Uma vez neutralizados os valores, o riso não pode ser senão uma comicidade neutra.⁵

A polêmica romântica em torno da ironia, a obra de Bakhtin e esse capítulo de Lipovetsky são os fragmentos de biblioteca que coloquei em relação com esse elogio do riso, na formação do pensamento e no pensamento da formação, os quais eu espero que não estejam aborrecendo-os demais. Mas, uma vez mostrada a pequena biblioteca que tomei para preparar este trabalho, vou utilizá-la um tanto livremente, desrespeitosamente, a não ser que a fidelidade à biblioteca nos distraia da reivindicação do riso e da leveza que deve ter o tom daquilo que se apresenta.

O riso e a formação do pensamento

A seguir, gostaria de desenvolver duas das funções do riso na formação do pensamento. A primeira função do riso: isolar, distanciar e relativizar as máscaras retóricas que configuram o uso da linguagem.

Bakhtin, esse crítico russo de que acima falei, um dos grandes defensores do riso na linguagem, estabelece uma distinção que vou utilizar a seguir. Bakhtin disse que em primeiro lugar está a linguagem direta, a linguagem "patética", a linguagem no sentido próprio, aquela que se utiliza sem distanciamento, sem refração, sem consciência linguística explícita. Essa é a linguagem que utilizam as figuras sólidas, compactas. Por exemplo: os personagens heroicos da tragédia e do drama, ou os personagens "patéticos" da novela psicológica. Diz Bakhtin: "A palavra patética mostra-se totalmente suficiente para si mesma e para seu objeto. Pois o falante, na palavra patética, está implicado totalmente, sem nenhum distanciamento e sem nenhuma reserva. A palavra patética aparece como uma palavra diretamente intencional".⁶ A palavra patética é palavra de um

---

⁵ LIPOVETSKY, G. *La era del vacío: Ensayos sobre el individualismo contemporáneo*. Barcelona: Anagrama, 1992.

⁶ BAKHTIN, M. *Teoría y estética de la novela*. Madrid: Taurus, 1989. p. 209.

plano só, sem distância, sem refração. E, como toda palavra "séria", logo se enche de convenções e começa a ser portadora de alguma forma de mentira retórica. A palavra patética tende à solidificação e se solidifica em duas formas básicas.

Na primeira forma de solidificação da palavra patética, as convenções da linguagem estão ligadas à retórica que define linguisticamente uma posição na sociedade: o pregador, o juiz, o profeta, o político, o crente, o cientista, o professor. Todos eles se apropriam das convenções da palavra patética. Sua linguagem, portanto, está plenamente identificada com sua posição, com seu poder, com sua categoria.

Daí procede sua falsidade, sua mentira, a facilidade com que se converte em uma retórica vazia. Mas há uma outra forma de solidificação da linguagem direta. Aquela na qual o falante está plenamente identificado, não com sua posição, mas consigo mesmo, com sua identidade, com seus sentimentos, com seu caráter. A palavra sentimental, amorosa, por exemplo, é dessa classe. Uma palavra mais ligada à linguagem cotidiana e aos lugares cotidianos da linguagem. Não ao púlpito, à cátedra ou à tribuna, mas à sala de estar, à carta íntima, ao passeio pelo parque. Também aqui a linguagem está ligada à expressão direta do falante. E cria outras formas de convencionalidade. Não tanto ligadas a uma posição na sociedade, quanto a uma pose interior, sentimental. E produzem uma retórica interior, "pessoal". Aqui, o falante não se disfarça com as roupagens do juiz, do frade ou do professor, mas se comporta como essas bailarinas que dançam nuas, mas diante das quais não se pode evitar a estranha sensação de que elas estão disfarçadas de desnudas.

Frente à linguagem direta, em relação dialógica com ela, está a linguagem indireta, figurada, a linguagem paródica, irônica, a linguagem que se utiliza como uma máscara e sabendo-se que é uma máscara. É a linguagem dos que falam "como se". O falante faz como se fosse um pregador, como se fosse um soldado, como se fosse um enamorado. E é esse uso figurado e paródico da linguagem, essa distância entre o falante e sua linguagem, ou entre o falante e sua posição, que produz o riso.

Aquele que parodia não participa. É um personagem excêntrico, um extravagante, um personagem que não se confunde com o seu lugar, que não tem um lugar próprio, que não tem uma identidade demasiadamente compacta. É um pregador sem púlpito, um juiz sem polícia, um nobre sem cavalo, um enamorado de sorte. Alguém que é capaz de colocar, em si mesmo, a máscara linguística do sacerdote, do juiz, do nobre e do enamorado, mas sem jamais se confundir completamente com essa máscara. Como não pertence a nenhuma categoria, também está além de qualquer categoria retórica, de qualquer disfarce retórico. O falante, nesse caso, tem uma consciência linguística muito sutil, que é inseparável de uma consciência social muito refinada e de uma consciência de si mesmo enormemente aguda. Conhece a variedade da linguagem, a variedade de seus usos. Conhece o uso interessado da linguagem direta. Sabe como a linguagem direta está ligada a uma posição social ou a um clichê psicológico. Sabe que a linguagem patética é a linguagem daqueles que têm um lugar e com ele se identificam, das pessoas elevadas, das pessoas que estão plenamente identificadas consigo mesmas, das que se levam a sério. E por isso, porque sabe tudo isso, move-se com agilidade entre as máscaras. Uma vez que ele é capaz de objetivar e de relativizar a linguagem direta, também é capaz, quando lhe interessa, de se vestir temporariamente em traje de gala. Pode falar como um sacerdote, como um juiz, como um nobre, como um enamorado, como um arrependido. Mas nesse "como", na distância introduzida por esse "como", está toda sua potência crítica. É na distância que abre entre o falante e a posição do falante, ou entre o falante e aquilo que expressa a sua linguagem, que a linguagem indireta clarifica a linguagem patética, a desmascara, a relativiza e a torna imediatamente suspeitável.

 Notem vocês que os grandes cômicos da literatura são o pícaro (que adota a forma de um vagabundo desclassificado), o bufão (que não é ninguém, que quase não é deste mundo e por isso o conhece tão bem, sobretudo em suas mazelas, e o bobo, ou o estrangeiro (que não compreendem a palavra patética e, nessa incompreensão, revelam sua estrutura viciada, convencional). Os personagens cômicos são seres que não estão implicados, que não entendem, que não participam, que estão sempre por fora, a uma certa distância do que acontece. Mas são capazes, sobretudo o pícaro, de tudo parodiar, de ocupar qualquer posição retórica, de imitar qualquer palavra direta, de reproduzir parodicamente, quando faz falta, qualquer tipo de patetismo. O pícaro se ri de toda palavra direta simplesmente a ocupando, apropriando-se dela para fins que não são os seus, isolando-a, distanciando-se dela e utilizando-a como um disfarce para seus fins engenhosos. O idiota, o simplório, esse bobo de que todos se riem e que não é tão tolo quanto parece isola e distancia a convencionalidade da linguagem elevada simplesmente não a entendendo, ou a entendendo ao contrário, mas provocando sempre uma distância entre a linguagem e os falantes ou entre a linguagem e a situação comunicativa. O bufão, por sua vez, desnaturaliza as linguagens elevadas ao invertê-las.

Assim, o riso mostra a realidade a partir de outro ponto de vista. Essa seria a função de desmascaramento do convencionalismo existente em todas as relações humanas. O riso isola esse convencionalismo, desenha-o com apenas um traço e o coloca a distância. O riso questiona os hábitos e os lugares comuns da linguagem. E, no limite, o riso transporta a suspeita de que toda linguagem direta é falsa, de que toda vestimenta, inclusive toda a pele, é máscara.

O riso objetiva a mentira patética. Por isso, só pode entender-se em sua relação com essa mentira, com o sério que se converteu em algo pateticamente mentiroso. O que é dinâmico é a combinação de compreensão e incompreensão, de idiotice e de inteligência. O riso polemiza com o sério, entra em contato com o sério, dialoga com o sério, com essa linguagem elevada que pretende envolver o mundo e compreendê-lo e dominá-lo, com essa linguagem canonizada e aceita que não duvida de si mesma. O riso desmascara essa linguagem, retira-a de seu lugar, de seus esconderijos, a expõe ao olhar como ela é, como uma casca vazia.

Mas essa forma do diálogo não é o diálogo entendido como um conflito entre indivíduos que falam no mesmo plano, no mesmo universo ideológico, na mesma linguagem. Também na palavra direta existe diálogo. Basicamente, um diálogo jurídico (esse que tem a forma de defesa/apologia e acusação/desmascaramento) ou um diálogo confessional (aquele que tem a forma de culpa-confissão-arrependimento). Mas no diálogo da palavra direta há uma ideia talvez demasiadamente imóvel de diálogo. Há vínculos que nunca são colocados em questão: a unidade do falante e de sua posição (o homem exterior) e a unidade do falante e de seus sentimentos (o homem interior). Justamente os vínculos que garantem a solidez da palavra direta e a estabilidade da situação comunicativa.

No entanto, quando entra o riso, o diálogo é diferente. Quando aparece o riso, objetiva-se o universo ideológico, a linguagem, a situação comunicativa, o plano (ideológico, linguístico e social) em que o diálogo sério é possível. O que se isola, o que se distancia, o que se relativiza e se esvazia de sentido é o conjunto de convenções que amarram e imobilizam o diálogo: sua gramática. Num diálogo "patético", a gramática permanece estável. Mas quando entra o riso, é a própria gramática que se coloca em questão. O riso destrói a consistência do diálogo patético e os critérios mais ou menos compactos de valoração que o constituem e o amarram. O riso é o momento da autocrítica da palavra, no sentido em que introduz o ceticismo sobre a própria palavra e uma fina consciência da contingência e da relatividade da situação comunicativa. Quando aparece o riso, todas as características que constituem a armadura da situação comunicativa se desfazem: fundamentalmente, a unidade entre o falante, sua situação e sua linguagem. Quando irrompe o riso, a própria situação comunicativa perde seu "patetismo" e se transforma em mascarada, em teatro, em ritual. E, de repente, tudo é percebido debaixo de outra luz.

A partir do marco estável da situação comunicativa – em que a palavra direta, sólida e séria, ancorada no real, encontra o seu lugar e sua acomodação –, o palhaço é um absurdo, um personagem irreal, claramente fora de lugar. Mas às vezes, por um momento, é a própria estabilidade da situação comunicativa, a solidez e a seriedade do real que vacilam. Ao sol de La Mancha,

Don Quixote é um palhaço louco. Mas, em contraste com sua loucura, iluminados por sua loucura, os campos de Castela ficam também tocados de irrealidade. E essa tensão que torna ambíguo tudo aquilo que toca, essa suspensão instantânea da realidade e de seus valores, esse momento de oscilação entre o ser e o não ser, essa é a brecha que abre o riso e em que o riso se instala como um ácido que a tudo corrói.

Autoironia

A segunda função do riso poderia ser assim formulada: afrouxar os laços que amarram uma subjetividade demasiadamente solidificada, uma subjetividade dotada de uma identidade demasiadamente compacta, uma subjetividade, digamos, demasiadamente idêntica a si mesma. A distância que o riso estabelece é, agora, entre o sujeito e si mesmo. É, portanto, uma distância reflexiva em cujo vazio instala-se o poder subversivo do riso. O riso, quando é entendido como autoironia, como um componente irônico da própria consciência, supõe sempre um olhar cético sobre si mesmo. E funciona assim, como um tipo de corretivo frente a uma consciência que tende à fixação, à limitação, a sentir-se demasiadamente crente de si mesma. A autoironia é um movimento de revogação da identidade: a consciência que se ri anula-se a si mesma, se contradiz a si mesma, está sempre por cima de si mesma a fim de evitar a sua fixação. E assim, o riso põe a nu sua própria finitude, a arbitrariedade e a contingência de qualquer forma estabilizada. E, como o espírito da música, insiste na caducidade, na finitude e na fluidez da própria consciência. O chapéu de guizos não é uma máscara a mais, mas é uma garantia contra a fixação das máscaras. O chapéu de guizos é o que põe a nu que toda roupagem é máscara, que todo rosto é máscara, e impede que as máscaras, crentes de si mesmas, se solidifiquem e se ressequem. E essa é sua contribuição para a aprendizagem: não a destruição das máscaras, mas o reconhecimento de seu caráter de máscaras e o impedimento de que se grudem completamente. O chapéu de guizos da agilidade permite que a consciência continue fazendo piruetas. E, então, o baile de máscaras converte-se em uma alegre dança.

O preço da lucidez do pícaro, do bufão e do bobo é, certamente, uma carência de identidade substancial. O viver com uma identidade que se sabe ser apenas emprestada, ocupada por um momento para logo ser deixada cair, vazia, aos pés. Os personagens que encarnam o riso possuem uma subjetividade descentrada. São almas sem pátria, formas de consciência sempre provisórias, sempre emprestadas, que também sabem encenar sua própria contingência, aniquilar sua própria satisfação e corrigir ironicamente suas falsas pretensões de universalidade. Mas sempre são um pouco mais livres que os demais. Ainda que o preço da liberdade seja a impossibilidade de se estabelecerem de qualquer maneira, a impossibilidade de encontrarem satisfação em qualquer identidade.

O irônico, segundo o define Rorty, esse saqueador mascarado do melhor romantismo literário alemão, seria aquele que "nunca é suficientemente capaz para se levar a sério, a si mesmo, porque sempre está consciente de que os termos em que se descreve a si mesmo estão submetidos à mudança, à contingência e à fragilidade de seu vocabulário final e, portanto, de si mesmo".[7] Ou, nas palavras de Cortázar, aquele que mantém sempre o sentimento de não estar inteiramente, nem sequer em si mesmo:

> [...] sempre serei como uma criança para tantas coisas, mas uma dessas crianças que desde o início levam, consigo, o adulto, de modo que quando o monstrinho chega verdadeiramente à idade adulta ocorre que, por sua vez, esse leva consigo a criança, e no meio do caminho se dá uma coexistência poucas vezes pacífica de pelo menos duas aberturas do mundo. Isso [...] aponta, em todo caso, para um temperamento que não

---

[7] RORTY, R. *Contingency, irony, and solidarity*. Cambridge: Cambridge University Press, 1989. p. 73-74.

renunciou à visão pueril como preço da visão adulta, e essa justaposição [...] manifesta-se no sentimento de não estar completamente em qualquer das estruturas, das teias que a vida arma e nas quais somos, ao mesmo tempo, aranha e mosca.[8]

Conclusão

O riso destrói as certezas. E especialmente aquela certeza que constitui a consciência enclausurada: a certeza de si. Mas só na perda da certeza, no permanente questionamento da certeza, na distância irônica da certeza, está a possibilidade do devir. O riso permite que o espírito alce voo sobre si mesmo. O chapéu de guizos tem asas.

E não venham vocês me dizer que o riso pode ser perigoso. O riso é, certamente, ambíguo e perigoso. Como os livros, como as viagens, como os jogos, como o vinho, como o amor. Como tudo que tem valor, o riso pode ser benéfico ou maléfico, divino ou satânico. Mas sua ambiguidade não é diferente da ambiguidade radical de qualquer experiência de formação, pelo menos quando a formação não é concebida de uma forma por demais harmoniosa, por demais construtiva, por demais linear, por demais edificante. Na formação existe, às vezes, tensão, destruição, negação. Por isso, só são formativas as experiências em que se faz a prova da própria identidade. E se o riso é perigoso, talvez o que ocorra é, simplesmente, que só na prova do perigo pode estar a verdadeira salvação. Não a salvação entendida como uma saída de emergência ou como uma reclusão perpétua em um lugar protegido, mas a salvação da própria vida. E um pensamento que não seja capaz de enfrentar o mundo e de enfrentar-se a si mesmo, com um chapéu de guizos, talvez seja um pensamento que está a salvo. Mas não poderá se salvar de se engomar em uma gravata, em uma toga ou na batina de um pregador.

---

[8] CORTÁZAR, J. Del sentimiento de no estar del todo. In: _____. *La vuelta al día en ochenta mundo*. Madrid: Siglo XXI, 1979. v. I, p. 32.

Às vezes, de forma demasiadamente simplista, entendemos a crítica como uma mera intermediária entre o afastamento de alguns deuses e a consagração de outros. Mas a crítica moderna, aquela que tem o riso como instrumento, tem um caráter que a faz única na história: a impossibilidade de se consagrar a si mesma em qualquer uma de suas modalidades, a impossibilidade de que alguma das formas do espírito crítico converta-se em ortodoxia crítica, em dogma crítico, em catecismo crítico. Por isso, na Modernidade, o mesmo riso crítico se destrói, sem cessar, a si mesmo e tem o niilismo como resultado. A ironia crítica permanente que se toma a si mesma como objeto é, ao mesmo tempo, o alimento e o veneno de nosso mundo, a garantia de seu próprio dinamismo, de sua própria abertura. Nietzsche dizia que ante a pretensão de Deus de ser o único Deus, os deuses morreram de rir. E mais vale morrer de rir que morrer de endeusamento. No fim, todos morrem, pois até os deuses são finitos; mas, ao morrer de rir, os deuses salvaram sua divindade enquanto que, ao morrer de endeusamento, Deus não pôde se salvar a si mesmo.

9
O enigma da infância
ou o que vai do impossível ao verdadeiro

> *Toutes les vies étaient pareilles disait la mère, sauf les enfants. Les enfants, on ne savait rien. C'est vrai, disait le père, les enfants on sait rien.*
> Marguerite Duras

> *Je n'entends pas votre langage dit l'enfant, l'enfant sauvage.*
> Jacques Prévert

As crianças, esses seres estranhos dos quais nada se sabe, esses seres selvagens que não entendem nossa língua.

Podemos, no entanto, abrir um livro de psicologia infantil e saberemos de suas satisfações, de seus medos, de suas necessidades, de seus peculiares modos de sentir e de pensar. Podemos ler um estudo sociológico e saberemos de seu desamparo, da violência que se exerce sobre elas, de seu abandono, de sua miséria. Temos bibliotecas inteiras que contêm tudo o que sabemos das crianças e legiões de especialistas que nos dizem o que são, o que querem e do que necessitam em lugares como a televisão, as revistas, os livros, as salas de conferência ou as salas de aula universitárias. Podemos ir a algumas lojas e encontraremos roupas de crianças, brinquedos de crianças, livros para crianças, objetos para os quartos das crianças. Podemos repassar o programa de espetáculos e veremos filmes para crianças, teatros para crianças, músicas para crianças, exposições para crianças, parques infantis, circos, festas infantis, programas de televisão para crianças. Se visitarmos a cidade, veremos escolas de música para crianças, escolas de artes plásticas, de dança, centros de lazer, ludotecas, centros poliesportivos. Se nos metermos em certos escritórios, veremos que há uma política social e educacional para a infância e, portanto, inúmeros planos e projetos para as crianças, feitos tal qual se fazem os planos e projetos: com um diagnóstico da situação, objetivos, estratégias e uma série de mecanismos de avaliação. E se nos dedicarmos a conhecer pessoas, encontraremos logo multidões de professores, psicólogos, animadores, pediatras, trabalhadores sociais, pedagogos, monitores, educadores diversos e todo tipo de gente que trabalha com crianças e que, como bons especialistas e bons técnicos, têm também determinados objetivos, aplicam determinadas estratégias de atuação e são capazes de avaliar, segundo certos critérios, a maior ou menor eficácia de seu trabalho.

A infância é algo que nossos saberes, nossas práticas e nossas instituições já capturaram: algo que podemos explicar e nomear, algo sobre o qual podemos intervir, algo que podemos acolher. A infância, desse ponto de vista, não é outra coisa senão o objeto de estudo de um conjunto de saberes mais ou menos científicos, a coisa apreendida por um conjunto de ações mais ou menos tecnicamente controladas e eficazes, ou a usuária de um conjunto de instituições mais ou menos adaptadas às suas necessidades, às suas características ou às suas demandas. Nós sabemos o que são as crianças, ou tentamos saber, e procuramos falar uma língua que as crianças possam entender quando tratamos com elas, nos lugares que organizamos para abrigá-las.

Não obstante, e ao mesmo tempo, a infância é um outro: aquilo que, sempre além de qualquer tentativa de captura, inquieta a segurança de nossos saberes, questiona o poder de nossas práticas e abre um vazio em que se abisma o edifício bem construído de nossas instituições de acolhimento. Pensar a infância como um outro é, justamente, pensar essa inquietação, esse questionamento e esse vazio. É insistir uma vez mais: as crianças, esses seres estranhos dos quais nada se sabe, esses seres selvagens que não compreendem a nossa língua.

A infância, entendida como um outro, não é o que *já* sabemos, mas tampouco é o que *ainda* não sabemos. O que *ainda* é desconhecido justifica o poder do conhecimento e inquieta completamente a sua segurança. O que *ainda* não sabemos não é outra coisa senão o que se deixa medir e anunciar pelo que sabemos, aquilo que o que sabemos se dá como meta, como tarefa e como itinerário pré-fixado. A arrogância do saber não apenas está na exibição do que já se conquistou, mas também no tamanho de seus projetos e de suas ambições, em tudo aquilo que ainda está por conquistar, mas que já foi assinalado e determinado como território de conquista possível. De outro lado, a infância como um outro não se reduz ao que *já* fomos capazes de submeter à lógica cada vez mais refinada de nossas práticas e de nossas instituições, mas tampouco pode se confundir com o que *ainda* não pudemos submeter. Aquilo que ainda nos resiste justifica nosso poder e de forma alguma o questiona. Os que sabem continuam investigando, os políticos continuam fazendo planos e projetos, as grandes lojas continuam atualizando seus catálogos, os produtores de espetáculos continuam fabricando novos produtos, os profissionais continuam melhorando suas práticas e os lugares nos quais acolhemos as crianças continuam aumentando e se adaptando cada vez mais aos seus usuários. Todos trabalham para reduzir o que ainda existe de desconhecido nas crianças e para submeter aquilo que nelas ainda existe de selvagem. Então, onde estão a inquietação, o questionamento e o vazio, se a infância já foi explicada pelos nossos saberes, submetida por nossas práticas e capturada por nossas instituições, e se aquilo que ainda não foi explicado ou submetido já está medido e assinalado segundo os critérios metódicos de nossa vontade de saber e de nossa vontade de poder?

A infância como um outro não é o objeto (ou o objetivo) do saber, mas é algo que escapa a qualquer objetivação e que se desvia de qualquer objetivo: não é o ponto de fixação do poder, mas aquilo que marca sua linha de declínio, seu limite exterior, sua absoluta impotência: não é o que está presente em nossas instituições, mas aquilo que permanece ausente e não abrangível, brilhando sempre fora de seus limites. Assim, a alteridade da infância não significa que as crianças ainda resistam a ser plenamente capturáveis por nossos saberes, nossas práticas e nossas instituições; nem sequer significa que essa apropriação talvez nunca poderá realizar-se completamente. A alteridade da infância é algo muito mais radical: nada mais, nada menos que sua absoluta heterogeneidade em relação a nós e ao nosso mundo, sua absoluta diferença. E se a presença enigmática da infância é a presença de algo radical e irredutivelmente outro, ter-se-á de pensá-la na medida em que sempre nos escapa: na medida em que inquieta o que sabemos (e inquieta a soberba da nossa vontade de saber), na medida em que suspende o que podemos (e a arrogância da nossa vontade de poder) e na medida em que coloca em questão os lugares que construímos para ela (e a presunção da nossa vontade de abarcá-la). Aí está a vertigem: no como a alteridade da infância nos leva a uma região em que não comandam as medidas do nosso saber e do nosso poder.

Na medida em que encarna o surgimento da alteridade, a infância nunca é o que sabemos (é o outro dos nossos saberes), mas, por outro lado, é portadora de uma verdade à qual devemos nos colocar à disposição de escutar; nunca é aquilo apreendido pelo nosso poder (é o outro que não pode ser submetido), mas ao mesmo tempo requer nossa iniciativa; nunca está no lugar que a ela reservamos (é o outro que não pode ser abarcado), mas devemos abrir um lugar para recebê-la. Isso é a experiência da criança como um outro: o encontro de uma verdade que não aceita a medida do nosso saber, com uma demanda de iniciativa que não aceita a medida do nosso poder, e com uma exigência de hospitalidade que não aceita a medida de nossa casa. A experiência da criança como um outro é a atenção à presença enigmática da infância, a esses seres estranhos dos quais nada se sabe e a esses seres selvagens que não entendem nossa língua.

Trata-se aqui, então, de devolver à infância a sua presença enigmática e de encontrar a medida da nossa responsabilidade pela resposta, ante a exigência que esse enigma leva consigo.

Infância e novidade

As palavras simples são as mais difíceis de escutar. Logo acreditamos que as entendemos e imediatamente, sem ouvi-las, as abandonamos e passamos para outra coisa. Hannah Arendt escreveu uma coisa tão simples que é difícil de ler (e não abandoná-la), como algo que todo mundo sabe. Hannah Arendt escreveu: "a educação tem a ver com o nascimento, com o fato de que constantemente nascem seres humanos no mundo".

O nascimento de uma criança é um acontecimento que parece completamente trivial e despojado de qualquer mistério: algo habitual que se submete, sem qualquer dificuldade, à lógica daquilo que é normal, daquilo que pode ser previsto e antecipado. A extrema vulnerabilidade do recém-nascido torna absoluto o nosso poder, que nele não encontra nenhuma oposição. Sua extrema simplicidade torna absoluto nosso saber, que nele não encontra nenhum obstáculo. Podemos, sem nenhuma resistência, projetar nele nossos desejos, nossos projetos, nossas expectativas, nossas dúvidas e nossos fantasmas. Inclusive, sua fragilidade e suas necessidades abrem-se com absoluta transparência àquilo que nós podemos lhe oferecer, à medida de nossa generosidade. Podemos vesti-lo com nossas cores, rodeá-lo com nossas palavras, levá-lo ao lugar que para ele fizemos em nossa casa e mostrar-lhe como algo totalmente próximo e familiar, como algo que nos pertence. A criança expõe-se completamente ao nosso olhar, se oferece absolutamente às nossas mãos e se submete, sem resistência, para que a cubramos com nossas ideias, nossos sonhos e nossos delírios. Dir-se-ia que o recém-nascido não é outra coisa senão aquilo que nós colocamos nele.

O nascimento não é senão o princípio de um processo em que a criança, que começa a estar no mundo e que começa a ser um de nós, será introduzida no mundo e se converterá em um de nós. Esse processo é, sem dúvida, difícil e incerto. Mas, apesar desse resto irredutível de incerteza, o nascimento põe a criança em continuidade conosco e com nosso mundo. Desse ponto de vista, o nascimento situa-se numa dupla temporalidade: de um lado, o nascimento constitui o começo de uma cronologia que a criança terá de percorrer no caminho de seu desenvolvimento, de sua maturação e de sua progressiva individualização e socialização; por outro lado, o nascimento constitui um episódio na continuidade da história do mundo.

Mas, ao mesmo tempo, quando uma criança nasce, um outro aparece entre nós. E é um outro porque é sempre algo diferente da materialização de um projeto, da satisfação de uma necessidade, do cumprimento de um desejo, do complemento de uma carência ou do reaparecimento de uma perda. É um outro enquanto outro, não a partir daquilo que nós colocamos nela. É um outro porque sempre é outra coisa diferente do que podemos antecipar, porque sempre está além do que sabemos, ou do que queremos ou do que esperamos. Desse ponto de vista, uma criança é algo absolutamente novo que dissolve a solidez do nosso mundo e que suspende a certeza que nós temos de nós próprios. Não é o começo de um processo mais ou menos antecipável, mas uma origem absoluta, um verdadeiro início. Não é o momento em que colocamos a criança numa relação de continuidade conosco e com nosso mundo (para que se converta em um de nós e se introduza em nosso mundo), mas o instante da absoluta descontinuidade, da possibilidade enigmática de que algo que não sabemos e que não nos pertence inaugure um novo início. Por isso, o nascimento não é um momento que se possa situar numa cronologia, mas aquilo que interrompe toda cronologia.

Que significa, para a educação, o fato de que nasçam seres humanos no mundo? Que significa que a educação seja justamente uma relação com a infância entendida simplesmente como uma relação com aquele que nasce? A educação é o modo como as pessoas, as instituições e as sociedades *respondem* à chegada daqueles que nascem. A educação é a forma com que o mundo *recebe* os que nascem. Responder é abrir-se à interpelação de uma chamada e aceitar uma responsabilidade. Receber é criar um lugar: abrir um espaço em que aquele que vem possa habitar; pôr-se à disposição daquele que vem, sem pretender reduzi-lo à lógica que impera em nossa casa.

Não se trata, então, de que – como pedagogos, como pessoas que conhecemos as crianças e a educação – reduzamos a infância a algo que, de antemão, já sabemos o que é, o que quer ou do que necessita. Por exemplo, um estado psicossomático que não seria senão o momento específico e cronologicamente o primeiro de um desenvolvimento que a psicologia infantil poderia descrever e a Pedagogia, dirigir. Tampouco se trata de que – como adultos, como pessoas que temos um mundo – vejamos a infância como aquilo que temos de integrar no nosso mundo. Como se conhecêssemos, de antemão, o resultado desse processo de individualização e de socialização através do qual as crianças converter-se-ão em pessoas como nós mesmos. Por fim, não se trata de que – como adultos, como pessoas que já estamos no mundo, que já sabemos como é o mundo e até onde vai ou até onde deveria ir, que já temos certos projetos para o mundo – convertamos a infância na matéria-prima para a realização de nossos projetos sobre o mundo, de nossas previsões, nossos desejos e nossas expectativas sobre o futuro. Por exemplo, uma determinada ideia da vida humana, da convivência humana ou do progresso humano, que a educação, a partir da infância, deveria tratar de realizar.

Considerar o nascimento como se fosse o ponto inicial de um desenvolvimento previsto ou, de outra perspectiva, como se fosse o aparecimento de uma matéria-prima que vamos tomar como ponto de partida para influir na história, com vistas a uma nova ordem social sobre a qual nós tenhamos planejado suas ordens diretivas, não é receber os que nascem em sua alteridade, mas simplesmente tomá-los como uma expressão de nós mesmos: do que nós somos ou do que nós quiséssemos ser. Mas a alteridade daquele que nasce só pode se fazer presente como tal quando, no encontro com ela, encontramos verdadeiramente algum outro e não simplesmente aquilo que nós colocamos ali. O nascimento, portanto, implica o aparecimento de algo no qual nós não podemos reconhecer a nós mesmos.

   O nascimento é o aparecimento da novidade radical: o inesperado que interrompe toda expectativa; o acontecimento imprevisto que não pode ser tomado como a consequência de nenhuma causa e que não pode ser deduzido de nenhuma situação anterior; o que, longe de se inserir placidamente nos esquemas de percepção que funcionam no nosso mundo, coloca-os radicalmente em questão. Não é surpreendente, então, que Hannah Arendt tome como emblema do nascimento a esse que teve lugar numa aldeia chamada Belém, há uns dois mil anos. O nascimento de Jesus representa, para ela, a expressão mais nítida e condensada das qualidades de todo nascimento: o milagre do aparecimento da novidade radical no mundo e a possibilidade sempre aberta da inauguração de um novo começo na história. O nascimento de Belém, como modelo de todo nascimento, é o acontecimento inesperado que interrompe a segurança do mundo e a continuidade da história. Por isso, para Hannah Arendt, a infância entendida como o que nasce é a salvaguarda da renovação do mundo e da descontinuidade do tempo. Desse ponto de vista, o nascimento constitui um verdadeiro acontecimento que não se deixa inserir na ideia de temporalidade à qual nos habituaram as ciências modernas: aquela em que o tempo não é senão o quadro vazio e homogêneo em que se sucedem os fatos, segundo certas leis de causa-e-efeito ou de condição-consequência. Se aquele que nasce pudesse se inserir nesse tipo de temporalidade contínua e linear, o nascimento não seria, absolutamente, a aparição de algo novo nem, naturalmente, a promoção de um futuro indefinido, aberto e radicalmente desconhecido. O nascimento nos introduz, melhor dizendo, num tempo em que o futuro não é a consequência do passado e em que o que vem ao mundo não é dedutível do que já existe no mundo. Pelo fato de que constantemente nascem seres humanos no mundo, o tempo está sempre aberto a um novo começo: ao aparecimento de algo novo que o mundo deve ser capaz de receber, ainda que, para recebê-lo, tenha de ser capaz de se renovar; à vinda de algo novo ao qual tem de ser capaz de responder, ainda que, para responder, deva ser capaz de se colocar em questão.

Uma nota sobre o totalitarismo

Num livro dedicado a analisar a lógica do sistema totalitário, Hannah Arendt faz uma observação complementar à sua teoria da novidade radical, enquanto inscrita no próprio fato do nascimento. Nessa observação há uma equivalência entre o terror totalitário e a destruição da novidade inscrita no nascimento. Diz Arendt: "A necessidade do terror nasce do medo de que, com o nascimento de cada ser humano, um novo começo se eleve e faça ouvir sua voz no mundo". Se voltarmos ao nascimento de Belém como modelo de todo nascimento, o terror estaria encarnado no infanticídio de Herodes. Herodes quer controlar o futuro e tem medo de que o nascimento de algo novo ponha em perigo a continuidade do seu mundo. Daí o ato totalitário por excelência: matar as crianças, para eliminar do mundo a novidade que poderia ameaçá-lo.

O sistema totalitário é uma ordem estável e estabilizada, à qual repugna a incerteza. Por isso, o totalitarismo supõe a pretensão de projetar, planificar e fabricar o futuro, ainda que para isso tenha de antecipar e produzir, também, as pessoas que viverão no futuro, de modo que a continuidade do mundo permaneça garantida. O terror totalitário poderá identificar-se, então, com a redução e, no limite, com a destruição da novidade inscrita no nascimento e com a correspondente pretensão de escrever antecipadamente a história. Deveríamos nos perguntar, então, até que ponto toda educação, entendida como a realização de um projeto, reduz a novidade da infância no sentido em que a reconduz às condições existentes e a faz dedutível daquilo que já existia. Deveríamos nos perguntar, em suma, pelo alcance dessa frase célebre e provocadora que escreveu o heterônimo de Antonio Machado, Juan de Mairena: "houve um pedagogo: chamava-se Herodes". Que significa essa identificação entre

Pedagogia e totalitarismo? Ou, dito de outro modo, quais são as múltiplas faces de Herodes?

No nosso século, talvez tenha sido o nazismo e o estalinismo o rosto bifronte mais evidente com o qual o terror totalitário se mostrou para nós. Mas esse rosto é equívoco por duas razões. Por um lado, há, em ambos os sistemas, uma supervaloração da juventude: a juventude é transformada num valor quase absoluto, em um fim em si mesma, em uma obsessão publicitária, em um objeto de culto. Por outro lado, a pretensão aparente de ambas as formas de totalitarismo não é tanto conservadora quanto revolucionária: não se trata tanto de assegurar a conservação de um mundo velho quanto de fabricar um mundo novo. Se a política tem a pretensão de mudar a realidade em função de um conjunto mais ou menos coerente de projetos, a política totalitária é a que pretende mudá-la absolutamente em função de um único projeto e eliminando, pela força, todo tipo de resistência e todo projeto alternativo. O totalitarismo concebe a política como uma prática orientada à realização de uma ideia; e o terror inscrito na política totalitária deriva da assimetria entre a ideia que deve ser realizada e a faticidade do mundo que a ela opõe resistência: se a realidade não se ajusta à ideia, pior para a realidade. Desse ponto de vista, o nazismo e o estalinismo matam as crianças à medida que as convertem na encarnação de uma ideia totalitária de organização do mundo e no instrumento de uma prática totalitária de transformação da realidade. Hitler e Stalin são as novas faces de Herodes, porque convertem o enigma daquele que nasce num meio para produzir um futuro previsto de antemão. Se a isso acrescentamos o culto ao sacrifício, à violência e à morte, o resultado é também o massacre. Tanto a pretensão de manter a continuidade do mundo quanto a pretensão de sua transformação radical exigem, no limite, um mesmo tributo de sangue infantil. E ambas as pretensões, igualmente totalitárias, exigem também a destruição da novidade da infância, porque a ambas repugna a ideia de um porvir virgem, incerto e desconhecido. A primeira delas porque desconfia de toda novidade. A segunda porque disfarça de novidade o que não é senão a vontade de fabricação de um mundo ideal sobre terra queimada.

O sistema contemporâneo, várias décadas depois da derrota do nazismo e do fim do estalinismo, também corteja a infância e a juventude, ainda que não invoque a transformação total do mundo e não necessite fazer tábula rasa do passado. O novo rosto de Herodes tem uma amabilidade democrática e já não mostra uma organização política totalitária, um uso sistemático do terror ou aparatos metódicos de propaganda. Mas as crianças são também sacrificadas a esse ídolo ávido de sangue infantil, cujos nomes são Progresso, Desenvolvimento, Futuro ou Competitividade. Nosso mundo baseia-se na inovação permanente e sistemática: de uma maneira tão compulsiva que já se converteu numa tradição e talvez em uma forma de conformismo o fato de nós solicitarmos, constantemente, a novidade, o original, o espontâneo e o inovador. Mas ao preço de convertê-los imediatamente em mercadoria, através de sua adaptação às leis de mercado. Nosso totalitarismo não é o da destruição física de toda novidade possível e nem tampouco é o de converter a novidade em um instrumento para a produção totalitária de um mundo ideal. Nosso totalitarismo consiste na captura pragmática da novidade, em sua administração e em sua venda no mercado do Futuro. A espera do inesperado, que treme em cada nascimento, converteu-se, no nosso mundo, na fabricação e na administração da novidade.

Todas as formas de totalitarismo, todos os rostos de Herodes têm uma coisa em comum: sufocar o enigma ontológico do novo que vem ao mundo, ocultar a inquietação que todo nascimento produz, eliminar a incerteza de um porvir aberto e indefinido, submeter a alteridade da infância à lógica implacável do nosso mundo, converter as crianças numa projeção de nossos desejos, de nossas ideias e de nossos projetos. As crianças podem ser vistas como uma ameaça indiferenciada que tem de ser destruída; podem ser tomadas como a encarnação de uma Raça, de uma Classe ou de um Povo; podem ser consideradas como recursos para o Progresso econômico; podem ser utilizadas como ponto de partida para a realização de certos ideais políticos, sociais ou culturais...; mas, em todos os casos, trata-se de anular o enigma desse novo começo e desse fim em si mesmo que é sempre o nascimento de uma vida humana concreta e singular.

Uma imagem do totalitarismo: o rosto daqueles que, quando olham para uma criança, já sabem, de antemão, o que veem e o que têm de fazer com ela. A contraimagem poderia resultar da inversão da direção do olhar: o rosto daqueles que são capazes de sentir sobre si mesmos o olhar enigmático de uma criança, de perceber o que, nesse olhar, existe de inquietante para todas suas certezas e seguranças e, apesar disso, são capazes de permanecer atentos a esse olhar e de se sentirem responsáveis diante de sua ordem: deves abrir, para mim, um espaço no mundo, de forma que eu possa encontrar um lugar e elevar a minha voz!

Infância e milagre, ou o que vai do impossível ao verdadeiro

No nascimento, diz Maria Zambrano, "não se passa do possível ao real, mas do impossível ao verdadeiro". O que vai do possível ao real é o que se fabrica, o que se produz. Mas o que nasce começa sendo impossível e termina sendo verdadeiro.

Podemos distinguir dois sentidos do "possível". Em primeiro lugar, o possível é o provável; o que, um pouco menos que real, não está todavia em desacordo com o real. Nesse sentido, o possível está determinado como um maior ou menor grau de probabilidade em relação ao necessário: o possível seria tudo o que existe entre o impossível (aquilo que tem uma probabilidade zero) e o necessário (aquilo que tem uma probabilidade infinita). O possível seria aquilo cuja probabilidade pode-se calcular. Desse ponto de vista, o possível depende do que sabemos sobre a realidade e do modo como esse saber é capaz de calcular determinadas regularidades no real, em termos de sua maior ou menor probabilidade. Em segundo lugar, o possível é também o que *pode ser real*, o que, para chegar a ser real, só depende de nosso poder. Nesse sentido, há um parentesco entre possibilidade e poder. Nossas relações com o possível sempre são relações de poder. O poder é aquilo que faz com que o possível se mova em direção ao real e é possível aquilo que está ao alcance de nosso poder. As duas dimensões do possível o remetem, então, ao saber e ao poder: é possível o que sabemos que pode acontecer; é possível o que podemos converter em real.

Parece indiscutível que a ação pedagógica consiste num "fazer" o real a partir do possível. A ação pedagógica depende de como nossos saberes determinam o possível e de como nossas práticas produzem o real. Assim, a educação não seria outra coisa senão a realização do possível. E isso tanto se o possível é algo inscrito nas possibilidades de desenvolvimento das crianças quanto se é algo projetado nas possibilidades de melhoria do mundo. A educação moderna é a tarefa do homem que faz, que projeta, que intervém, que toma a iniciativa, que encontra seu destino na fabricação de um produto, na realização de uma obra. Desse ponto de vista, a eficácia das ações educativas está determinada pelo seu poder de fazer passar do possível ao real. E a reflexão pedagógica se faz em termos de meios, de fins e de processos. A educação é, em suma, a obra de um pensamento calculador e de uma ação técnica, em que se trata de conseguir um produto real mediante a intervenção calculada num processo concebido como um campo de possibilidades. Uma prática técnica, definitivamente, em que o resultado deve se produzir segundo o que foi previsto antes de iniciar.

Como poderíamos pensar, então, a infância como o que nasce ou, nos termos de Maria Zambrano, como o que vai do impossível ao verdadeiro? Que será, aqui, o impossível e o verdadeiro, e o passar do impossível ao verdadeiro? Se o possível é aquilo que está determinado pelo cálculo de nosso saber e pela eficácia de nosso poder, o impossível é aquilo frente ao qual desfalece todo saber e todo poder. Somente nos despojando de todo saber e de todo poder nos abrimos ao impossível. O impossível é o outro de nosso saber e de nosso poder, aquilo que não se pode determinar como resultado de um cálculo e aquilo que não se pode definir como um ponto de ancoragem de uma ação técnica. O impossível, portanto, é aquilo que exige uma relação constituída segundo uma medida diferente à do saber e à do poder.

Dizer que aquele que nasce tem, como ponto de partida, o impossível significa, então, que o nascimento constitui a possibilidade de tudo o que escapa ao possível ou, dito de outra maneira, do que não está determinado pelo que sabemos ou podemos. Hannah Arendt dizia que "o novo sempre aparece em forma de milagre". E a afirmação do impossível tem também algo de milagre, uma vez que o que afirma é que cabe esperar o inesperado e que cabe receber o infinitamente improvável. Afirmando a impossibilidade da infância, nós a retiramos do âmbito do que já está, de antemão, determinado por nossos saberes e nossos poderes, do âmbito do previsto. Nesse contexto – e se o que nasce é o que vai do impossível ao verdadeiro – que será, aqui, o verdadeiro? Qual é a natureza dessa verdade que aquele que nasce nos oferece a partir, precisamente, de sua própria impossibilidade?

No nosso mundo configurado pela razão tecnocientífica, converteu-se em dominante um modelo positivo de verdade entendida como adequação ou correspondência entre as proposições e os fatos. A verdade positiva não é outra coisa senão o modo como nossos saberes determinam o que são as coisas que eles converteram em seu objeto de conhecimento. Desse ponto de vista, a verdade da infância é o modo como nossos saberes a dizem e, portanto, a própria infância fica reduzida àquilo que os nossos saberes podem objetivar e abarcar e àquilo que nossas práticas podem submeter, dominar e produzir. A verdade positiva mostra, assim, sua dependência em relação a esse processo de fabricação que consiste em passar do possível ao real, mediante a intervenção calculada em um processo.

Mas Maria Zambrano não se refere a essa verdade que se diz sobre a infância e que a essa se superpõe como algo exterior. Melhor dizendo, poderíamos adiantar a suspeita de que, para chegar a essa verdade que aquele que nasce traz consigo, é preciso desaprender, primeiro, todas as verdades positivas que a ocultam. A verdade à qual aspira aquele que nasce deve ser entendida segundo o primitivo significado de verdade como *alétheia*. Aí, verdade não se opõe a erro ou falsidade, mas a ocultamento, a engano e a esquecimento.

No primeiro sentido, o verdadeiro tem a forma de uma re-velação, de um des-cobrimento ou de um des-ocultamento do que estava velado, coberto ou oculto. Aqui, a verdade não é a representação fidedigna de uma realidade coisificada, mas é a instauração do real no próprio acontecimento de sua aparição. De outro lado, o aparecimento do real em sua verdade constitui um entremeado em que o visível leva sempre consigo o invisível e em que o brilho leva sempre consigo a escuridão. Dito de outro modo: o acontecer da verdade remete, sempre, a um mistério não abrangível. Por isso, a verdade nunca é subordinação do que aparece a nossos conceitos, a nossas ideias ou a nossos saberes, mas que é assombro diante do que permanece simultaneamente descoberto e escondido. A verdade da infância não está no que dizemos dela, mas no que ela nos diz no próprio acontecimento de sua aparição entre nós, como algo novo. E, além disso, tendo-se em conta que, ainda que a infância nos mostre uma face visível, conserva também um tesouro oculto de sentido, o que faz com que jamais possamos esgotá-la.

No segundo sentido, o verdadeiro é o desmascaramento do engano e da falsidade, o desmentido da mentira. Aqui, a verdade não é tanto a qualidade de uma proposição quanto o acontecimento que se dá no próprio instante em que nossas verdades se mostram para nós como mentiras. Desse ponto de vista, a verdade não é adequação epistêmica, mas imperativo moral. E, talvez a verdade daquele que nasce só possa ser pressentida no próprio momento em que percebemos – ainda que seja de modo obscuro – que tudo o que sabíamos acerca das crianças é mentira. Por último, o verdadeiro tem a forma da recuperação daquilo que foi esquecido pelo desgaste do tempo ou reprimido pela violência de um olhar calculista, cego diante de tudo aquilo de que não pode se apropriar.

A partir desses três pontos de vista, a verdade não é, absolutamente, algo que possamos adquirir, ter ou utilizar em nossas relações pragmáticas habituais com o mundo, mas constitui o acontecimento que interrompe essas relações. O verdadeiro a que aspira aquele que nasce constitui-se, portanto, em algo que nós temos de ser capazes de receber e de escutar. Uma criança alcança o verdadeiro no próprio instante em que aparece como alguém singular e irrepetível, como uma pura diferença irredutível a qualquer conceito, como uma pura presença irredutível a qualquer causa, condição ou fundamento, como uma realidade que não pode, jamais, ser tratada como um instrumento, como um puro enigma que nos olha cara a cara.

Se isso é assim, não serão as verdades positivas as que ocultam a verdade da infância, fazendo-nos insensíveis à sua chamada no mesmo movimento em que dão-na, para nós, já esclarecida e compreendida? Não serão as verdades de nossos saberes uma forma confortável de engano que nos deixa absolutamente desvalidos diante do enigma da infância, ocultando- o inclusive como tal enigma? Não serão nossas verdades a expressão de uma relação com a infância em que essa, já completamente apropriada e sem enigma algum, possa converter-se no objeto e no ponto de partida de nossa vontade de dominação? Não serão nossas verdades a expressão de que já esquecemos a verdade que tremula naquilo que não se sabe? E, a partir daí, não se trataria, melhor dizendo, de que aprendêssemos a constituir um olhar capaz de acolher o acontecimento daquele que nasce? E, se a educação é o modo de receber aquele que nasce, não seria o caso de, então, deixar acontecer a verdade que traz consigo aquele que nasce?

Talvez a pior tentação a que sucumbiu a Pedagogia tenha sido aquela que lhe oferecia ser a dona do futuro e a construtora do mundo. Porque, para fabricar o futuro e constituir o mundo, a Pedagogia tinha de dominar primeiro tecnicamente (pelo saber e pelo poder) as crianças que encarnavam o futuro por vir e o mundo por fabricar. Frente à insaciável avidez de saber, de prever e de controlar, frente à azáfama constante dos que dizem saber o que são as crianças e o que se tem de fazer com elas, frente à agitação dos que pretendem fazer o futuro e construir o mundo, frente à mobilização dos que tentam produzir o real a partir do impossível, talvez só nos reste a difícil aprendizagem de nos colocarmos à escuta da verdade que os que nascem trazem consigo. Mas isso exige a renúncia a toda vontade de saber e de poder, a toda vontade de domínio. Só na espera tranquila do que não sabemos e na acolhida serena do que não temos, podemos habitar na proximidade da presença enigmática da infância e podemos nos deixar transformar pela verdade que cada nascimento traz consigo.

O encontro com a infância

Uma imagem do outro é uma contradição. Mas talvez nos reste uma imagem do encontro com o outro. Nesse sentido, não seria uma imagem *da* infância, mas uma imagem *a partir do* encontro com a infância. E isso na medida em que esse encontro não é nem apropriação, nem um mero reconhecimento em que se encontra aquele que já sabe e que já tem, mas um autêntico cara a cara com o enigma, uma verdadeira experiência, um encontro com o estranho e com o desconhecido, o qual não pode ser reconhecido nem apropriado. O sujeito do reconhecimento é aquele que não é capaz de ver outra coisa senão a si mesmo, aquele que percebe o que lhe vai ao encontro a partir do que quer, do que sabe, do que imagina, do que necessita, do que deseja e do que espera. O sujeito da apropriação é aquele que devora tudo que encontra, convertendo-o em algo à sua medida. Mas o sujeito da experiência é aquele que sabe enfrentar o outro enquanto outro e está disposto a perder o pé e a se deixar tombar e arrastar por aquele que lhe vai ao encontro: o sujeito da experiência está disposto a se transformar numa direção desconhecida. Se o reconhecimento e a apropriação podem produzir imagens da infância segundo o modelo da verdade positiva, a experiência do encontro só pode ser transmutada numa imagem poética, isto é, numa imagem que contenha a verdade inquieta e tremulante de uma aproximação singular ao enigma. Nesse sentido, talvez seja correto o que diz Peter Handke: "[...] nada daquilo que está, constantemente, citando a infância é verdade; só o é aquilo que, reencontrando-a, a conta".

Nota bibliográfica

Escrever é, em boa medida, um ir e vir incessante e, em certas ocasiões, agitado entre o escritório e as estantes da biblioteca. Cito, a seguir, os títulos que ocuparam meu escritório durante a redação deste capítulo. A tematização do nascimento, em Hannah Arendt, pode ser encontrada em: *La condición humana* (Barcelona: Paidós, 1993. Edição original de 1958). A relação entre educação e nascimento está desenvolvida em: *La crisi de l'educación* (incluído em *La crisi de la cultura*. Barcelona: Pórtic, 1989. Edição original de 1954). A citação sobre a redução totalitária do nascimento está em: *Los orígenes del totalitarismo* (Madrid: Taurus, 1974. Edição original de 1951). Consultei também o comentário de alguns desses textos, feitos por J. F. Lyotard, em: *Lectures d'enfance* (Paris: Galilée, 1991) e por J. Masschelein, em: *L'éducation comme action: a propos de la pluralité et dela naissance* (em *Orientamenti Pedagogici*, v. 4, 1990). A citação de J. Prévert, assim como abundante material sobre a imagem da criança na literatura, foi extraída do livro de R. Kuhn, *Corruption in Paradise: The Child in Western Literature* (Hanover: University Press of New England, 1982). A citação de M. Duras pertence a: *La pluie d'été* (Paris: P. O. L., 1990); a de Antonio Machado está em: *Juan de Mairena* (Madrid: Espasa Calpe, 1976. Edição original de 1936); a de Maria Zambrano está no prólogo de 1987 a: *Filosofía y poesía* (Madrid: Fondo de Cultura Económica, 1993) e a de P. Handke está em: *La historia del lápiz* (Barcelona: Península, 1991. Edição original de 1982).

10
Imagens do estudar
e duas histórias jassídicas sobre a transmissão e a renovação

Eternité du livre, d'incendie en incendie...
Edmond Jabès

O estudante estuda. Pensemos, por um momento, que o estudante estuda. Não está ainda preparando os exames. Tampouco está escrevendo uma resenha, nem redigindo um trabalho para seu curso. Nem sequer está pensando em suas coisas: no amanhã, que hoje já ameaça com sua chegada; ou naquilo que ainda está nele, do dia de ontem. O estudante não pensa nem no ontem, nem no amanhã. Nada o ameaça, nada o distrai. Nenhuma tarefa programada, nenhuma matéria, nenhuma obrigação se mistura com seu estudo. Por nada ter, não tem nem mesmo recordações, nem sequer projetos. "Estendido no umbral do presente",[1] livre de vínculos e livre de pretensões, o estudante simplesmente estuda.

---

[1] "Eu já disse, certa vez, que semelhante gozo do instante, sem objetivo algum, semelhante movimento na cadeira de balanço deve parecer quase inacreditável – e, de qualquer maneira, censurável –, em nossa época, hostil a tudo aquilo que é inútil. [...] Não queríamos significar nada, representar nada, queríamos não ter um futuro, a única coisa que queríamos era não ser úteis para nada, comodamente estendidos no umbral do presente" (NIETZSCHE, F. *Sobre el porvenir de nuestras escuelas*. Barcelona: Tusquets, 1977. p. 53-54).

Uma atenção tensionada ao máximo e um estar voltado para si mesmo é o gesto que convém ao estudante. Atenção, concentração, ensimesmamento. O estudante está sentado com os cotovelos sobre os joelhos e a testa entre as mãos.[2] E, com este gesto de dobrar-se sobre si mesmo, fabrica-se, com seu próprio corpo, uma espécie de campânula de vácuo que nada consegue atravessar. Porque não vê e porque não ouve, seu gesto assemelha-se ao do vidente, ou ao gesto de quem está intensamente à escuta. Como os antigos adivinhos, que pagavam com a cegueira o preço de sua visão privilegiada, o estudante fecha os olhos e os ouvidos a tudo aquilo que não é estudo. A tudo aquilo que não é *ainda* estudo (inclusive àquilo que um dia, num passado remoto, tivesse sido seu começo) e a tudo aquilo que não é agora estudo (também àquilo que em algum momento, talvez próximo, talvez longínquo, poderia ser sua culminação). O estudante vive uma paixão sem antecedentes e sem consequências, uma tensa passividade que sempre está no meio de si mesma. O estudante já se esqueceu de qual foi o princípio de seu estudo e ainda não sabe qual será seu desempenho.

Por isso, o estudo é a única distração do estudante que com nada mais se distrai; é a suprema distração; aquela que o distrai completamente; aquela que o distrai, inclusive, da causa ou da finalidade do seu estudo; aquela que o distrai, inclusive, de si mesmo. Por isso, o estudo é o que o interrompe, é o dom ambíguo, fascinante e perigoso, do estupor que produz a suprema interrupção.[3]

---

[2] "[...] a última e mais exemplar encarnação do estudo [...] é o estudante tal como aparece em algumas novelas de Kafka ou de Walser. Seu protótipo encontra-se no estudante de Melville, que está sentado numa moradia de abóboda baixa, em tudo semelhante a uma tumba, com os cotovelos sobre os joelhos e a fronte entre as mãos" (AGAMBEM, G. Idea del estudio. *Idea de la prosa*. Barcelona: Península, 1989. p. 47).

[3] "[...] a etimologia do termo *studium* se torna transparente. Remonta-se a uma raiz *st-* ou *sp-*, que indica os *choques*, os *shocks*. Estudar e assustar são, nesse sentido, parentes: quem estuda encontra-se nas condições daquele que recebeu um golpe e permanece estupefato frente ao que o golpeou, sem ser

Se o estudo é a suprema distração do estudante que com nada se distrai, é também a única ameaça que persegue aquele ao qual nada mais ameaça. Havendo-se separado do mundo e das ameaças do mundo; havendo fabricado, com seu gesto ensimesmado, uma barreira contra o perigo, o estudante exerce, sem dúvida, uma forma de soberania. Sua concentração é, certamente, um muro frágil, incapaz, em sua fragilidade, de colocá-lo realmente a salvo. Mas sua postura atônita e absorta é, também e ao mesmo tempo, uma barreira poderosa que expressa sua indiferença à ameaça, sua liberdade soberana em relação à ameaça. Em sua debilidade, o estudante não pode, na realidade, defender-se de nada; mas, ao mesmo tempo, em sua força, nada o ameaça.

Somente o estudo ameaça o estudante. Porque no estudo, no seu abandonar-se ao estudo, o estudante renunciou também a tudo que poderia tranquilizá-lo. Não apenas às pequenas seguranças da vida prática, desse mundo diurno da ação e do trabalho, desse mundo seguro em que cada um é o que é, e sabe o que fez ontem e o que fará amanhã, mas também às outras seguranças da verdade, da cultura e da significação. O estudante renunciou àquilo que o próprio estudo poderia tornar seguro. O estudante, no estudo, perde o pé, perde-se. Por isso, o estudo é aquilo que o coloca em perigo, no máximo perigo.

Uma postura arredia é a que convém ao estudante. O estudante é um ser cabisbaixo, de trato difícil, inseguro, um pouco encurvado, olhando aqui e ali desconfiadamente, caminhando sempre como se estivesse fugindo de alguma coisa, como se estivesse se escondendo. O estudante não tem gestos amáveis. E tampouco se deixa querer. Nunca ele é visto tranquilo num grupo, nunca ele é visto rindo, nunca ele é visto entre as pessoas, com essa desenvoltura cordial e um pouco indiferente, com essa segurança e essa naturalidade desenvolta

---

capaz de reagir, e ao mesmo tempo impotente para separar-se dele. Assim, o estudioso é também, ao mesmo tempo, um estúpido" (AGAMBEN, 1989, p. 46).

dos que estão acostumados à amabilidade. O estudante está sempre como um louco e, quando alguém dirige a ele uma palavra amável, quando alguém quer acercar-se dele, o estudante dá como que um bufido e, cortante, dobra-se outra vez atrás do fio de suas arestas.

Pensemos, por um momento, que o estudante tem tempo. Todo o tempo. E um tempo, além disso, subtraído ao tempo da vida. A esse tempo feroz, crônico, cumulativo e sempre urgente que "despedaça com suas rodas".[4] O estudante, que tem todo o tempo, está, na realidade, fora do tempo. Fora do passado e do porvir, fora inclusive da presença do presente, pelo menos desse presente que é um agora que passa e que incessantemente se realiza no futuro. Por isso, com todo o tempo dos que vivem na ausência do tempo, o estudante vaga, divaga, vagabundeia. Extravagante, o estudante dá voltas e reviravoltas, move-se lentamente, permite-se rodeios, oferece-se pausas. O estudante não tem pressa. O estudo, que se quer interminável, que não tem princípio, nem percurso, nem fim, é, para o estudante, apenas demora no estudo, nada mais que atraso no estudo, permanente retardamento no estudo.[5]

O labirinto é a figura que serve como o lugar do estudo. Mas não se trata, aqui, do *labor intus*, circular e unívoco, aquele que não tem bifurcações – *bivia* – e que tem apenas um caminho que leva inevitavelmente ao centro, do centro ao último círculo, daí novamente ao centro e, assim, indefinidamente. O labirinto que acolhe o estudante não tem um ponto central que seja o lugar do sentido, da ordem, da claridade, da unidade, da apropriação e da reapropriação constante. O dédalo que o estudante

---

[4] "[...] a leitores tranquilos, a homens que ainda não se deixam arrastar pela pressa vertiginosa de nossa estrondosa época, e que ainda não experimentam um prazer idólatra ao se verem despedaçados por suas rodas... ou seja, a poucos homens!" (NIETZSCHE, 1977, p. 32).

[5] "[...] e isso é sempre o mais maravilhoso, a saber, quando a leitura, o gozo da leitura possibilita, ao mesmo tempo, esse retardamento do estudar" (HANDKE, P. *Pero yo vivo solamente de los intersticios*. Barcelona: Gedisa, 1990. p. 129)

percorre, multívoco, prolífico e indefinido é um espaço de pluralização, uma máquina de desestabilização e dispersão, um aparelho que desencadeia um movimento infinito de sem sentido, de desordem, de obscuridade, de expropriação. O estudante dispersa-se nos meandros de um labirinto sem centro e sem periferia, sem marcas, indefinido, potencialmente infinito.[6]

Um humor melancólico é o que convém ao estudante. A melancolia, esse humor negro, sombrio, que a fisiologia do Renascimento já relacionava com a vida intelectual, é a substância que predomina no temperamento do estudante. E a melancolia, que sempre vem mesclada com uma certa tristeza, é um desequilíbrio produzido pela solidão. O melancólico é aquele que se isola. É aquele que, sensível à influência de Saturno, se prostra frequentemente inativo, estupefato, perdido, esvaziado, desanimado. Quando todos os demais estão agitados, ativos, alegres e engenhosos, quando todos têm coisas para fazer, quando todos têm coisas para dizer, quando todos têm uma tarefa que os justifica e lhes é urgente, o estudante, melancólico, olha o vazio e submerge num tipo de profundidade pantanosa, escura, opaca, imóvel, pesada, silenciosa.

Pensemos, por um momento, que o estudante conserva o silêncio como o som peculiar do estudo. Mas o silêncio do estudante não é esse calar intimidado que se produz quando o poder é o único que fala, quando o arrogante alvoroço do poder o diminui e o faz calar. Tampouco é o efeito da mudez, da simples incapacidade para a palavra. O silêncio que o estudante conserva é o respeito para com a palavra, a delicadeza para com a palavra. E, por isso, o estudo exige fazer calar as rotinas que, se sobrepondo às palavras, matam o silêncio que a palavra ainda contém. O

---

[6] "[...] qualquer um que tenha vivido as longas horas de vagabundagem entre os livros, quando cada fragmento, cada código, cada inicial com a qual se depara parece abrir um novo caminho, que se perde de repente atrás de um novo encontro, ou tenha provado a labiríntica ilusão da 'lei do bom vizinho', que Warburg havia estabelecido em sua biblioteca, sabe que o estudo não pode ter propriamente um fim, senão que, tampouco, deseja tê-lo" (AGAMBEN, 1989, p. 46).

silêncio do estudante é um exercício de ascese. Um tipo de despreendimento de toda essa verborragia, de todo esse ruído que torna impossível qualquer estudo, qualquer experiência da palavra. O silêncio do estudante é atenção e pureza, escuta e recolhimento. O estudante, quando estuda, cala. Não põe constantemente, como o homem moderno, o alvoroço de sua pessoa e de sua cultura.[7] O que faz, melhor dizendo, é fazer calar sua pessoa e sua cultura, na medida em que podem pôr a perder o silêncio que envolve a palavra. O estudante tem de fazer calar tudo aquilo que em sua pessoa, nessa arrogante instituição chamada "indivíduo pessoal", poderia acabar com o silêncio. E tem de fazer calar também tudo aquilo que em sua cultura, nessa arrogante instituição dos que sabem, chamada cultura, existe de respostas mecânicas e repetitivas, de um falar de acordo com o que está estabelecido, que recobre e satura e exclui o silêncio da palavra com a imposição de uma série de esquemas convencionais de interpretação.

A madrugada é o momento que convém ao estudo. O estudante estuda na madrugada, antes do dia, antes da primeira luz. Quando todos dormem, o estudante tem os olhos bem abertos e o espírito alerta. Quando todos dormem, o estudante estuda.[8] O estudo recua para antes da primeira luz e ali, na noite que finda, em meio às sombras, no negro que já está se tornando cinza, o estudante mantém acesa uma lâmpada, mantém desperta a tensão da vigília. Mas a madrugada do estudante não é o momento que prepara o dia, não é o instante de espera de um sol já eminente, que finalmente quebrará as trevas. A madrugada do estudante é uma espera à qual nada está prometido. A vigília

---

[7] "O leitor, do qual espero alguma coisa, [...] não deve fazer intervir constantemente, como faz o homem moderno, sua pessoa e sua 'cultura', quase como uma medida segura e um critério de todas as coisas" (NIETZSCHE, 1977, p. 33).

[8] "[...] em seus estudos, os estudantes velam, e talvez a máxima virtude do estudo consista justamente em tê-los despertos. O jejuador jejua, o guarda se cala e os estudantes velam" (BENJAMIN, W. Franz Kafka. *Angelus Novus*. Barcelona: Edhasa, 1971. p. 121).

do estudante é plenitude da espera, intensidade da espera de algo que talvez nunca venha, mas que, não obstante, tampouco cessará de não haver chegado. O estudante não atravessa a madrugada, não reduz a madrugada, não se mantém desperto na madrugada para passar, ali, da noite para o dia. O estudante recolhe-se na madrugada, dobra-se na madrugada, mantém-se em suspenso no próprio centro da madrugada.

Duas histórias jassídicas
sobre a transmissão e a renovação

Mas, mesmo assim, o estudo não é possível. Com todo o tempo, com todo o silêncio, com toda a atenção concentrada, o estudo ainda não é possível. Com toda a melancolia, com todo o mau gênio, com toda a aspereza, o estudo ainda não é possível. No espaço sem marcas do labirinto e no tempo sem intervalos da madrugada, o estudo ainda não é possível. O estudante, para estudar, ainda necessita fazer um lugar para si, para habitá-lo e demorar-se nele. Ainda necessita encontrar um lugar para se perder.

Na Casa do Estudo estão todos os livros. Alinhados, ordenados, classificados. Todos os livros e cada livro em seu lugar. E todos à mão, perfeitamente disponíveis. Na Casa do Estudo vive-se com a segurança de que os livros, convenientemente reproduzidos e transmitidos, cuidadosamente editados e anotados, estão aí, num tipo de plenitude sem sobras, que é, ao mesmo tempo, a plenitude sem falta da cultura, a prova palpável de sua imensa generosidade. Mas o estudante sente vertigem diante dessa totalidade tão plena. Houve um momento em que também se sentiu feliz diante da presença firme e segura de todos esses livros. Também sentiu aquilo que há de prestígio neles, de segurança, de promessa. Também se deixou seduzir por esse inventário bem ordenado dos produtos da cultura, por todas essas certezas alinhadas. Mas um dia sentiu-se afogado. E, pela primeira vez, sentiu que os livros, na sua generosidade, não deixavam lugar para ele. Como iria o estudante ter um lugar nesse espaço no qual tudo já está escrito?

Na Casa do Estudo, onde estão todos os livros, também se fala constantemente dos livros. Os-que-conhecem-os-livros falam e falam, sem cessar, dos livros. E na Casa do Estudo existe quase tantos sábios quanto estantes. Junto a um livro sempre existe alguém que-conhece-o-livro. Por isso, os livros sempre estão previamente lidos, esclarecidos, iluminados. Os livros não têm margens, ou as margens estão cheias de palavras sábias que saturam o texto. Não há espaços entre as linhas, ou os espaços já foram ocupados pelos comentários sábios. Não há vazios entre as palavras, entre as letras. E o estudante pergunta-se como fazer para converter os livros em desconhecidos, como devolver a eles seu mistério. Porque, caso contrário, onde o estudante iria encontrar um lugar?

>Um dia, há muitos anos, Baal-Shem-Tov deteve-se à entrada de certa Casa de Estudo famosa e negou-se a transpô-la. "Não, eu não posso entrar aqui", disse ele. "Tudo está cheio, aqui dentro. De parede a parede e do chão ao teto, tudo está cheio das palavras sábias e das orações piedosas que aqui se pronunciaram. Onde eu poderia encontrar um lugar para mim?" E vendo que aqueles que o acompanhavam o olhavam sem compreendê-lo, disse: "De todas as palavras ditas pela beira dos lábios daqueles que rezaram e que ensinaram, nem uma só subiu ao céu. Nem uma só palavra foi levada daqui por um alento do coração. Por isso, tudo que foi dito permaneceu na Casa do Estudo. E a Casa do Estudo terminou por estar cheia, de parede a parede, do chão ao teto".[9]

Na Casa do Estudo só falam Os-que-sabem, e por isso suas palavras são sábias. Muitas palavras sábias foram pronunciadas na Casa do Estudo. Demasiadas palavras. Demasiadas palavras sábias que se negam a desaparecer. Demasiadas palavras que pesam, que se mantêm presas ao solo, que ocupam todos os

---

[9] BUBER, M. *Les recits hassidiques*. Paris: Editions du Rocher, 1980. p. 128.

rincões, que preenchem todos os vazios, que cobrem todas as superfícies. Na Casa do Estudo, onde falam Os-que-sabem, onde as palavras pesam, onde as palavras não querem desaparecer, não há lugar para o estudante. Onde poderia o estudante encontrar um lugar se tudo já está dito, se já se sabe tudo, se tudo já está convenientemente coberto por palavras sábias?

Na Casa do Estudo, as respostas estão órfãs das perguntas que poderiam lhes dar um sentido e fazê-las dançar. Só as perguntas poderiam fazer retroceder a arrogância das respostas. Mas as respostas cobrem todas as perguntas e não são, elas mesmas, perguntas. Só uma resposta que fosse, ela mesma, pergunta, retrocederia o suficiente como que para abr Livre Brûlé. Paris: Lieu Commun ir um espaço para o estudante.

Na Casa do Estudo, as palavras não deixam qualquer silêncio. As palavras enchem todo o silêncio e não são, elas mesmas, silêncio. As palavras estão órfãs desse silêncio em que o estudante poderia encontrar seu lugar.

O peso das palavras é sua insignificância. E as palavras d'Os que-sabem são insignificantes porque foram pronunciadas da beira dos lábios. Por isso, só podem ser recolhidas pela beira das orelhas. Nenhum alento do coração envolve as palavras e as impulsiona para fora. As palavras, insignificantes, não têm alma. Como receber palavras sem alma? As palavras desanimadas não podem ser recolhidas porque ninguém pode se recolher nelas. Como poderia alguém se recolher nelas se elas não mantiveram o silêncio, se não mantiveram as perguntas, se elas não deixam nenhum vazio?

Mas o contrário da insignificância não é a plenitude da significação. As palavras que enchem a Casa do Estudo são insignificantes, precisamente, pelo peso arrogante da plenitude de sua significação. Por isso, a leveza das palavras não é o significado, mas o fracasso de seu significado. E é aí no fracasso onde o estudo pode demorar-se. O estudo só pode surgir quando as respostas não saturam as perguntas, senão quando são, elas mesmas, perguntas; quando as palavras não preenchem o silêncio, senão quando são, elas mesmas, silêncio.

As palavras, para que abram um espaço, têm de ser pronunciadas com um alento do coração. Só assim poderão subir ao céu. Como a fumaça. Só com o fogo, impulsionado pelo fogo, o sacrifício sobe ao céu. Aquilo que, se queimando, se converte em fumaça, sobe ao céu. E, em seu desaparecimento, em seu sacrifício, em seu fracasso, as palavras queimadas que sobem ao céu deixam um espaço em que o estudante pode inscrever seu próprio estudo.

O estudante só pode encontrar um lugar no desaparecimento das palavras sábias: no mesmo instante em que essas palavras, fracassadas em sua pretensão significativa, incendiadas por um alento do coração, convertem-se em fumaça e, mais leves do que o ar, voam para o alto. Por isso, se as palavras não têm esse alento que as faz fracassar e arder, o estudante deve produzi-lo. O estudante deve queimar as palavras sábias para que, como a fumaça, desapareçam da Casa do Estudo e deixem nela um vazio no qual ele se perca.

> Muitos anos depois, o rabino Nahman de Bratslav, bisneto de Baal-Shem-Tov, ia partir em viagem. Tinha trinta e sete anos e sabia que ia morrer. Ordenou ao seu secretário que terminasse de copiar o livro que acabara de escrever. Alguns meses depois, mandou-o queimar o livro escrito pela própria mão e também a cópia. O livro converteu-se em "o livro queimado". E assim, queimado, convertido em fumaça, passou à tradição jassídica. R. Natham, seu secretário, conta que um dia os discípulos entraram na sua casa e o encontraram com uma folha de papel na mão. Na folha, sua escrita. Ele voltou-se para eles e lhes disse: "muitos são os ensinamentos desta página e muitos são os mundos que se alimentam de sua fumaça". E aproximou a folha à vela. Entre as anotações do rabino morto, foram encontradas várias que falavam da necessidade de queimar os livros. Havia uma que dizia: "Às vezes, conhece um ensinamento [...], mas deve guardá-lo em segredo e não o revela. Às vezes, inclusive, não o escreve. Às vezes,

o escreve e queima-o imediatamente. Na verdade, se esse ensinamento tivesse sido escrito, seria um livro e esse livro teria seu lugar no mundo [...]. Mas é um bem para o mundo que esses ensinamentos e esses livros sejam escondidos e queimados.[10]

A palavra do sábio, uma vez introduzida no mundo, deve ser subtraída do mundo, deve ser retirada do mundo pelo fogo. O sábio pode escrevê-la, mas não dizê-la. Mas isso seria manter um segredo fácil e presunçoso, de modo que o poder do sábio ficaria ainda mais fortalecido. O sábio pode não dizê-la e tampouco escrevê-la. Mas assim, não faz aparecer o espaço vazio: o nada ainda não é o vazio. O sábio pode, por fim, escrevê-la e queimá-la, escrevê-la para queimá-la. Somente essa alternativa faz aparecer a falta, o espaço, o buraco. Só a fumaça faz aparecer um vazio significativo. Só a fumaça fala da ausência do livro. Entre o livro e o não livro, a fumaça é a retirada do livro, e o vazio que deixa nessa retirada. E se o sábio não queima seu livro, será o estudante quem deverá queimá-lo. Só assim se abrirão margens nas páginas, espaços entre as linhas, espaços em branco entre as palavras e as letras. Somente num livro queimado o estudante pode estudar.

Elogio do fogo

Uma inquietude rodeia o estudante. Quando conseguiu vencer a passividade da sua melancolia, o estudante parece muito agitado.[11] Sua mesa vai se enchendo de livros abertos.

---

[10] OUAKNIN, M. A. *Le Livre Brûlé*. Paris: Lieu Commun, 1990. p. 357 e seg. Também: WIESEL, E. *Célébration hassidique*. Paris: Seuil, 1972.

[11] "Uma atitude tão decidida, tão fanática, é a dos estudantes em relação ao estudo. Não se poderia imaginar uma atitude mais estranha [...], estão sempre sem alento. Estão sempre à caça de alguma coisa [...]. Como o estudante que Karl observa durante a noite, em silêncio, na sacada, enquanto lia o livro, até passar as páginas, de vez em quando buscava algo em outro volume que apanhava sempre com um gesto rapidíssimo e frequentemente fazia anotações em um caderno que se aproximava ao rosto, de maneira extravagante" (BENJAMIN, 1971, p. 122-123).

O estudante levanta-se e volta a se sentar, movimenta compulsivamente as pernas, passa de um livro a outro, escreve e torna a ler, às vezes fala em voz alta, atropela palavras sem sentido. Sua respiração se faz mais intensa, seu ritmo cardíaco acelera-se, seus perfis tornam-se agudos e se fazem quase transparentes, de tão afilados; quase se diria que, agora, a lâmpada produz mais luz. A que se deve essa agitação súbita, essa atividade frenética? O estudante está queimando as palavras sábias d'Os-que-sabem e está prendendo fogo nos livros. A Casa do Estudo está se incendiando. As palavras queimadas já sobem ao céu, entre os livros já começam a se abrir margens, brancos, espaços vazios. Ainda não amanhece, mas uma cor dourada torna mais cinza o cinza do horizonte. Entre os atalhos do labirinto escutam-se risos. No meio do fogo, rodeado de fumaça, o estudante começou a estudar.

20 ANOS DEPOIS

Apresentação

Pedagogia profana foi escrito entre 1994 e 1996. O livro foi feito a partir de alguns textos inéditos e de outros extraídos de *A experiência da leitura: estudos sobre literatura e formação* (cuja primeira edição é de 1996), de *Deixa que eu te conte: ensaios sobre narrativa e educação* (de 1995), e de *Imagens do outro* (também de 1995). A primeira edição em português, da Contrabando, com capa de letras amarelas sobre fundo preto, foi publicada em 1998 graças à generosidade de Alfredo Veiga-Neto e Tomaz Tadeu da Silva (este último responsável pelo título e subtítulo do livro). Também desse ano é a edição em francês, que foi patrocinada por Philippe Meirieu e que, por proposta da editora, foi publicada com o título *Apprendre et être: langage, littérature et expérience de formation*. A primeira edição em espanhol, publicada em Buenos Aires com o subtítulo *Estudios sobre lenguaje, subjetividad y formación*, é do ano 2000 e não teria sido possível sem o empenho de Magaldy Téllez e a boa acolhida de Mariano Narodowski. Os "editores" de todas essas versões escreveram notas muito generosas, que agradeço. Isso tudo aconteceu há 20 anos (que, como se sabe, não são nada, mas que representam muitíssimo tempo nessa época de culto à novidade e de obsolescência programada) e, curiosamente, o livro continua vivo, certamente pelo tratamento cuidadoso que lhe foi dado, desde o ano 2000, por Rejane Dias dos Santos, da Autêntica Editora, e pela generosidade de muitos dos seus leitores, que o passaram de mão em mão, recomendaram, citaram, presentearam, fazendo com que ele, desse modo, ressoasse inumeráveis aventuras de pesquisa e de escrita. A todos eles eu só posso estar agradecido. E também a João Wanderley e a Walter O. Kohan, por seus carinhosos prólogos a esta nova edição.

Para esta edição, que tem algo de comemorativa, acrescentei três textos que escolhi por achar que dão continuidade aos caminhos de pensamento percorridos na primeira edição do livro e, sobretudo, porque conservam algo dos tons e dos registros de escrita ali realizados.

O primeiro deles, "Insignificâncias", é inédito e se originou na conferência que Fernando Gonzáles e eu pronunciamos na abertura das Jornadas do GRECS (em catalão: Grup de Recerca en Exclusió i Control Social) de 2016. Também o usei em Florianópolis, ainda em 2016, para uma conferência que fiz na Udesc e que inaugurou uma série de atividades reunidas com o título de "Elogio da escola". Trata-se de um texto sobre a experiência da pesquisa (ou sobre a pesquisa como experiência), redigido a partir de três artistas pesquisadores cuja maneira de enfrentar as convenções de seus respectivos campos de trabalho parece-me exemplar: o médico e fotógrafo francês André Bazin, o jornalista, escritor e roteirista de cinema norte-americano James Agee e o cineasta português Pedro Costa.

O segundo, "Intervalos", tem sua origem na conferência de abertura do I Congresso Internacional sobre Pesquisa (Auto)biográfica, realizado em Porto Alegre, em setembro de 2004 (os anais estão publicados no livro organizado por Maria Helena Menna Barreto Abrahão, intitulado *A aventura (auto) biográfica: teoria & empiria*. Porto Alegre: EdiPUCRS, 2004), e foi publicado em um livro organizado por mim e por Carlos Skliar, intitulado *Entre pedagogía y literatura* (Buenos Aires: Mino y Dávila, 2005). Nesse texto volto à relação entre relato, experiência e subjetividade, porém a partir de um romance de Imre Kertész que pode ser considerado como um texto exemplar sobre a impossibilidade tanto da experiência quanto dos relatos de formação.

O terceiro, "Inutilidades", também inédito, parte de uma conferência realizada na Cidade das Artes, no Rio de Janeiro, em 2016. Ali, a partir de uma exposição que aconteceu no Museu Nacional Centro de Arte Reina Sofía, de Madrid, e em relação com alguns textos de Jacques Rancière sobre a vida e as atividades noturnas de alguns operários da primeira metade do século XIX, tratou-se de abordar a relação entre o tempo e o espaço da emancipação intelectual e da igualdade de alguém com qualquer um.

Os três textos contam histórias, os três tratam de situar essas histórias no contexto amplo da educação e da pesquisa educativa, os três procuram deslindar algumas das convenções do campo educativo, e os três assinalam que é possível imaginar outras formas de pensar, de dizer ou de fazer. Como boas histórias imaginárias incluem uma esperança, ou uma moral, dirigida diretamente aos leitores, ainda que essa esperança, como ocorre nas fábulas clássicas (as de Perrault, as dos irmãos Grimm ou as da Condessa de Ségur, por exemplo), seja perfeitamente prescindível, ou, dizendo de outra maneira, ainda que sejam a inteligência, a sensibilidade ou o capricho do leitor soberano que irão decidir, como sempre decidiram, qual é a lição que lhes convém (se é que alguma lhes convém). De fato, a moral da história situa o texto na escrita (diz algo da intenção da escrita), mas a situação de leitura é sempre outra e distinta. O mundo é infinito e incerto e incompreensível, e as histórias tratam de impor a ele uma certa ordem (que será sempre provisória) e de adotar certa medida cuja extensão e amplitude serão sempre arbitrárias e contingentes. E em todo caso, o valor das histórias vai depender de sua precisão para captar inquietudes imprevisíveis e para reproduzi-las. E irá depender, sobretudo, de sua capacidade para liberar o leitor de algumas das esquematizações que o constituem. Com efeito, gostaria que essas "histórias exemplares" pudessem continuar desempenhando o papel nesta nova edição de *Pedagogia profana*, como parece que o fizeram em algumas e especialmente felizes ocasiões que já apareceram na primeira edição: dessa singular e misteriosa maneira que permitiu dizer a algumas pessoas que a leitura do livro "as havia tornado livres".

Os três textos não são de autor, mas sim de professor, de professor que dá a ler (e idealmente que dá a pensar) e de professor que faz do seu dar a ler (de seu ler com um lápis na mão e de seu escrever em uma mesa cheia de livros) uma forma de agradecimento ao que leu, mas também de agradecimento aos seus alunos (e a seus leitores), por lhe permitirem continuar sendo professor (e continuar escrevendo, e continuar dando a ler e, talvez, continuar dando a pensar).[1]

Assim, para formular minha gratidão pelo muito que *Pedagogia profana* me deu, usarei, mais uma vez, palavras de outas pessoas. Enquanto redijo estas linhas, estou lendo *Stoner*, de John Williams, um romance que me foi aconselhado por um desses outros leitores que dão a ler, Fernando Bárcena, e que conta a vida de William Stoner, um professor de literatura inglesa que entrou como estudante na Universidade do Missouri em 1910. Na metade do caminho de sua vida acadêmica, Stoner começou a compreender que principiava a ser um bom professor: "o que era simplesmente ser um homem a quem o livro diz a verdade, e a quem concede uma dignidade artística que pouco tem a ver com sua estupidez, debilidade ou insuficiência como pessoa".[2] Na pequena cerimônia de sua aposentadoria, e sabendo-se doente de morte, Stoner só pôde pronunciar uma frase: "quero agradecer a todos por me permitirem ser professor".[3]

---

[1] Para um desenvolvimento desses motivos, pode-se ver "Dar a ler... talvez", em *Linguagem e educação depois de Babel* (Belo Horizonte: Autêntica, 2004; Barcelona: Lartes; 2003) e *Estudar* (Belo Horizonte: Autêntica, 2003).

[2] WILLIAMS, J. *Stoner*. Tenerife: Baile de Sol, 2010. p. 103.

[3] WILLIAMS, 2010, p. 230.

PRÓLOGOS
(Dos leitores)

Quem, quando e onde?

João Wanderley Geraldi[1]

Um prólogo significa uma nota prévia, antecedendo uma obra. No teatro grego era a representação que antecedia o drama; hoje o prólogo continua a anteceder o drama, o drama que se desenvolve em toda obra, seja ela filosófica, científica ou literária, pois há um drama que conduz o dizer.

Bem que "prólogo" poderia também significar "pró", a favor do logos, da palavra. Um prólogo então não se reduziria a seu papel de "anteceder", mas diria a favor da obra (e do drama) uma palavra que, sendo inicial, não pode entregar o enredo, entregar a trama da reflexão, o resultado da pesquisa.

Entre o que antecede e o que elogia, o prólogo fica amarrado para dizer algo sobre o que se seguirá sem tirar do leitor o prazer de descobrir por si. Mas certamente não pode cair no elogio vazio sem trazer elementos que justifiquem elogiar.

Esta *Pedagogia profana: danças, piruetas e mascaradas* mereceu, em sua primeira edição, há 20 anos (Porto Alegre: Contrabando), uma quarta capa em que Tomaz Tadeu da Silva diz:

---

[1] Professor titular aposentado do Instituto de Estudos da Linguagem da Unicamp. Trabalha na área de estudos bakhtinianos e da análise do discurso, tematizando sempre o ensino e fazendo uma ponte entre a Linguística e a Educação. Entre seus livros mais conhecidos estão *Portos de passagem* (1991), *O texto na sala de aula* (2006) e *A aula como acontecimento* (2010).

"Brilhante. Genial. Bonito. Poético. Sutil. Leve. Delicado. Irreverente. Desrespeitoso. Divertido. Moleque. Transgressivo. Herético. Dissonante. Material. Sensual. Delicioso. Sedutor. Erótico. Profano". Basta, não basta? Dado que essa adjetivação toda corresponde ao estilo com que escreve Jorge Larrosa, ao modo como se aproxima de temas caros à Filosofia, ao jeito de encontrar frestas e dobraduras para bem ali, no lugar inesperado, colocar uma pergunta, talvez o prólogo a favor da obra se possa encerrar neste parágrafo.

Resta o que dizer, no entanto. E sempre restará o que dizer para quem se aventura a ler qualquer livro de Jorge Larrosa. É uma experiência que nos move, nos toca e nos marca. Como este livro contém um conjunto de artigos e esta nova edição tem um acréscimo de três novos textos, talvez reste a mim apenas um modo de prologar o livro: dizer da minha experiência ao lê-lo, das categorias que me conduziram à medida que ia avançando página a página, todas tão sublinhadas que me é impossível comentar um texto sem repeti-lo, ao modo de Jorge Luis Borges com Cervantes e seu *D. Quixote*.

Há neste livro um percurso que viaja do eu, passa pelo quando e chega ao onde. Impossível não relacionar ao fenômeno da dêixis. Em todas as línguas hoje conhecidas, há um conjunto de expressões cuja definição semântica formal, com seus diacríticos pouco informativos, é bastante fácil de expressar sem, contudo, fornecer informações sobre as referências efetivas dessas expressões, pois seu preenchimento varia segundo quem diz "eu", onde se diz "aqui" e quando se diz "ontem/hoje". A essa série do eu/aqui/hoje há uma correspondência de outras expressões de todas as línguas cujas referências somente podem ser estabelecidas na enunciação.

Esses fenômenos da linguagem encontram seu paralelo na reflexão filosófica que Jorge Larrosa faz em todos os textos que compõem este livro, abordando os temas caros à Filosofia: o sujeito, o tempo e o espaço. Diria que o drama que conduz este livro seria precisamente este: o de interrogar sobre as possibilidades de encontrar soluções provisórias para as identidades dos sujeitos, a inexorabilidade do tempo e o movimento no espaço (real ou virtual).

A propósito do primeiro tema, o diálogo com *As confissões*, de Rousseau – o primeiro texto da temática "Como se chega a ser o que se é" –, a questão do *quem*, do sujeito, da identidade, ou melhor, das identidades, demandaria uma paradoxal autoconsciência, inatingível. E o filósofo terminará seu "conto" antes mesmo de chegar à moral com que o encerra: "Buscando elevar-se sobre seus próprios pés e manter-se aí quieto, firmemente enraizado, perderá o pé, se perderá e encontrará o *movimento*, a errância infinita".[2] Por isso o conselho final de não se perguntar quem se é, "porque a resposta poderia matar a intensidade da pergunta e o que se agita nessa intensidade. Sê tu mesmo a pergunta" (grifo meu).[3]

A questão do *tempo* está tão presente no conjunto dos textos que fica impossível reunir numa só passagem algo que a condense. O tempo aparece quando se trata da formação (o diálogo agora será com Peter Handke, com Lezama e, sem dúvida, com Goethe, pois se trata de dialogar com os romances de formação, com o *Bildungsroman*); o tempo também aparece quando se diz que se chega a ser o que se é, de modo que esse "ser" tem uma história, não é um ente dado de antemão, definível (um quem exterior ao próprio tempo), e, como não poderia deixar de ser nessa viagem de formação, a experiência é o que nos acontece num tempo preciso, perdura e se abre para deixar existirem outras experiências. E a experiência escolhida é precisamente aquela que lida com palavras: a leitura. Como os dois capítulos anteriores são diálogos produzidos na leitura, e que expõem leituras, nesse tópico o leitor encontrará uma reflexão específica sobre a metamorfose que a leitura produz (ou deixa de produzir quando deixa de ser produção de sentidos). Para pensar o tempo que a experiência de leitura produz, um tempo que, desperdiçado, torna-se peso de

---

[2] Neste livro, p. 53.
[3] Neste livro, p. 54.

experiência, nada melhor do que a seguinte passagem: "o leitor levanta sobre si mesmo algo do que acontecia no livro, como se fosse capaz de arrastá-lo e levá-lo para cima com o mesmo esforço com que ergue o olhar. Porque o levar para cima o que acontece no texto é um 'carregar', um transportar com esforço algo que pesa e que resiste em se despregar de onde está. Por isso, para arrastar aquilo que carrega sobre si mesmo, o leitor deve se esforçar, utilizar a força. Como se somente pela força fosse possível arrancar do segundo ser algo que ele contém, apropriar-se dele, e transportá-lo para o mundo interpretado e administrado para ali submetê-lo à lógica do uso. Não será o leitor também um ladrão, alguém que se apropria do que é impróprio, para fazê-lo sua propriedade, de uma propriedade que leva inscrita a marca de sua impropriedade primeira e da força com a qual foi apropriada?".[4] A gravidade da experiência traz o peso de um tempo vivido e que, permanecendo, não ficará, porque é passado. O que se carrega do tempo é o que definirá os critérios de compreensão do futuro, do porvir. Não por acaso, a terceira parte do livro tratará do porvir, fechando-se o ciclo do tempo: passado (experiência); presente (o que se é) e futuro (porvir). Mas há duas características, em minha leitura, nesse movimento cíclico: o presente não é um ponto fixo, mas *movimento* não pendular entre passado e futuro. A experiência engorda com o futuro, não fica em si: é também ela volátil e mutável. O passado então aparece como abertura; não é o futuro que se abre, é o passado que é abertura para um porvir como potência de movimento. A segunda característica desse jogo entre passado/presente/futuro é o peso relativo, o tempo não cronológico, mas o tempo tenso, denso; o tempo a que os gregos chamaram de *kairós*.

O terceiro elemento da tríade dêitica, o *onde*, aparecerá com força no texto agora acrescentado à coletânea: "Insignificâncias: o que faço aqui?". Esse eu de identidades provisórias (quem sou?) que percorre um tempo (quando) o faz passando

---
[4] Neste livro, p. 135-136.

por lugares (onde), lugares que ocupa no espaço social e físico. Nesse texto o diálogo é com Chatwin, mas, como em todos os demais textos, se há um interlocutor privilegiado, as vozes que entram no diálogo são de muitos outros. Embora Larrosa se refira fundamentalmente aos lugares sociais ocupados, e muito particularmente ao lugar de investigador, a questão pode também se referir aos lugares físicos que ocupamos como passagem. Eis o tom do tratamento para os desassossegos dos lugares: "essa esquisita anomalia que acontece, segundo Chatwin, quando o espaço perde sua familiaridade e suas certezas, quando se desfaz esse confortável mapa de lugares que chamamos de realidade, esse mapa mais ou menos ordenado no qual ocupamos um lugar, ou uma série de lugares, e a partir daí, a partir desse lugar mais ou menos seguro, esse que é o nosso, nós vamos a outros lugares para fazer certas coisas (para pesquisar), e para voltar depois ao nosso lugar. E parece acontecer que em um desses momentos do trânsito, ou da passagem, desse ir e vir, desse vaivém, algo se desmorona, algo se confunde, e então o espaço, os espaços, perdem sua segurança, já não nos acolhem, mas, ao contrário, tornam-se asfixiantes, já não são familiares, mas sim estranhos, já não são certos, mas incertos".[5]

Nesses momentos de estranhamento, aparece outra pergunta: "A pergunta mais inquietante, disse Chatwin, ou algum leitor de Chatwin, não é a que interroga quem somos, mas sim por onde estamos. Essa nossa época da identidade, da construção e reconstrução permanente da identidade, enfatiza o quem somos, mas a pergunta perigosa, a que abre todas as suspeitas, é 'o que faço aqui?'. E então, quando essa pergunta se torna inevitável e obsessiva, quando os lugares se confundem e perdem sua segurança, seus contornos e suas definições, a única coisa que nos resta para saber de que está feito um mundo são os detalhes mais insignificantes, os mais inúteis, os menos edificantes".[6] E mais fortemente ainda: "um fragmento da poeta

---

[5] Neste livro, p. 300.
[6] Neste livro, p. 301.

Olvido García Valdés que diz assim: 'Às vezes sou acometido por crises de irrealidade; não de identidade, mas sim de irrealidade; a pergunta não é quem sou, mas sim onde estou, ou melhor: se estou. Onde vivemos? (O plural acolhe a muito, mas sozinhos). Não onde somos vistos, onde somos encontrados, mas sim onde vivemos, onde nos sentimos viver'. A pergunta pelo espaço, pelo onde estou, diz Olvido, acontece quando se é acometido por crises de irrealidade, quando não se está seguro, não apenas de onde está, mas sim de se está, quando se sente que não acaba de estar onde está, que está ali, mas como se não estivesse. E isso, diz Olvido, tem a ver com uma espécie de falta de vida, com uma vida, poderíamos dizer, desvitalizada, na qual é custoso nos sentirmos vivos. Portanto, a pergunta 'o que faço aqui?' também tem a ver com a problematização dos lugares nos quais nos sentimos totalmente vivos".[7]

Os viajantes (que se deslocam no espaço físico) e as crianças estão entre aqueles que mais se espantam com os lugares. Certamente onde a rotina faz com que nos sintamos num lugar seguro é o lugar do espaço social ocupado. Mas transitar pelo espaço físico – esse deslocamento de pessoas tão típico do mundo globalizado contemporâneo – também produz esse sentimento de desassossego. Para o sentimento do viajante que ficou algum tempo fora de "seus" lugares, em português usamos a expressão "banzo", um misto de saudades do lugar anterior e uma vontade de seguir adiante, de não retornar, de se deslocar para preencher um vazio que, enquanto vazio, não sabemos o que é.

No entanto, se associarmos ao *onde* o tempo, constataremos que no espaço há marcas deixadas e que deixamos: nas passagens deixamos marcas e elas dirão o que fomos (quem sou eu para o outro?). E reencontramos as correlações da tríade dêitica. Ora, as passagens pelos lugares (sociais ou físicos) são *movimento*. O paralelo que venho fazendo entre o pensamento filosófico exposto neste livro e o fenômeno linguístico da dêixis reencontra

---
[7] Neste livro, p. 302.

sua natureza própria: aquela do movimento. Na língua as referências dêiticas se deslocam. "Eu" sou aquele que pode ser chamado de "tu": "tu" é aquele que pode se autodenominar "eu". Essa troca, esse movimento é próprio das ancoragens referenciais na linguagem. Ao tomar esses deslocamentos, esse movimento constante, como um modo de recolher respostas para "quem sou?", para "o que faço aqui?" e para "como cheguei a ser o que sou, como cheguei até onde estou?" – essas perguntas chamadas fundantes –, em lugar de uma resposta ontológica, que dê permanência e rigidez, o filósofo Jorge Larrosa nos chama para as provisoriedades, para os deslocamentos, para as variações constantes no tempo e no espaço pelo qual circula já não mais o mesmo "eu".

Tal como um Marco Polo, vamos colecionando histórias de lugares (sociais e físicos) por que passamos, constituindo assim a experiência (tempo) que nos marca (sujeito). Ora, o *movimento* é também uma das características necessárias ao sistema (capitalista, pelo menos). Nada nele pode ser permanente para que a produção e o consumo se deem e a máquina continue a girar. Onde está, então, a sutil diferença com o movimento teleológico do sistema (teleológico porque aparentemente busca o lucro, isso que hoje sabemos ser um "vazio", um registro contábil sem lastros concretos, dado que o lucro produz a posse, e a posse é de recursos finitos e estes já estão nas mãos dos que lucram)? Também no sistema há um aparente deslocamento: as variações das condições de consumo parecem construir "lugares sociais" distintos, mas que, ocupados por nós, criam o desassossego pelo medo de perdê-los. E eis aí uma primeira distinção entre os conceitos de *movimento*: no sistema, o movimento é feito para galgar uma posição e nela permanecer. E enquanto permanece, essa permanência deve ser tomada como patamar para outro salto, sempre para o "alto". Cair de posição é pânico. Nenhum retorno é permitido.

Mas há uma segunda, essa menos sutil. Mas mais cruel. O movimento que deseja o sistema é o movimento que destrói. Sua caminhada é a da destruição contínua até que nada mais haja para destruir. Consomem-se os recursos naturais: produz-se sucata. Consomem-se as pessoas pelo pânico da queda na pirâmide do consumo (isto é, da destruição material cujo "valor" lhes dá um lugar social).

Não é desse movimento destrutivo (dos sujeitos e dos lugares num tempo que há de ser finito) que trata esse livro. A *errância infinita* defendida ao longo dos textos que compõem a *Pedagogia profana* chamam a atenção para a potência enriquecedora e sem fim, sem objetivo predefinido, desse estar no mundo num tempo finito em que deixaremos marcas que o tempo poderá apagar (ou não, como nas obras de arte) ou no mínimo tornará "anônimas" à medida que sobra um nome e nenhuma lembrança física de a quem o nome refere. Uma *Pedagogia profana* exclui a eternidade do ser, essa vontade de sermos deuses, em benefício da errância infinita, única possibilidade aberta a nós, que somos "demasiadamente humanos".

O que ensina a escrita de um professor:
aos 20 anos da Prof. Ana

Walter O. Kohan[1]

> *Não sejas nunca de tal forma que não*
> *possas ser de outra maneira*
>
> Jorge Larrosa, *Pedagogia profana*

"Outros candidatos tinham enviado detalhados relatórios de suas traduções, artigos, palestras, e demais realizações. Eu me limitei à seguinte declaração: 'Sem percebê-lo estive me preparando para este cargo toda a minha vida'. Essa simples proposta teve efeito. Contrataram-me e passei doze anos felizes na Universidade." O depoimento é de um professor-escritor apaixonado, Jorge Luis Borges,[2] que apresenta suas razões para ter sido selecionado como professor de Literatura Inglesa e Norte-Americana na Universidade de Buenos Aires, depois de

---

[1] Professor titular da UERJ e pesquisador do CNPq e do Prociência (UERJ/FAPERJ). Cientista de Nosso Estado (FAPERJ), no ano 2017/8 atua como pesquisador visitante na British Columbia University (PDE, CNPq). É autor ou coautor de mais de 30 livros em casteliano, italiano, inglês, português e francês. Entre eles: *Infância: entre educação e filosofia* (2003); *Filosofía y educación: la infancia y la política como pretextos* (2011); *Socrate: enseigner, ce paradoxe* (2013); *Childhood, education and philosophy: new ideas for an old relationship* (2015).

[2] BORGES, J. L. *Autobiografía: 1899-1970.* Buenos Aires: El Ateneo, 1999.

ter sido diretor da Biblioteca Nacional. Contudo, antes disso, o testemunho é uma declaração de amor à docência: toda uma vida lendo e escrevendo, preparando-se para ser professor. Assim pensava sua trajetória de vida um dos escritores mais celebrados, lidos e traduzidos de nosso tempo nesta parte do mundo, alguém que escrevia contos desde os nove anos e que certamente é muito mais conhecido pelos seus dotes de escritor que pelos de professor. Escrever e ler eram, para Borges, uma preparação para ser professor. Ser professor foi, para ele, um espaço de felicidade. Pelos testemunhos disponíveis, também o foi para seus estudantes, que lotavam essas aulas.[3]

Pensei nesse depoimento de Borges para começar a presente homenagem aos 20 anos de *Pedagogia profana* como uma forma de homenagear também Jorge Larrosa, um escritor-professor que, como Borges, ama as duas coisas... que não pode deixar de fazer nenhuma delas... e que pensa as duas numa relação tão próxima e imbricada que é quase impossível dissociar uma da outra... E talvez possamos dizer, também do Jorge Larrosa, que seus escritos, como *Pedagogia profana*, não sejam outra coisa além de uma preparação para ser professor, que é, afinal, o seu espaço de felicidade.

Afinal, onde se encontra mais propriamente Jorge Larrosa? Como professor ou como escritor? Podemos dizer que estamos perante um professor que escreve ou um escritor que ensina? Quiçá alguém possa pensar que a pergunta é banal, anedótica ou desinteressante, e, em certo sentido, pode sê-lo, sobretudo se a pensamos apenas como uma inquietação biográfica ou como uma dúvida sobre uma pessoa em particular. Contudo, como cada pergunta, seu caráter, mais ou menos interessante, depende um pouco do que façamos com ela, do que deixemos que ela faça conosco, do lugar que demos a ela para pensar o que interessa pensar. Nesse caso, talvez seja interessante nos valer dessa pregunta para problematizar o que faz

---

[3] Para mais detalhes desses cursos, ver ARIAS, M.; HADIS, M. *Borges profesor*. Buenos Aires: Emecé, 2000.

de um professor um professor ou de um escritor um escritor. Ou do que tem a ver a tarefa de quem ensina com a de quem escreve e a de quem escreve com a de quem ensina... ou o que se ensina quando se escreve e o que se escreve quando se ensina... e assim poderíamos continuar conectando outras e outras perguntas ao ensinar e ao escrever... e bem poderíamos também acrescentar outros verbos ao ensinar e ao escrever, como o ler, e nos perguntar como se desdobra esse complexo e maravilhoso jogo de cena entre ler, escrever e ensinar. Confio em que o nosso homenageado, Jorge Larrosa, ficaria feliz de se sentir ocupando um lugar de impulsor de pensamento a respeito dessas três tarefas e, antes de tudo, provavelmente sentir-se-ia bastante bem de pensar que sua própria escrita e sua presença professoral entre nós têm contribuído para que pensemos esse lugar e essas relações, nessas duas décadas que se passaram desde a primeira edição de *Pedagogia profana*. São os 20 anos dessa presença entre nós que desejo comemorar neste singelo texto, não apenas pelo que eles têm de particular na figura do professor espanhol, mas pela intensidade com que esses anos têm nos ajudado a pensar e experimentar as intrincadas relações entre ler, escrever e ensinar.

De modo que, embora a questão exceda largamente o que pode um prólogo, importa-nos colocar elementos que ajudem nesse caminho traçado no pensamento. Vale a pena notar, antes de tudo, a forma da pergunta inicial e a presença, nela, da conjunção disjuntiva "ou", com seus múltiplos sentidos: estamos ante um professor ou um escritor? Com efeito, essa pergunta pode querer significar uma contraposição entre dois termos que marcaria como excludentes, como quando perguntamos: "Essa figura é um círculo ou um quadrado?". Nesse caso, a figura em questão só pode ser uma das duas alternativas. Diferente é o caso quando perguntamos, por exemplo: "Hoje iremos assistir a um filme ou tomar um sorvete?". Pode-se fazer uma coisa ou a outra, mas também pode-se fazer as duas alternativas, que não são, como no primeiro exemplo, excludentes. E há ainda um terceiro caso, em que "ou" não funciona como uma disjunção, mas como uma conjunção equivalente, como quando perguntamos, por exemplo, se a distância entre dois pontos "é de um quilômetro ou mil metros". Nesse caso, as duas alternativas alcançadas pela disjunção se equivalem, têm exatamente o mesmo valor, são sinônimas. Aqui poderíamos dizer também: "um quilômetro, ou seja, mil metros".

Qual o valor da disjunção "ou" quando perguntamos se Jorge Larrosa é um professor ou um escritor? Professor e escritor são coisas incompatíveis, complementares ou equivalentes? Certamente, não parecem ser nem incompatíveis nem equivalentes: embora não seja tão evidente como distingui-las, não é menos claro que não são a mesma coisa; também é notório que se pode fazer as duas ao mesmo tempo. Parece então inevitável pensar uma certa relação de complemento – ou suplemento? – entre uma e outra. Contudo, em que sentido preciso professor e escritor são formas complementárias (ou suplementarias)? Damos razão a Borges quando afirma que escrevia para se preparar para ser professor? Escrever é uma preparação para ensinar? Em qualquer caso, teremos de pensar nos sentidos que podem fazer de um professor um professor, e de um escritor um escritor, para poder pelo menos desdobrar algumas conexões nessa forma de reuni-los. Não pretendemos responder uma pergunta que é infinita, apenas não queremos deixar passar a oportunidade de pensá-la.

Para continuar com o exercício, vamos nos manter em boa companhia. As intervenções de Borges sobre o sentido da escrita e do escrever são bem conhecidas. Menos lidas são suas considerações sobre o sentido do ensino e do ensinar. Uma delas é particularmente pertinente: nela, afirma que, durante os 40 trimestres em que ensinou Literatura Inglesa e Norte-Americana na Universidade de Buenos Aires, tentou traduzir o amor dessa literatura. E assim se coloca sobre sua maneira de autocompreender seu papel como professor: "Tenho preferido ensinar aos meus estudantes não a literatura inglesa, que ignoro, mas sim o amor de certos autores, ou melhor ainda, de certas páginas, ou melhor ainda, de algumas linhas. E com isso basta, parece-me. A gente enamora-se de uma linha, depois de uma página, depois de um autor. Bem, por que não? É um processo lindo. Eu tenho tentado levar meus estudantes a isso".[4]

Então, o que Borges afirma é que um professor de literatura não ensina o que os escritores escrevem, mas o amor desses escritores pela escrita... mais precisamente, não seria propriamente o amor do sujeito que escreve, mas aquele amor refletido na sua escrita. E o movimento concêntrico com que Borges leva esse amor do escritor a algumas páginas e dessas algumas páginas a algumas linhas faz pensar que se trata de um amor que a escrita contém na intensidade e na força expressivas da linguagem, muito mais que na própria figura do escritor. De modo que o escritor e o professor são como dois tradutores, um traduz seu amor em palavras e o outro traduz o amor que essas palavras contêm para que elas possam ser sentidas pelos seus estudantes. Assim entendidos, o escritor e o professor quase que se equiparam, pois o que ambos transmitem é o amor pelo que fazem, seja escrevendo, seja ensinando... disso tratar-se-ia ao escrever e ao ensinar: de amar e suscitar amor; de nos deixarmos apaixonar e levar os outros à paixão em que já estamos instalados, quando escrevemos o que escrevemos, e quando ensinamos o que ensinamos...

Prestemos atenção à forma como um escritor expressa esse amor: Borges, o grande erudito argentino da literatura inglesa, declara-se um mestre ignorante dessa mesma literatura. Ignora essa literatura não por não sabê-la, mas por amá-la demasiadamente. A ignorância de Borges não é uma falta de conhecimento; é um excesso de amor: ama demasiadamente a literatura inglesa para pretender conhecê-la.

Assim, escrever e ensinar têm a ver com amar demasiadamente o que se escreve, o que se ensina, o que me faz *lembrar*, neste preciso momento, de outros dois escritores-professores, e pergunto-me se "tenho direito a pronunciar esse verbo sagrado",

---

[4] ANNICK, L. *Enrique Pezzoni, lector de Borges*. Buenos Aires: Sudamericana, 1999. p. 204.

pois "só um homem na terra teve esse direito e esse homem está morto".[5] A risco de heresia, conto com a indulgência do divino Funes para escrever os dois nomes sagrados que lembro agora: Platão faz dizer a Sócrates, no *Mênon*, que aprender significa lembrar, e Gadamer conjuga esse verbo sagrado, "eu lembro...", como uma forma de significar "eu penso...", cada vez que inicia seus seminários. Pergunto-me, então, se acaso escrever e ensinar não são duas formas de conjugar esse verbo sagrado que é o verbo "lembrar": lembrar, alguém, de um outro amor.

Sem sabê-lo, não consigo parar de lembrar. E de escrever o que lembro. Estou agora no mês de setembro de 1998. Tínhamos chegado ao Planalto Central no ano anterior, com Adriana... ainda estávamos nos acomodando... tínhamos perdido Inti e estávamos esperando Valeska... Já tínhamos começado a organizar o Congresso do Conselho Internacional para a Investigação Filosófica com Crianças que aconteceria na UnB, em julho de 1999, quando Jorge nos visitou na Colina, em 1998, e ofereceu um minicurso para o grupo do projeto "Filosofia na Escola" na UnB. Disse-me então que pediria a um amigo brasileiro para me entregar a recente edição em português de um livro seu. O amigo era Alfredo Veiga-Neto. Fui buscar o livro na casa de sua filha, em Brasília. O livro em questão era *Pedagogia profana*. Alfredo e Tomaz Tadeu (ainda da Silva) estavam se lançando, com ele, a uma loucura editorial. Impressionou-me tudo: a capa preta, as letras amarelas, o nome da nova editora que certamente não seria uma editora qualquer: contra★bando. A ousadia de uma estrela separando o "contra" e o "bando". Uma estrela no meio de um contrabando... a estrela de um bando do contra.

A estética do livro era chamativa: aparentemente sóbria, preta, sem imagens, era improvável não se deter no título, todo em maiúsculas e em fonte Comic Sans, com uma formatação que deixava um buraco, um hiato, um espaço no meio da segunda

---

[5] BORGES, J. L. Funes el memorioso. In: *Obras completas*. Buenos Aires: Emecé, 1974. p. 485.

palavra: PEDAGOGIA PROF ANA... sim, por essas coisas dos efeitos visuais da diagramação, "profana" podia também se ler como "Prof. Ana"... e como profanador que profana profanador tem muitos anos de atenção, viajei um tempo com esse outro título: a Pedagogia profana era a Pedagogia da professora "ana-", que, como sabemos, é um prefixo que deriva do grego *aná*, que significa um "movimento contrário", "de baixo para cima", uma "intensidade", uma "repetição", uma "ausência", uma "privação", e que também tem outros significados: "inteiramente", "de novo", "contra".

Eu sentia que *Pedagogia profana* fazia jus a (quase) todos esses sentidos do *aná*, porque, de alguma forma, o livro propunha uma maneira, se não inteiramente contrária, pelo menos bastante diferente de entender esse campo em que a Filosofia e a Educação se atravessam e se confundem, que academicamente é nomeado como Filosofia da Educação. O livro propunha alguma forma de profanar a Pedagogia no sentido de inverter seu sentido habitual, de percorrê-la de baixo para cima, de inverter seus sentidos e modos habituais ou de exercê-la a partir de sua privação, do que ela não era e não queria ser. Embora não aparecesse no título, o livro também era uma forma profanadora de exercitar a Filosofia, pelo menos esse exercício um pouco cansado chamado Filosofia da Educação.

Se isso faz sentido em todos os textos que compõem *Pedagogia profana*, na minha leitura pode-se perceber com particular nitidez no capítulo 9, "O enigma da infância", o que também claramente se afasta do modo mais habitual de entender a infância como objeto da teoria e da prática educacionais, e a educação como um projeto de fabricação de um ideal de ser humano tomando a infância como matéria para essa fabricação. Ao mesmo tempo, esse capítulo abre as portas para uma nova concepção de infância, ou, para escrevê-lo de outra forma, para uma infância da Pedagogia ou da Educação, a partir de entender a infância não como ausência de linguagem, mas como uma língua diferente, estrangeira. A infância como enigma deixa de ser a infância formada, fabricada, conhecida, controlada, disciplinada e abre as portas para que, a partir de uma visão mais afirmativa daqueles que falam uma outra língua, possa nascer um novo início para a Pedagogia.

Ao mesmo tempo, *Pedagogia Prof. Ana* também fazia sentido em relação à origem etimológica do nome Ana, derivado do hebraico *Hannah* e mais tarde do latim *Anna*, com o significado de "graciosa", "cheia de graça", algo que se oferece ao mundo com o sentido de dádiva, de um agradecer ao mundo oferecendo-lhe algo agradável, gracioso. Assim também, então, podia ser percebido *Pedagogia profana*, como um presente gracioso ao mundo da Pedagogia – e da Filosofia da Educação –, um nascimento na forma de uma espécie de gratidão e também de renovação de um mundo velho.

Finalmente, no título *Pedagogia Prof. Ana* temos o sufixo "-ana", com o sentido aumentativo, ou seja, que faz crescer, aumentar o que está antes dele. Ou, também como sufixo, "-ana" pode designar uma coleção de obras de alguém seja então por aumentar ou fazer crescer a Pedagogia, seja por mostrar uma coleção de ensaios pedagógicos, o título de *Prof. Ana* ficava pelo menos tão apropriado quanto o mais pretensioso *Pedagogia profana*.

Para além do título, em outro sentido, o livro me surpreendeu, porque antes dele eu tinha lido do Jorge apenas aquele capítulo foucaultiano seu sobre as tecnologias do eu e a Educação em sua edição em castelhano, publicado num livro, *Escola, poder e subjetivação*, que ele próprio tinha organizado, na editora anarquista La Piqueta, em 1995, publicado no Brasil dentro do livro *O sujeito da educação: estudos foucaultianos*, na católica Editora Vozes no mesmo ano 1995, organizado pelo mesmo Tomaz Tadeu (então da Silva). Este livro novo, *Pedagogia profana*, era menos foucaultiano e mais eclético, mas também mais autoral, afirmativo, ousado. Menos crítico e mais criativo. Parecia-me um excelente interlocutor para leitores-educadores que buscassem formas de problematizar o que são e a maneira como fazem o que fazem. Ou, para dizê-lo com o próprio autor, o livro afirmava: "uma bela imagem para um professor:

alguém que conduz alguém até si mesmo".⁶ Livro-professor; livro-experiência; livro-aventura, que conduzia seus leitores até si mesmos. Rapidamente compartilhei a boa nova entre os amigos, estudantes, colegas... o dei a ler como quem não quer guardar para si um tesouro raro de se encontrar em terras pedagógicas.

Já revisando este prólogo, pego novamente o livro entre as mãos e percebo o que não lembrei até agora: o subtítulo: "Danças, piruetas e mascaradas". Lembro-me de não ter gostado muito dele quando o vi. Ainda percebendo algumas das suas possibilidades estéticas e pedagógicas, parecia-me que ele dava matéria para os inimigos, para aqueles que questionariam a Pedagogia profana como pouco séria, rigorosa e sensata. Continua sem me convencer muito. Talvez por isso o esquecimento.

Releio também os textos que compõem esta nova edição de *Pedagogia profana*. Encontro, num deles, algo que me leva imediatamente à primeira edição do livro e, talvez, até a mim mesmo. Leva-me, em verdade, ao próprio Jorge, e por isso quero com ele terminar este prólogo. Na última parte desse texto, intitulado "Intervalos", Jorge destaca a importância de continuar "construindo relatos, nomeando experiências, tramando sentidos, produzindo subjetividade [...], habitando esse emaranhado de relatos, experiências e subjetividades que é a vida".⁷ A seguir, como através de toda a *Pedagogia profana*, reafirma a importância de fazer prevalecer o não saber sobre a vontade de saber para fazer jus à vida. E acrescenta sem dilações: "E não nos abandonará nunca esse saber que não sabemos, esse compreender que não compreendemos, essa certeza de que a experiência é uma matéria tênue e fugitiva que se destrói e falsifica quando se a quer dominar, quando se lhe faz violência, e que escape--se entre os dedos, como a agua, como a vida mesma, quando se a deixa em paz, quando se a trata com ternura. Nunca nos

---

⁶ LARROSA, J. *Pedagogia profana: danças, piruetas e mascaradas*. Porto Alegre: ContraBando, 1998. p. 62.

⁷ Neste livro, p. 354.

abandonará essa sensação de que é precisamente quando não somos ninguém que a experiência nos é dada como especial intensidade, ao mesmo tempo em que se nos faz impossível de ser apropriada em sua insignificância. Gostaria aqui de defender essa ternura. Uma ternura que não está desprovida de atenção, de paciência, de respeito, às vezes de sofrimento, de silêncios. E que tem a ver, de forma não desprezível, com algo que, a falta de uma expressão melhor, poderíamos chamar honestidade".[8]

Talvez o sentido principal deste prólogo seja festejar a potência e a alegria com que *Pedagogia profana* tem nos levado a tantos e tantos leitores e essa sensação de sermos ninguém para poder dar lugar à intensidade da experiência. Por isso espero ter honrado a honestidade pedagógica e filosófica de Jorge Larrosa, e a de sua escrita não desprovida de ternura, atenção e respeito. Espero ter estado à altura de um professor sempre paciente, às vezes sofrido, oportunamente silencioso que ama escrever. Espero ter honrado a honestidade de um escritor-professor.

---

[8] Neste livro, p. 354.

NOTAS
(Dos editores)

Lembranças

Alfredo Veiga-Neto[1]

> *Lembrança:*
> *Ação ou efeito de lembrar.*
> *Aquilo que subsiste como testemunho*
> *de um fato passado.*
> *O que se oferece como regalo ou presente.*
> *Expressão de amizade.*
>
> Dicionário Houaiss da Língua Portuguesa

Como escrever comentários sobre *Pedagogia profana*? Mais uma vez, estou diante de algumas dificuldades. Pode-se dizer que tais dificuldades situam-se em dois eixos que flutuam numa atmosfera feita de lembranças e afetos, de saberes (digamos) objetivos e de sensações (digamos) subjetivas. Foi no cruzamento desses dois eixos e envolto por aquela atmosfera que me joguei à escrita deste pequeno texto. Vamos a ele, então.

---

[1] Bacharel em Música, licenciado em História Natural, mestre em Genética e doutor em Educação. Professor titular do Departamento de Ensino e Currículo e professor convidado-permanente do Programa de Pós-Graduação em Educação da Universidade Federal do Rio Grande do Sul (UFRGS). Publicou, entre outros: *Crítica pós-estruturalista e educação* (1995); *Estudos culturais da ciência e educação* (2001); *Foucault & a educação* (2007). Na Autêntica, coordena as coleções Estudos Foucaultianos; Pensadores & Educação e Temas & Educação.

De um lado, as questões relativas às minhas relações com este livro e o seu autor. Como comentar *Pedagogia profana* sem elogiá-lo demais? Como guardar um mínimo distanciamento frente às minhas simpatias pelo assunto tratado? Como não deixar que os afetos que eu tenho pelo autor não contaminem demasiadamente o que vou escrever sobre este seu livro?

De outro lado, as questões mais específicas e relativas ao próprio livro: que tenho eu a dizer de novo e que outros ainda não tenham dito sobre ele? Como vejo a posição deste livro no cenário da bibliografia pedagógica nacional? O que este livro tem sido capaz de me dizer – que outros ainda não me tenham dito – e, principalmente, o que ele tem me levado a pensar e a dizer, desde que o traduzi e o editei, em meados dos anos 1990?

*

Do primeiro lado acima referido, estou certo de que, por mais que meus comentários pareçam exagerados, eles serão sempre modestos frente aos impactos que experimentei quando, há mais de 20 anos, tomei contato com os textos profanos que compõem esta obra. Igualmente, a amizade que, desde então, eu e o Jorge Larrosa estabelecemos estará sempre à frente ou acima de tudo aquilo que eu possa dizer sobre o livro e seu autor. Como um tributo a tudo isso, vale a pena registrar como começou a produção de *Pedagogia profana*.

Lembro-me bem das primeiras tratativas que nós dois desenvolvemos na minha casa, quando, ao longo de duas longas noites de 1997, afundados em charlas infinitas e generosas doses de caipirinha, Jorge sugeriu a montagem de uma coletânea de seus textos, aqui no Brasil. De imediato, abracei a ideia, pois havia algum tempo eu já conhecia e admirava vários de seus escritos. Com um cigarro à mão esquerda, uma caneta à mão direita, um bloco de notas à frente, Jorge elencou uma dúzia de títulos e discorreu sucintamente sobre cada um. Nós dois, separados – ou unidos? – por um copo, fomos escolhendo e juntando as peças desse quebra-cabeça que, alguns dias depois,

Tomaz Tadeu da Silva batizou de *Pedagogia profana: danças, piruetas e mascaradas*. Pareceu-nos um título inteiramente adequado aos propósitos do Jorge. E como que para nos mantermos meio na contramão, foi o próprio Tomaz que sugeriu fazermos uma edição alternativa, numa editora que ainda nem existia e à qual ele chamou de Contrabando. De novo, um título inteiramente adequado aos nossos propósitos...

 Apostando na ideia, eu me encarregaria – como, de fato, me encarreguei – de cobrir os custos. A rigor, precisávamos de poucos recursos, pois eu mesmo faria a tradução dos textos e a editoração do livro; ao Tomaz, caberia a revisão da minha tradução. Enquanto eu fazia o planejamento gráfico – da capa ao miolo, tudo enxuto e simples –, Tomaz redigiu os instigantes adjetivos da quarta capa: "Brilhante. Genial. Bonito. [...] Sedutor. Erótico. Profano.". Assim, o maior problema que tínhamos pela frente eram as despesas com a impressão. Como eu acreditava no sucesso da empreitada, assumi os riscos.

 E, após infindáveis horas de trabalho durante o segundo semestre daquele ano, este livro tomou forma e ficou pronto. É claro que tudo isso nos envolveu muito. Mas, para mim, deu aquele imenso prazer de aprender e de ver nascer uma obra que se situava fora do *status quo* daquilo que se costuma chamar de pensamento pedagógico da Modernidade.

 O lançamento aconteceu no Solar Palmeiro, um belo prédio histórico no centro de Porto Alegre. Numa noite animada com música e um coquetel bastante simples – mas com bons vinhos... –, as mais de 200 pessoas presentes adquiriram cerca de 150 exemplares. Ufa! Pelo menos, estava garantida a primeira parcela dos custos da Gráfica Metrópole... Daí para frente, foi tudo mais fácil: os mil exemplares esgotaram-se em poucos meses. Dívidas pagas, o pouco que sobrou nos rendeu um jantar, alguns trocados para o Jorge e, para mim, a imensa satisfação pelo trabalho feito, pelo resultado alcançado e pela nossa amizade profanamente consolidada. Sucesso total, enfim!

 Depois dessa heroica primeira edição, Jorge Larrosa passou os direitos autorais para a Autêntica Editora, que se encarregou das edições subsequentes, certamente com um toque mais profissional e com uma ampla distribuição nacional.

*

Para um comentário sobre o segundo lado, terei de ser um pouco mais breve. Afinal, não apenas muita coisa já foi escrita sobre este livro, como, principalmente e muito mais do que eu, a obra fala por si mesma. De qualquer modo, não posso deixar de sublinhar o seu caráter profanador da tradição sagrada na qual a Pedagogia moderna está profundamente imersa e da qual Jorge Larrosa se afasta. Quando digo que ele "se afasta", não quero dizer que se coloque "contra", mas, sim, que ele "dá as costas", "não leva em consideração".

Usando um lugar-comum, não tenho dúvidas de que *Pedagogia profana* constituiu-se, quando foi lançado, há duas décadas, como um ponto fora da curva. E, talvez mais do que isso, naquela época tratava-se de um ponto praticamente solitário e perdido num universo onde predominavam – e, em boa parte, ainda predominam – os textos, artigos e livros sobre uma Pedagogia nascida na articulação entre o pensamento neoplatônico e os *topoi* judaico-cristãos que marcaram a episteme no amanhecer da Modernidade europeia. Ainda que muitos daqueles textos, artigos e livros fossem – e continuem sendo – importantes, sérios, comprometidos e às vezes inovadores, na sua maioria não abandonaram o enquadramento metafísico desenhado pela combinação entre o dualismo platônico e os mitos bíblicos feitos verdade pelo Velho Testamento e, especialmente, pelo Gênesis.

Como tenho várias vezes mostrado, uma mirada arqueológica e genealógica sobre o pensamento pedagógico moderno revela que suas bases estão enraizadas no fundamentalismo, transcendentalismo, finalismo e catastrofismo manifestos no Gênesis. E mais: tenho argumentado que, a partir dessa proveniência, a Pedagogia moderna emergiu messianicamente como a grande responsável pelas tarefas redentoras de denunciar, prometer, prescrever e salvar. Na medida em que tal emergência aconteceu no interior da episteme da ordem e da representação pós-renascentista, a esses *topoi* juntaram-se o metodologismo e o reducionismo advogados pelos fundadores da Modernidade.

Esse amálgama de tradições sagradas e antigas, combinadas com a necessidade de dar uma nova ordem ao mundo, funcionou como condição de possibilidade para a fundação do pensamento pedagógico moderno. Foi nesse cenário que atuaram, por exemplo, Comenius, Descartes, Rousseau e Kant. Cada um deles, a seu modo e mais ou menos explicitamente, viu a Educação como o conjunto de ações capazes de humanizar o Homem, ou de torná-lo dono da razão, ou de tirá-lo do estado selvagem, ou de levá-lo à maioridade e à liberdade, e assim por diante. É fora desse cenário que atua Jorge Larrosa e que se situa este livro.

Insisto: a questão que mais importa para uma Pedagogia profana não é nos colocarmos contra as funções originárias atribuídas à Educação, nem mesmo contra as noções de fundo que sustentam tais funções. O que interessa, numa perspectiva profana, é podermos pensar as teorias e práticas educativas, bem como trabalhar com elas e a partir delas, fora do arco platônico e sem apelar, nem mesmo implicitamente, para os mitos bíblicos que estão profunda e imanentemente entranhados na Pedagogia moderna. Para nos munirmos frente a uma tarefa assim fora dos cânones, *Pedagogia profana* é uma obra fundamental.

Por tudo isso e pela amizade – ao mesmo tempo próxima e distante – que partilho com Jorge Larrosa, sinto-me honrado e agradecido por ter participado tão intimamente deste livro.

Uma espécie de experiência da leitura

Magaldy Téllez[1]
Tradução: *Cristina Antunes*

A primeira edição de *Pedagogia profana: danças, piruetas e mascaradas*, de que se celebram 20 anos com a presente edição, chegou às minhas mãos em um dia de março do ano 2000. Vinha das mãos de Jorge, que escrevera nesse momento uma dedicatória na qual terminava dizendo: "...para celebrar que estamos vivos". Passei noites inteiras lendo o livro (e escrevendo em meu caderno de notas), como sempre me acontece quando encontro um livro (ou ele me encontra) que não quero deixar nem que ele me deixe. Seus 10 ensaios, cada um à sua maneira, soavam-me como inquietando-se e inquietando com a questão da alteridade anulada ao exercício de repensar a ideia de formação, como uma aposta que irrompe interrompendo toda a pretensão de "modelo" da educação, inevitavelmente ajustado à pretensão de fabricação de sujeitos e de controle do ensino, da aprendizagem, da escrita, da leitura, etc.

---

[1] Doutora em Ciências Sociais pela Universidade Central da Venezuela, é professora titular aposentada pela mesma instituição, onde ocupou diferentes cargos. Atualmente é reitora de pós-graduação e coordenadora do pós-doutorado em Filosofia e Educação em Nossa América, na Universidade Nacional Experimental Simón Rodríguez. Publicou mais de 40 artigos em revistas científicas, além de vários livros em coautoria e como organizadora; entre eles: *Pliegues de la democracia* (com Xiomara Martínez, 2001); *Conmover la educación* (com Carlos Skliar, 2008).

Dois anos depois, tive a sorte de coparticipar, na Faculdade de Humanidades e Educação da Universidade Central da Venezuela, da edição que tem por título *Pedagogía profana: estudios sobre lenguaje, subjetividad, formación* (2000). Ocorreu-me então convidar um grupo de jovens professores para um ciclo de debates tendo este livro como assunto em comum. Eles foram aceitando, enquanto eu ia lhes dizendo: preparem-se para as "marteladas" que vamos receber. Iniciamos o primeiro dos 11 debates com "Os paradoxos da autoconsciência", com uma situação que nos fez rir, pois uma das professoras começou dizendo algo mais ou menos assim: "Magaldy, já levamos a primeira martelada... em Pedagogia, quando estudamos Rousseau, só lemos e fizemos com que os alunos lessem o *Emílio* e o *Contrato social*, nós perdemos o melhor... as *Confissões*". Não lhes conto sobre as marteladas seguintes porque esta nota se tornaria muito longa.

O que quero lhes contar é que o grupo continuou até o final, ninguém escapou, o desfrutamos com alegre seriedade, e que no último debate os convidei para que dissessem, em poucas palavras, o que havia acontecido com eles com a leitura deste livro. Nos seus comentários, apareciam: "me desconcerta", "me surpreende", "me desama", "me intranquiliza", "me inquieta"... e então conversamos em torno dessas palavras, relacionando-as com a fecundidade que pode decorrer disso que nos desconcerta, que nos surpreende, que nos desama, ou que nos intranquiliza. Sem que tivéssemos proposto, fomos criando o que no ensaio "Sobre a lição" Jorge chama de "uma forma particular de comunidade... uma amizade, uma *philía*, uma unidade que suporta e que preserva a diferença, um nós que não é senão a amizade de singularidades possíveis".[2] Foi uma experiência íntima. Soube que alguns companheiros a replicaram com seus alunos usando alguns ensaios do livro, eu fui fazendo o mesmo com alguns dos meus alunos, e tanto o curso como o desfecho foram similares àquele primeiro ciclo de debates: não saímos sendo nós mesmos.

---

[2] Neste livro, p. 176.

Vinte anos depois daquela primeira edição, embora mais velhos, continuamos celebrando que estamos vivos, de diferentes maneiras, é claro, e esta nova edição dá testemunho disso. Quando recebi o inesperado convite de Jorge para escrever uma nota sobre *Pedagogia profana*, ocorreu-me que a melhor maneira de lhe agradecer era contar essa experiência e dizer-lhes, em uma palavra, algo do que me aconteceu com a leitura (e releitura) deste livro: *perplexidade*, a mesma e outra que havia me provocado a leitura de seu livro *Experiência da leitura*. Perplexidade provocada por uma escrita que pensa o que se diz, que tem ressonâncias porque nela ressoa o eco de outras vozes que não costumam soar nos ambientes acadêmicos, que dá corpo (habitando a palavra) a uma língua não imitadora, mas sim criadora, que dá a ler e a pensar o que merece ser lido... e pensado... e dito. De outro ângulo, uma escrita que me soa cadenciada, que posso ver se movendo ao mesmo tempo aguda e levemente, que me traz um odor ao ar ligeiro e livre. E, assim, uma escrita que cria um novo modo de nos relacionarmos com o mundo da Educação, porque escapa à linguagem científica, à linguagem tecnológica, à linguagem moral, para se situar em um *entre* certa Filosofia, certa Literatura e certa Pedagogia.

Coloco o ponto final nesta nota, apropriando-me de umas palavras de Fernando González Placer (*A frigidez da linguagem: a sociedade da informação*) para dizer que em *Pedagogia profana* não há pretensão de uma ação comunicativa, mas a força de uma *paixão comunicativa* revelada em uma escrita-devir em que as palavras se abrem às experiências que elas geraram, e que possivelmente continuarão gerando: "nos sentidos que acenderão ou sufocarão, nas vinculações que estenderão, nas reciprocidades que habilitarão, nas afinidades que perfilarão, as cumplicidades que nutrirão; definitivamente... no nós que se inaugura, enclausura e (trans)forma por, em e com nossas palavras (e silêncios)".

O contraveneno

Philippe Meirieu[1]
Tradução: *Fernando Scheibe*

O livro de Jorge Larrosa *Apprendre et être: langage, littérature et expérience de formation* foi publicado há quase 20 anos na França, pela coleção "Pédagogies", que dirijo na editora ESF. Naquela época, já me parecia terrivelmente atual, de tanto que as "Ciências da Educação" e, de modo mais geral, a reflexão pedagógica estavam precisando de um sopro de liberdade para escapar da ascensão do que Gilles Deleuze tinha identificado, já em 1989, como as "sociedades de controle".

Depois das "sociedades de soberania", fundadas na sujeição ao "príncipe", e das "sociedades disciplinares" (desmontadas e denunciadas por Michel Foucault em *Vigiar e punir*), construídas sobre o princípio do enclausuramento e do panoptismo, em que as pessoas passavam de um ambiente fechado a outro, tendo como matriz a prisão, de que o quartel, o hospital e a escola não passavam de pálidas cópias... eis-nos chegados, explicava Deleuze, às "sociedades de controle". Nessas sociedades, nada de enclausuramento físico. Pelo contrário, um sentimento de

---

[1] Professor emérito em Ciências da Educação na Universidade Lumière Lyon 2. Um dos mais influentes e reconhecidos pedagogos contemporâneos, inspirou importantes reformas no sistema educacional francês. É autor de mais de 30 livros, entre eles: *Frankenstein Pédagogue* (2007); *Lettre aux grandes personnes sur les enfants d'aujourd'hui* (2009); *Pédagogie: des lieux communs aux concepts clé* (2013); *C'est quoi apprendre* (2015).

liberdade. Nada de intimações de caráter brutal e militar. Pelo contrário, convites, frequentemente melosos, à autorrealização e à felicidade. Nada de punições exemplares dos insubmissos em praça pública. Mas uma sorrateira relegação dos "ingeríveis" às margens da inexistência, a esses lugares onde os seres se tornam cinzentos e, progressivamente, transparentes e invisíveis. Nas "sociedades de controle", escreve Deleuze, as "ordens" foram substituídas por "senhas", a rigidez das paredes pela fluidez dos anéis rodoviários, a violência física das "forças da ordem" pela vigilância das câmeras e dos microfones espiões, que nos seguem por toda parte "para o nosso bem".

Pois as "sociedades de controle" querem nosso "bem": que realizemos "aquilo para o que fomos feitos", que nossos deslocamentos correspondam a nossas "necessidades", que não gastemos mais do que temos (ou então que paguemos os juros!). As "sociedades de controle" querem que "a coisa role", que "a coisa gire", que cada coisa esteja em seu lugar e que a ordem social seja preservada dos sobressaltos inúteis fomentados por indivíduos malfazejos. Nas "sociedades de soberania", "reinava-se", nas "sociedades disciplinares", "ordenava-se", nas "sociedades de controle", "gere-se". Entenda-se: garante-se, por todos os meios possíveis, que as pessoas sejam suficientemente acompanhadas para serem reduzidas a espécies de seres ectoplasmáticos, perfeitamente adaptados, consumindo a quantidade necessária de televisão e chá de camomila para aniquilar qualquer cólera, desenvolvendo "relações humanas" suficientemente "harmoniosas" para não tentarem "mudar o mundo" e tendo seu rendimento escolar e profissional inserido em magníficas planilhas de Excel. Nas "sociedades de controle", aliás, já não se sabe muito bem quem controla o quê. Sabe-se simplesmente que tudo deve ser controlado e que, em última instância, os *robots traders* instalados perto de nossas bolsas para reagir "em tempo real" são quem decide o preço de tudo. Pois, nas "sociedades de controle", já não há "valores", nem sequer "custos"... O que há são preços! O preço de uma tonelada de trigo na Bolsa de Chicago pode assim variar dezenas de vezes em alguns segundos sem nenhuma relação com o "custo real" da mercadoria, seu custo humano e ecológico.

A Educação vai na onda. O princípio do leito de Procusto e da "pilotagem pelos resultados" se impôs nela mais do que nunca: é o Programa Internacional de Avaliação de Estudantes (PISA) que reina soberano (ou melhor, controlador), e só se forma aquilo que o PISA pode avaliar! Não que o que o PISA nos mostra não seja importante, mas o PISA só nos revela uma ínfima parte da realidade. Não nos diz nada do que faz "o humano" propriamente dito, isto é, aquilo que nunca será substituído por robôs. Nada no PISA sobre a aptidão ao silêncio e à meditação, nada sobre a capacidade de borboletear pelos livros, nada sobre as "experiências selvagens" e os "caminhos transversais", como diz Larrosa, graças aos quais é possível sair do mimetismo, da repetição, e atingir a criação. Nada sobre a possibilidade de sonhar, de se perder para melhor se reencontrar. Nada sobre nossas metamorfoses essenciais. E nem mesmo sobre o discernimento entre o que nos eleva, nos libera, nos une e aquilo que nos rebaixa e nos faz escorregar lentamente para a barbárie.

Por isso é preciso reler o livro de Jorge Larrosa e, mais do que nunca, fazer dele um contraveneno. É preciso que, graças aos textos que ele convoca e a sua reflexão sempre afiada, ele nos ajude a resistir à visão tecnocrática e suave ao mesmo tempo – por isso tão perigosa! – da nossa Educação. Temos de reaprender com ele a nos pôr à escuta de obras graças às quais temos acesso à "condição humana", como dizia Montaigne. Temos de reencontrar a leitura subversiva da famosa fórmula de Píndaro e de Nietzsche: "Torna-te o que és".

Pois, quanto a esse ponto, as "sociedades de controle" enfraqueceram mais do que nunca a mensagem de esperança: reduzindo a fórmula nietzschiana à "autoajuda", misturando inatismo e fatalismo, deturpações do pensamento oriental e "gestão de recursos humanos" nos *open spaces* das nossas multinacionais! Não, o "Torna-te o que és" não tem nada a ver com isso: não se trata de um culto cego do "já dado" que proibiria qualquer aventura e excluiria qualquer fuga de um destino pessoal, social e profissional suficientemente codificado para ser confiado aos algoritmos de nossos computadores. Não, nenhum destino está ditado de antemão. Sim, temos de escapar da "traçabilidade" de nossas vidas cotidianas que diz muito sobre a maneira como o corpo humano é hoje reduzido a um mero número. Sim, temos de redescobrir a mensagem fundadora da Pedagogia como já a formulava o grande Pestalozzi no século XVIII e como a enuncia Jorge Larrosa: "Conte para você mesmo sua própria história. E queime-a assim que a tiver escrito. Nunca seja alguém que não poderia ser outro. Lembre-se de seu futuro e se ponha a caminho de sua infância. E não pergunte quem você é a quem conhece a resposta, nem mesmo a essa parte de você mesmo que o sabe, pois a resposta poderia matar a intensidade da pergunta e aquilo que se agita, fremente, nessa intensidade. Seja você mesmo essa pergunta".[2]

---

[2] Neste livro, p. 54.

Quarta parte
HISTÓRIAS EXEMPLARES

Insignificâncias:
o que faço aqui?

Tradução: *Cristina Antunes*

Para Fernando Gonzales (o varão frágil)
e Antonio Rodrigues (o corvo)

O que faço aqui? é o título de uma compilação de relatos e crônicas de Bruce Chatwin, um dos grandes escritores de viagens do século XX, aquele que retirou da viagem suas conotações épicas e aventureiras (essas que permitem falar de viagem de descobrimento, ou de viagem de aprendizagem, ou de viagem de formação) e fez da viagem uma experiência melancólica.[1]

A Bruce Chatwin dedicamos um limbo.[2] E um dos cortes do programa (com o fundo musical de *Yerbabuena*, de Albert Plá) dizia assim: "Bruce Chatwin pensava que o desassossego é uma enfermidade da identidade que tem a ver com a alma e com a relação que temos com o tempo. A inquietude, todavia, começa no cérebro e mina nossa relação com o espaço, destruindo sua

---

[1] CHATWIN, B. *¿Qué hago yo aquí?*. Barcelona: Aleph, 2003. Sobre a relação de Chatwin com o espaço, ver GNOLI, A. *La nostalgia del espacio*. Barcelona: Seix Barral, 2002.

[2] *Palabras desde el limbo* é o título de um programa de rádio que fizemos durante alguns anos, entre fevereiro e junho, Fernando Gonzales (o varão frágil), Antonio Rodrigues (o corvo) e eu mesmo (o urso yogui). O que dedicamos a Chatwin saiu na temporada de 2009.

familiaridade e suas certezas, e convertendo-o em asfixiante. Os místicos e os poetas cultivam o desassossego. Mas a inquietude pertence sobretudo às crianças e aos viajantes".

O desassossego, que é uma anomalia da identidade, de nossas relações com o tempo, leva à pergunta "quem sou?", e quando essa pergunta se torna obsessiva, produz-se uma enfermidade do ser, da alma, que converte você, segundo Chatwin, em místico ou em poeta. Mas a inquietude, que é uma anomalia de nossas relações com o espaço, leva à pergunta "onde estou?", ou, o que é ainda mais perigoso, à pergunta "o que faço aqui?", e essa singular interrogação produz uma enfermidade que não é do ser, e sim do estar, não da alma, e si do cérebro, e dela adoecem, segundo Chatwin, as crianças e os viajantes.

Não sei se os chamados investigadores se inclinam mais para místicos e poetas, ou para crianças e viajantes, não sei se sofrem mais de inquietude ou de desassossego. Mas podemos supor que alguns deles sentiram algumas vezes essa esquisita anomalia que acontece, segundo Chatwin, quando o espaço perde sua familiaridade e suas certezas, quando se desfaz esse confortável mapa de lugares que chamamos de realidade, esse mapa mais ou menos ordenado no qual ocupamos um lugar, ou uma série de lugares, e a partir daí, a partir desse lugar mais ou menos seguro, esse que é o nosso, nós vamos a outros lugares para fazer certas coisas (para pesquisar), e para voltar depois ao nosso lugar. E parece acontecer que em um desses momentos do trânsito, ou da passagem, desse ir e vir, desse vaivém, algo se desmorona, algo se confunde, e então o espaço, os espaços, perdem sua segurança, já não nos acolhem, mas, ao contrário, tornam-se asfixiantes, já não são familiares, mas sim estranhos, já não são certos, mas incertos.

Outro dos cortes do programa (com *Ciranda*, de Márcio Faraco) dizia assim: "Uma das enfermidades de nosso tempo poderia ser chamada de nostalgia do espaço. Quando isso ocorre, a pergunta essencial não é 'quem eu sou?', mas sim 'o que faço aqui?'. Por isso, o principal não é interrogar o que somos, mas sim onde estamos. E partir imediatamente. E saber que só os detalhes mais insignificantes, mais inúteis e menos edificantes revelam de que está feito um mundo".

A pergunta mais inquietante, disse Chatwin, ou algum leitor de Chatwin, não é a que interroga quem somos, mas sim por onde estamos. Essa nossa época da identidade, da construção e reconstrução permanente da identidade, enfatiza o quem somos, mas a pergunta perigosa, a que abre todas as suspeitas, é "o que faço aqui?". E então, quando essa pergunta se torna inevitável e obsessiva, quando os lugares se confundem e perdem sua segurança, seus contornos e suas definições, a única coisa que nos resta para saber de que está feito um mundo são os detalhes mais insignificantes, os mais inúteis, os menos edificantes.

E isso é o que quero fazer aqui, perguntar não tanto o que somos, mas sim onde estamos, formular algumas inquietudes e algumas suspeitas em torno do que fazemos, e para que o fazemos, e para quem o fazemos, quando habitamos esse lugar chamado *investigação*, ali onde acontece isso que chamamos de investigação, ali onde habitam os assim chamados investigadores, tenham ou não esse nome antigo e em outra época prestigiosa de *Universidade*.

Para isso vou contar três histórias que considero exemplares. Uma delas é protagonizada por um escritor, a outra por um médico, e a última por um cineasta. Todos eles começaram alguma atividade que poderíamos chamar de investigação. No transcurso dessa atividade, todos foram acometidos pela pergunta "o que faço aqui?". A fidelidade a essa pergunta levou todos eles a interromperem os projetos que tinham previsto e se internarem no desconhecido. E nesse trajeto, foi a atenção aos detalhes que lhes deu, ou lhes devolveu, a todos eles, um mundo. E isso lhes permitiu escrever de outra maneira, olhar de outra maneira, filmar de outra maneira.

Mas, antes de começar, gostaria de fazer ressoar esses cortes do limbo dedicado a Chatwin em um corte de outro limbo que se chamou "Inexistências", também de 2004 (que também foi apresentado, coincidentemente, com música de Albert Plá), e que é um fragmento da poeta Olvido García Valdés que diz assim: "Às vezes sou acometido por crises de irrealidade; não de identidade, mas sim de irrealidade; a pergunta não é quem sou, mas sim onde estou, ou melhor: se estou. Onde vivemos? (O plural acolhe a muito, mas sozinhos). Não onde somos vistos, onde somos encontrados, mas sim onde vivemos, onde nos sentimos viver".[3]

A pergunta pelo espaço, pelo onde estou, diz Olvido, acontece quando se é acometido por crises de irrealidade, quando não se está seguro, não apenas de onde está, mas sim de se está, quando se sente que não acaba de estar onde está, que está ali, mas como se não estivesse. E isso, diz Olvido, tem a ver com uma espécie de falta de vida, com uma vida, poderíamos dizer, desvitalizada, na qual é custoso nos sentirmos vivos. Portanto, a pergunta "o que faço aqui?" também tem a ver com a problematização dos lugares nos quais nos sentimos totalmente vivos. E a questão, então, é se o lugar da investigação é, ou pode ser, também, um lugar de vida, e se isso que chamamos de investigação é, ou pode ser, também, uma atividade vital.

1

Estamos em 1936, nos Estados Unidos, na época da Grande Depressão, mas também na época das secas e das tormentas de poeira no Meio-Oeste, essas secas que forçaram dezenas de milhares de agricultores desenganados a imigrar para a Califórnia. A história é contada por John Steinbeck na série de reportagens que compõe *Los vagabundos de la cosecha*, e depois no romance levado ao cinema por John Ford, *As vinhas da ira*. Também é contada por Woody Guthrie em *Una casa de tierra*. E a fotografia é da grande repórter Dorothea Lange.[4] Os camponeses

---

[3] VALDÉS, O. G. *Esa polilla que delante de mi revolotea: poesia reunida.* Barcelona: Galaxia Gutemberg, 2008. p. 433-434.

[4] STEINBECK, J. *Los vagabundos de la cosecha.* Fotos de Dorothea Lange. Barcelona: Asteroide, 2001, e também STEINBECK, J. *As vinhas da ira.* Madrid: Alianza, 2011. GUTHRIE, W. *Una casa de tierra.* Barcelona: Anagrama, 2014.

não podem pagar suas dívidas, os bancos ficam com as terras, as pessoas perdem sua forma de vida (a forma de vida das pessoas é arrancada, destruída ou roubada), e não lhes resta outra possibilidade senão se lançarem nas estradas.

Nesse momento, James Agee, escritor e jornalista, e seu amigo Walker Evans, fotógrafo, ambos com vinte e poucos anos, recebem um encargo da revista *Fortune*, uma revista especializada em grandes reportagens fotojornalísticas sobre a assim chamada realidade social, sobre como as pessoas comuns, de condições diversas, vivem a crise econômica. A revista pede a eles, precisamente, uma reportagem sobre famílias brancas e pobres de parceiros ou locatários das terras onde se cultiva o algodão. Antes desse trabalho, Agee já havia escrito vários artigos convencionais sobre diferentes temas documentais, e Evans havia colaborado em algumas revistas na época em que trabalhava para a administração em zonas afetadas pela seca.

Ambos aceitam o encargo e vão morar durante um tempo com as famílias que constituem o objeto de sua pesquisa, e em algum momento surge a questão "o que faço aqui?", o para que e para quem estou trabalhando, aparecem a inquietude e a suspeita, a sensação de irrealidade, o mapa dos lugares e dos deslocamentos entre os lugares começa a desmoronar, e o que resulta de tudo isso é algo completamente diferente do previsto. Concretamente, uma série de reportagens que a revista nunca publicou (recentemente elas foram encontradas e publicadas com o título *Algodoneros*[5]) e uma porção de material no qual Agee trabalhou durante anos escrevendo um livro impossível, louco, com índices sem pé nem cabeça, com frases impossíveis e intermináveis, feito de descrições vagarosas de mobiliários, roupas, objetos de uso e outras insignificâncias, de estranhas fantasias subjetivas, de interrogações constantes sobre a impossibilidade do livro que está fazendo, de reflexões sobre a hipocrisia do mundo dos jornalistas, dos escritores, e de todos os que vivem da desgraça

---

[5] AGEE, J. *Algodoneros: tres familias de arrendatarios*. Madrid: Capitán Swing, 2014.

alheia, de momentos de arrebatamento lírico, de interpelações diretas aos leitores, de poemas intercalados, um livro que já nada tem a ver com a incumbência, que destrói completamente as convenções do gênero reportagem a que se limita seu encargo, um livro que também foi rechaçado e que quando foi publicado, em 1942, em uma minúscula editora nova-iorquina, com a guerra tendo começado, já não interessava a ninguém, uma vez que os jovens norte-americanos estavam lutando na Europa e no Pacífico, as prioridades eram outras (também as prioridades dos jornais e das revistas) e a vida miserável dos camponeses pobres já não tinha atrativo midiático.

Para dar uma primeira ideia da natureza da aposta de Agee, transcreverei algumas linhas do prefácio: "O tema nominal é o dos arrendatários de algodão na América do Norte, examinados através da vida cotidiana de três famílias [...]. Na realidade, o esforço se baseia em reconhecer a magnitude de uma parte de existência inimaginável e fornecer técnicas apropriadas para o seu informe, comunicação, análise e defesa [...]. Os instrumentos imediatos são dois: a câmera fixa e a palavra impressa. O instrumento predominante – que é igualmente um dos centros do tema – é a consciência humana individual e antiautoritária [...]. Se surgem complicações, é porque (os investigadores) tentam abordar seu tema não como jornalistas, sociólogos, políticos, animadores, filantropos, sacerdotes ou artistas, mas sim seriamente".[6]

Uma coisa é o tema nominal, o objeto da investigação, que se apresenta sem problemas, e outra coisa é o que Agee pretende e, sobretudo, a maneira como começa a trabalhar. E para isso, para esse trabalho, tudo o que tem são a palavra e a câmera, ou seja, a colocação em jogo das perguntas do Mestre Ignorante, e você, o que vê?, e você, o que diz?, e o que você pensa?, os sentidos, a linguagem e o pensamento, a capacidade de olhar, a capacidade de pensar e a capacidade de falar, o que é comum

---

[6] AGEE, J.; EVANS, W. *Elogiemos ahora a los hombres famosos*. Barcelona: Planeta, 2008. p. 12-13.

a todos os seres humanos, o que nos torna iguais, isso que é preciso utilizar, seriamente, como seres humanos, renunciando a qualquer posição enunciativa que, sendo segura e assegurada, impeça a experiência. É fácil olhar e pensar e escrever como jornalista, ou como sociólogo, ou como filantropo, inclusive como artista: só é preciso definir as convenções dessas posições enunciativas, de cada um desses "como", e assim se evitam as complicações, tanto a vertigem da produção como a dificuldade da recepção, porque quando o leitor reconhece esses "como" de quem lhe está falando, ele também saberá, imediatamente, do que se trata, e isso também lhe evitará complicações, também lhe evitará ler como um ser humano, isto é, seriamente.

De fato, o livro segundo começa desmontando o próprio dispositivo de escrita e de leitura (de produção e consumo de reportagens fotojornalísticas), quando Agee diz que lhe parece: "Curioso, obsceno e absolutamente assustador que a uma associação de seres humanos reunidos pela necessidade, a casualidade e o proveito em uma companhia, um órgão do jornalismo, ocorresse vasculhar intimamente nas vidas de um grupo de seres humanos indefesos e lastimavelmente prejudicados, uma família de campo, ignorante e indefesa, com a finalidade de exibir a nudez, a desvantagem e a humilhação dessas vidas perante outro grupo de seres humanos, em nome da ciência, do 'jornalismo honesto' (qualquer que possa ser o significado desse paradoxo), da humanidade, da ousadia social, por dinheiro e pela fama de fazer cruzadas e ser imparciais".[7]

Um grupo de seres humanos (uma companhia jornalística que busca o proveito e que se acredita qualificada, e que, além do mais, inventa-se, ou acredita-se, motivos nobres, quer dizer, que trabalha sem nunca duvidar de sua qualificação nem de seus motivos) exibe outro grupo de seres humanos (os parceiros, os únicos que são inocentes) diante de outro grupo de seres humanos (os leitores, os consumidores, esses cuja identidade, qualificação e motivações também são consideradas evidentes,

---

[7] AGEE; EVANS, 2008, p. 29.

e sobre as quais também é preciso se questionar). E em meio a essas circunstâncias, que, se são olhadas com cuidado, são curiosas, obscenas e absolutamente assustadoras, o encargo recai sobre dois jovens que sentem coisas tão estranhas como respeito e responsabilidade e que, precisamente por isso, suspeitam de seus chefes, depreciam-nos e os consideram como seus inimigos mais perigosos, como se, para poderem aceitar a incumbência e levá-la seriamente, tivessem não só de desconfiar de todos e, certamente, tratar de trair não somente o encargo como o dispositivo, comportar-se como traidores, mas também, e sobretudo, duvidar constantemente de si mesmos e da própria possibilidade de seu trabalho. "Que essas pessoas sobre as quais vou escrever são seres humanos que vivem neste mundo e são inocentes de ardis como os que agora giram sobre suas cabeças; e que conviveram com eles e foram observados, reverenciados e amados por outros seres humanos monstruosamente estranhos, empregados por outros ainda mais estranhos; e que agora são examinados por outros que depreenderam suas vidas tão casualmente como se fosse um livro, incitados por diversos reflexos possíveis de simpatia, curiosidade, ócio, etecetera, e quase certamente por uma falta de percepção e de consciência remotamente apropriadas para a enormidade do que estavam fazendo".[8]

A tarefa a que Agee se propõe e, sobretudo, as condições em que a enfrenta são enormes, estranhas, monstruosas, impossíveis e nada inocentes. Daí decorre essa mistura de temeridade e dúvida permanente com que a aborda, daí a desconfiança em direção a tudo e a todos, daí também o tremor e a constante vacilação da escrita.

Em um livro que quer se situar na estrela de Steinbeck e de Agee, William T. Vollmann qualifica como obra-mestra o livro *Elogiemos ahora a los hombres famosos* precisamente por expressar sua própria insuficiência e, ainda mais radicalmente, sua própria impossibilidade, a tensão trágica entre o fim proposto

---
[8] AGEE; EVANS, 2008, p. 34-35.

e os meios que emprega. Para Vollmann, o livro "é um sucesso porque fracassa",[9] e, por isso mesmo, diz Vollmann, Agee não pode senão expressar sua própria culpa, seu próprio autodesprezo, e não pode parar de pedir desculpas.

Mas o interessante talvez não seja tanto isso, a inevitável má consciência de "dois ricos observando a vida dos pobres",[10] como a estranheza com que Agee experimenta seu próprio trabalho, a sensação de irrealidade, o permanente desassossego pelo "quem sou eu?" (para fazer isso) e, sobretudo, a inevitável inquietação pelo "o que faço aqui?", ou seja, essas anomalias que fazem com que ele se comporte como um menino (disfarçado de viajante) e como um místico (com cara de poeta). Para Vollmann, o livro de Agee é um "estrondo de amor infantil" que o impulsiona a abraçar as pernas de um desconhecido que, em sua imensidade, "ergue-se muito alto e distante para ser apreensível".[11]

Para a tarefa que Agee se propõe realizar não servem nem a objetividade da ciência nem a subjetividade da arte, nem essa perversa mescla de suposta ciência e de suposta arte (que não é nem uma nem outra) que chamamos de jornalismo. As únicas ferramentas são a câmera, e tu, o que vês? (mas Agee desconfia de seu próprio olhar, porque sabe como a visão dos homens está corrompida por seu mau uso), a palavra impressa, e tu, o que dizes? (mas sabe como a escrita está corrompida pelas inumeráveis convenções que a constituem e que a impedem de captar e expressar o real), e a consciência individual, e tu, o que pensas? (mas sabe que a consciência humana também está corrompida pela mediocridade de suas conformidades e pela baixeza de suas submissões e demissões). "Porque no mundo imediato tudo pode ser claramente percebido por quem seja capaz de percebê-lo, e central e sensivelmente, sem dissecações científicas nem percepções artísticas, senão planejando, com a

---

[9] VOLLMANN, W. T. *Los pobres*. Barcelona: Debate, 2011. p. 14.

[10] VOLLMANN, 2011, p. 14.

[11] VOLLMANN, 2011, p. 14.

totalidade da consciência, percebê-lo tal como é, de modo que o aspecto de uma rua iluminada pelo sol possa clamar em seu próprio coração como uma sinfonia, talvez como nenhuma sinfonia saberia fazê-lo: e a consciência inteira é transferida ao esforço de perceber simplesmente o cruel esplendor do que é."[12]

James Agee aceita um encargo, mas, quando começa seu trabalho, interroga-se seriamente pelo o que faço aqui, pelo para que e para quem trabalha, e trata de enquadrar seu esforço em palavras estranhas, em frases longuíssimas, em vacilações inacabáveis. Naturalmente o livro fracassa em suas próprias pretensões, não pode senão fracassar, e se converte em uma gigantesca e formosíssima crônica de sua própria impossibilidade, ou, dito de outra maneira, em uma crônica dos perigos de se levar a sério a pergunta "o que faço aqui?".

Mas, se dermos atenção aos cortes do limbo com que comecei esse texto, a problematização do onde estamos passa por "saber que só os detalhes mais insignificantes, mais inúteis e menos edificantes revelam do que o mundo está feito". E isso é precisamente o que faz James Agee, perder-se nos detalhes, e aí é onde está a dignidade, a novidade e a relativa ilegibilidade de seu trabalho, se prestarmos atenção ao que escreve Jacques Rancière em um texto dedicado a Agee que se intitula, precisamente, "El resplandor cruel de lo que es".

Rancière começa ressaltando os inventários minuciosos e obsessivos que Agee faz de cada um dos objetos das casas dos parceiros. E insiste em que são esses morosos inventários dos detalhes mais insignificantes, mais inúteis e menos edificantes, essa atenção concentrada no cruel resplendor do que é, esse tomar partido por dizer tudo, esse não poder escolher entre o significativo e o banal, o que constitui, disse Rancière, o excesso pelo qual o texto transborda a tarefa e a converte em outra coisa. "A contagem das camisetas, alfinetes, pregos enferrujados, caseados de alpercatas, botões vermelhos e meias ou luvas sem parelha é uma maneira de tornar esses objetos inutilizáveis para

---

[12] AGEE; EVANS, 2008, p. 33.

qualquer análise da situação dos camponeses pobres oferecida aos médicos – tradicionais, reformistas ou revolucionários – da sociedade. Esta maneira é precisamente, diz Agee, a única atitude séria, a atitude do olhar e da palavra que não se alicerçam em nenhuma autoridade e não fundam nenhuma."[13]

O que Agee se propõe é ver, em cada detalhe, um mundo e um destino, o mistério da vida alheia (talvez de toda vida) e a arte de viver que, por um lado, expressa-o e, por outro, mantém-no a uma distância intransitável. E isso porque os ditos detalhes não só expressam necessidade e carência, essas coisas imediatamente legíveis e consumíveis, essas coisas que o leitor já sabe e que só quer que lhe sejam confirmadas repetidas vezes, mas também uma forma de beleza tão distante quanto incompreensível. O que Agee se propõe, diz Rancière, é "encontrar o tempo para fazer justiça ao resplendor cruel do que está ali" e, sobretudo: "Tornar sensível no próprio terreno a relação da débil casca de madeira em que estão recolhidas essas frágeis existências com o peso do globo que o abarca, a brutalidade metálica da luz e da exploração, o brilho distante das estrelas e de outras vidas possíveis".

Um pouco mais adiante: "O problema não é unir o todo com o todo, mas sim captar em cada detalhe o peso formidável da necessidade que se abate sobre os seres humanos e a arte com que estes respondem. É restituir cada elemento do inventário à dignidade do que ele é: uma resposta à violência de uma condição, o produto de uma arte de viver e de fazer, ao mesmo tempo que a cicatriz de uma dupla dor, a dor da necessidade sofrida e a dor de que a resposta jamais esteja à altura da violência dessa necessidade".[14]

E outro pouco mais adiante: "O 'todo' a que o livro aspira é a condensação, na plenitude de um minuto do mundo, de todas essas conexões no tempo e no espaço que tornam vertiginosa qualquer vida".[15]

---

[13] RANCIÈRE, J. El resplandor cruel de lo que es. In: *Aisthesis: escenas del régimen estético del arte*. Shangrila: Santander, 2014. p. 288-289.

[14] RANCIÈRE, 2014, p. 291-292.

[15] RANCIÈRE, 2014, p. 294.

Certamente Vollmann tem razão quando qualifica o livro de Agee como fraco, infantil e prepotente. Porque Agee padeceu dessa enfermidade da identidade e do tempo que no limbo chamamos de inquietude e que relacionamos com as crianças (com esses seres estranhos dotados de uma curiosidade infinita e desordenada que faz com que eles se interessem por qualquer minúcia e, sobretudo, não possam escolher – nem diferenciar – entre o significativo e o insignificante), e dessa enfermidade da relação e do espaço que no limbo chamamos de desassossego e relacionávamos com os místicos (com esses seres que aspiram o todo sabendo que só poderão intuí-lo, e apenas por um instante, no mais ínfimo, no mais inútil e no menos edificante).

E certamente Rancière também tem razão quando define o programa de Agee como "ver em cada coisa um objeto consagrado e uma cicatriz",[16] embora talvez pudéssemos mudar a frase e caracterizar esse programa como ver em cada cicatriz um objeto consagrado, quer dizer, a inocente sacralização do real que caracteriza as crianças e a impossível realização do sagrado que caracteriza os místicos.

2

Um jovem aprendiz de médico termina seus estudos em 1981. Para completar sua formação, é destinado a ele um serviço de longa estadia (*long séjour*) em um hospital ou, para dizer sem eufemismos, nesse lugar onde os pacientes são hospitalizados por toda a vida, ou até a morte, e decide ali fazer sua tese de doutorado, que intitula *Aspectos humanos y psicosociales de la vida en un centro de larga estadía*.[17] Mas na metade da redação da tese surge o tremor, o que faço aqui?, a perturbação, a sensação de irrealidade, e o projeto se converte em outra coisa: o psicosso-

---

[16] RANCIÈRE, 2014, p. 292.

[17] BAZIN, P. *Long Séjour: aspects humains et psycho-sociaux de la vie dans un centre de Long Séjour à propos d'une expérience en stage interne*. Bruselas: Ah! Éditions, 2009.

cial se vê desguarnecido por esse impalpável que chamamos de humano (seja o que for que entendemos por humano), o centro de longa permanência vai se convertendo, pouco a pouco, em um lugar de vida (seja o que for que entendemos por vida), e seu trabalho, tanto o de médico interno como o de pesquisador de doutorado, vai se convertendo, pouco a pouco, em uma experiência (seja o que for que entendemos por experiência).

Philippe Bazin conta que no centro em que ele trabalhava havia muitas mortes todo mês e que, um dia, enquanto classificava o histórico clínico de uma pessoa falecida na semana anterior, deu-se conta de que havia se esquecido de seu rosto. Decidiu então fotografar todos os anciões. Porém, ver as fotos, como ele mesmo disse: "Foi uma revelação. Tudo o que a cada dia tinha diante dos olhos e não via, literalmente, estampou-se na minha cara: o sofrimento moral das pessoas, sua extrema solidão, sua espera paciente pela morte libertadora, sua cólera violenta".[18]

O estudo que estava realizando adquire a partir daí um caráter claramente fenomenológico (a intenção de ver não o que há por trás ou debaixo das aparências, mas sim as próprias aparências, isso que temos todo dia diante dos olhos, mas não vemos, ou, para dizer de outra maneira, o esforço de revelar o visível, de tornar visível o visível), e Bazin se dedica a descrever minuciosamente gestos, sensações e situações, como, por exemplo, o despertar (quando os velhos ainda não podem se mover e a primeira preocupação é comer algo para cancelar o efeito dos soníferos), ou esse momento em que se percebe que há alguns que esperam algo do dia, enquanto outros já não esperam nada (que há alguns que ainda olham, e outros que não olham nada), ou a descrição dos ruídos que marcam a chegada do desjejum, ou os gestos que acompanham o ritual diário do asseio, ou os espaços que, em sua funcionalidade, mostram que são espaços de abandono, ou o modo como as relações de atenção são, às vezes, ao mesmo tempo, relações de humilhação, ou a infantilização dos velhos, ou as cruéis relações econômicas

---

[18]BAZIN, 2009, p. 11.

dos anciões com a família, ou como a visita médica mostra uma terrível falta de presença: todos esses detalhes insignificantes, inúteis e nada edificantes que mostram do que o mundo está sendo feito. Entre o trabalho com a fotografia e o trabalho com a descrição, Bazin começa a problematizar seu próprio papel assistencial e começa a se preocupar com o que denomina de a presença. Pensa que a presença tem a ver, basicamente, com o tempo (com o se dar tempo, ter tempo, dedicar tempo), e que também tem a ver com a distância (e, portanto, com o olhar, com o tato, com a colocação do corpo em jogo). Bazin faz visitas médicas pelas manhãs e sessões de fotografia durante as tardes, e sua busca consiste, precisamente, em pensar (habitando-as, experimentando-as) as diferenças e as semelhanças, os limites e as possibilidades de ambos os dispositivos (a visita e a sessão), visto que cada um deles supõe (e constitui) formas distintas da presença, da distância e da visibilidade. "Foi uma busca que durou nove meses. Pela manhã atendia, cumpria meu papel de médico; à tarde voltava com minha câmera fotográfica para falar com os velhos, fotografá-los e observar tudo o que acontecia."[19]

Bazin começa a trabalhar na tensão entre o olhar clínico (um dispositivo ótico, ao mesmo tempo que institucional e discursivo[20]) e certas possibilidades do olhar fotográfico (que também é um aparato, um dispositivo, às vezes a serviço do olhar clínico, mas também, às vezes, capaz de assumir formalmente a resistência do humano aos dispositivos biopolíticos que o enquadram e o subordinam).

As primeiras fotos, as que inseriu, comentadas, em sua tese, mostram os pacientes em seus quartos e incluem o que poderíamos chamar seu enquadramento institucional, como se pretendessem revelar a relação entre o corpo e o lugar. Nelas trabalha, entre outros aspectos, uma distinção muito potente do

---

[19] BAZIN, P. Entretiens: propos recueillis par Christiane Vollaire. *Agora. Éthique, Médecine, Société*, n. 39, 1997-1998. p. 65-66.

[20] Esse que Michel Foucault analisou em *El nacimiento de la clínica: una arqueología de la mirada médica*. México: Siglo XXI, 2007.

que chama de a zona suja (o espaço cada vez mais estreito onde os corpos se encerram) e a zona limpa (que seria a zona hospitaleira que os cerca). A citação diz o seguinte: "Os velhos estão depositados em uma zona suja rodeada de limpeza. Essa limpeza não deve ser manchada de modo algum. A zona suja deve ser a menor possível, do tamanho de uma cama".[21] Por outro lado, essas primeiras fotos ainda mostram algumas convenções, ainda seguem alguns modelos: "Imediatamente compreendi, por causa de triturar fotos no laboratório, que a forma como as fazia não era conveniente. Correspondiam-se demais com o que havia visto nas revistas especializadas, o retrato, o realismo poético, a reportagem, todos os gêneros que estavam em voga na França nessa época".[22]

Em 1983, Bazin defende sua tese na Universidade de Nantes, passa-se algum tempo, e "[u]m dia, convertido em clínico geral, estava examinando, com a ajuda do estetoscópio, um paciente estendido sobre uma maca: estava inclinado sobre ele, meu rosto muito próximo do seu, e nos olhávamos sem nos vermos, em uma espécie de corpo a corpo distante. Nossos olhares se cruzaram reciprocamente. Nesse momento, compreendi que a longitude de meu instrumento de exame era a de minha distância fotográfica, que era preciso que me aproximasse mais e que todo o contexto alheio ao rosto desaparecesse, pois nenhuma contextualização era possível para o que queria fazer. Voltei aos centros de Estadia de Longa Duração para fazer o que foi minha primeira série verdadeira de fotografias. E decidi vender meu consultório médico e estudar fotografia. Era o ano de 1986".[23]

Ou, em outro lugar: "Meu ponto de vista, como é óbvio, é estar perto das pessoas. Jamais as fotografo com uma teleobjetiva, de longe; estou fisicamente muito perto delas, a menos de 50 centímetros. Não cheguei a essa distância por uma decisão

---

[21]BAZIN, 2009, p. 51.
[22]BAZIN, 2009, p. 12.
[23]BAZIN, 2009, p. 12.

teórica: nasceu de minha experiência médica. Pela necessidade de examinar pessoas deitadas com meu estetoscópio, dei-me conta de que, entre o paciente e eu, nossos rostos estavam muito próximos um do outro; nos olhávamos sem nos vermos, nos atravessávamos, havia um intercâmbio de olhares que se produzia no vazio, de olhares não motivados, porque eles não tinham necessidade de olhar para mim, e eu também não tinha necessidade de olhar para eles; escutava. Mas ao mesmo tempo nos olhávamos, nos olhávamos em direção a outro lugar, porque estávamos demasiado próximos para poder ver outra coisa que não fosse o rosto do outro. Essa distância provém daí: da longitude do estetoscópio. Essa longitude introduz uma relação de proximidade muito íntima, quase obscena. Relação que nunca teremos na vida cotidiana, salvo com as pessoas que amamos".[24]

Bazin começou atuando como médico e pesquisador. A partir de um determinado momento começou a descrever e a fotografar. Tanto as descrições como as fotografias o levaram a problematizar o que é isso de ser médico e de ser pesquisador, levaram-no a se perguntar quem sou? e o que faço aqui?. Então embarcou em uma busca que tinha a ver com o corpo, com o rosto, com a presença, com o olhar, com a distância, com esses detalhes insignificantes, inúteis e nada edificantes que revelam de que está feito um mundo. E isso o levou a se converter em fotógrafo.

Essa segunda série de fotografias (que constituem a série intitulada *Vieillards*, velhos, e que já está feita à distância do estetoscópio) consta de primeiríssimos planos, e já não de corpos estendidos, horizontais, mas de rostos verticais. Como se quisesse opor a singularidade dos rostos à despersonalização institucional dos corpos recolhidos em seu próprio abandono. Como se quisesse expor o conflito entre uma vida já moribunda e emoldurada, além disso, pelos dispositivos de gestão da morte, e o resto de energia que ainda habita em um rosto humano. "Procuro erguer as pessoas. De uma maneira ou de outra, seja no hospital

---

[24]BAZIN, 1997-1998, p. 81.

onde estão estendidas em suas camas, ou na instituição que as esmaga, as pessoas estão física ou simbolicamente deitadas. Meu desejo é devolver a cada uma das pessoas cujo rosto fotografo a dignidade do ser humano verticalizado. Dignidade de um olhar que é preciso sustentar."[25]

Georges Didi-Huberman chama essa operação de desaprisionamento, ou de desencarceramento, porque deixa a instituição fora do quadro, embora sua presença continue sendo evidente. Como se o espaço institucional estivesse simultaneamente presente, mas em sua invisibilidade e, portanto, em sua abstração máxima, como se estivesse, ao mesmo tempo, presente e não presente.[26] E aí a foto (o rosto) já não é só um testemunho documental, mas sim a presença de uma vida, também de um modo de vida que, como o dos parceiros de Agee, é, ao mesmo tempo, próximo e distante, simultaneamente material, brutalmente material, e incompreensível. De alguma maneira, o itinerário de Bazin expõe a relação e a tensão entre o ambiente institucional (que trata de perceber todos os detalhes de um espaço que aprisiona, forma e, ao mesmo tempo, despersonaliza), o ambiente clínico (conseguido através da distância do estetoscópio, da homogeneidade do procedimento, da eliminação de todo gesto psicológico, de qualquer iluminação expressionista, de qualquer tentação lírica, de qualquer nota de ambiente) e a epifania do rosto puro (algo assim como a vida desnuda, a singularidade misteriosa e inalcançável que cada rosto humano opõe à despersonalização institucional). Como diz Bernard Lamarche-Vadel: "Gesto inaudito, gesto único, verdadeiro gesto humano de um jovem médico o de romper com sua tarefa administrativa para se instalar na cabeceira de seus velhos pacientes e falar com eles, olhar o seu rosto, fotografá-los. Gesto político de verdadeira política humana, a saber, gesto de proteção da visibilidade de cada um e sobre todos aqueles que, para serem olhados, devem encontrar

---

[25]BAZIN, 1997-1998, 70.

[26]DIDI-HUBERMAN, G. *Pueblos expuestos, pueblos figurantes*. Buenos Aires: Manantial, 2014. p. 78.

fora de si próprios e quase por acaso a maneira de aquiescer ao seu próprio rosto e à possibilidade de que ele seja olhado de frente e representado".[27]

3

A terceira história poderia começar assim: "Um cineasta chamado Pedro Costa trabalhou durante anos em um bairro que já não existe. Como tantos lugares miseráveis, foi demolido em nome do progresso. Chamava-se Fontaínhas e podia ser encontrado na periferia de Lisboa. Viviam ali, em casas que eles mesmos haviam construído, emigrantes do norte de Portugal que haviam chegado nos anos 1960, e emigrantes de Cabo Verde vindos um pouco mais tarde. Todos pobres. Mas não é do bairro que lhes quero falar. Lugares como Fontaínhas são abundantes nos subúrbios das grandes cidades de todo o mundo. Tampouco quero lhes falar da pobreza. A pobreza não é novidade, como também não é novidade o problema da pobreza entre os que são menos pobres. A pobreza nunca falta. Como tampouco faltam os que dão visibilidade à pobreza, os que tratam de dar voz e rosto aos pobres para que nos falem de suas condições de vida; nem os explicadores da pobreza, os que tratam de torná-la inteligível mostrando sua conexão com lógicas sociais, culturais, políticas ou econômicas; nem os pregadores da pobreza, os que tratam de sensibilizar aos que não são pobres sobre a pobreza; nem os políticos da pobreza, os que tentam oferecer alternativas que passam, na maioria das vezes, pela colocação em marcha de serviços profissionais especializados em saúde, em educação ou em diversas formas de intervenção social. Pedro Costa não foi a esse bairro para informar, nem para dar visibilidade, nem para explicar, nem para conscientizar, nem para propor alternativas. Pedro Costa esteve em Fontaínhas porque queria fazer um filme, e esse fil-

---

[27]LAMARCHE-VADEL, B. Faces protégées, citado por DIDI-HUBERMAN, 2014, p. 39.

me levou a outro e depois a mais outro. E no curso desses três filmes, Costa precisou refletir sobre suas relações com o mundo, com o cinema e consigo mesmo [...]. Em um artigo sobre Pedro Costa, José Neves cita uma frase do escultor Constantin Brancusi que talvez nos caísse bem para começar: 'O difícil não é fazer coisas. O que é difícil é nos colocarmos em condições de fazê-las'. O difícil não é fazer um filme, ou uma pesquisa. Basta seguir as regras do ofício, o que se ensina nas escolas de cinema ou nas pós-graduações de iniciação à pesquisa. Mas para fazer com que um filme, ou uma pesquisa, seja uma experiência singular e de singularização, e uma experiência de igualdade e de verificação de igualdade, é preciso um certo estado, uma certa disposição, uma determinada maneira de habitar o ofício (de cineasta, de investigador)".[28]

Essa história tem a ver com o que acontece quando fazer um filme não é seguir as regras de um ofício, mas sim fazer uma experiência, e uma experiência que compromete as relações com o mundo, com o próprio ofício (com o cinema, nesse caso) e consigo mesmo.

Costa chegou ao bairro como carteiro. Havia feito um filme em Cabo Verde, e algumas pessoas haviam entregado a ele cartas e pacotes para seus parentes emigrantes em Lisboa.

---

[28] LARROSA, J. Como entrar no quarto da Vanda: notas sobre a investigação como experiência (tendo como referência três filmes e alguns textos de Pedro Costa) e considerações sobre a investigação como verificação da igualdade (tendo como referência alguns textos de Jacques Rancière. In: FERNANDES, F.; VARGAS, M. J.; KOHAN, W. O. (Org.). *Encontrar escola*. Rio de Janeiro: Lamparina, 2014. p. 22. Os três filmes que Costa realizou em Fontainhas são *Ossos* (1997), *No quarto de Vanda* (2000) e *Juventude em marcha* (2006), os dois últimos editados na Espanha, pela Intermedio. A reflexão de Pedro Costa sobre a trilogia, muito rigorosa, está reunida basicamente no livro *Un mirlo dorado, un ramo de flores y una cuchara de plata* (Barcelona: Prodimag, 2008), que contém uma longa conversa em que informa tanto sobre sua forma de trabalhar quanto da história desses filmes. O artigo de José Neves em que está a frase de Brancusi é "Sete condições para nos pormos em estado de fazer um trabalho", em CABO, R. M. (Org.). *Cem mil cigarros: os filmes de Pedro Costa*. Lisboa: Orfeu Negro, 2009. p. 241-247.

Quando entrou em Fontaínhas e conheceu seus habitantes, sentiu-se fascinado pela beleza do bairro, por sua riqueza sensível, e então decidiu fazer um filme. Enquanto estava fazendo esse filme, percebeu que as regras do ofício faziam com que o real escapasse, que sua própria presença no bairro se prenunciava falsa, ou, como diria Agee de uma maneira mais dramática, curiosa, obscena e absolutamente aterradora. Surgiu então a pergunta perigosa, essa de o que faço aqui?. E Pedro Costa começou a boicotar seu próprio filme. "Não sabia o que fazer com essas pessoas ao meu redor, atrás da câmera. Sempre tinha a impressão de que algo era fingido, não tanto diante da câmera como por trás dela. A ficção estava atrás, a ambientação, as colocações em cena, as intrigas... Havia demasiada ficção ali atrás e talvez não o suficiente na frente, ou não a bem ou mal ordenada. Acreditava um pouco em mim mesmo, sabia que tinha coisas para dizer, lugares para encontrar, pessoas. Mas por trás da câmera era um problema."[29]

Ou, em outro lugar: "Fazíamos corretamente todos os gestos do cinema, todos os movimentos, todas as posições da câmera, o equipamento funcionava e via que o que acontecia estava atrás de mim. À direita e esquerda o real fugia. Escapava por todas as partes e então, de alguma maneira, comecei a boicotar o filme".[30]

Fazendo *Ossos* (seguindo as regras do ofício, obedecendo ao que havia atrás da câmera, impostando os gestos do cinema), Costa percebe como o bairro lhe escapa, como se houvesse uma tensão e uma incompatibilidade entre o cinema (o dispositivo cinema com todos os seus imperativos e todas as suas convenções: o que há por trás da câmera) e o bairro. E como se houvesse uma incompatibilidade também entre o cinema e ele mesmo (a maneira como o dispositivo cinematográfico protege e, ao mesmo tempo, distorce sua própria presença, sua própria maneira de estar no bairro). E decide então fazer um

---
[29]COSTA, 2008, p. 12.
[30]COSTA, 2008, p. 14.

filme que não seja um filme. "Havia artifícios demais, máquinas demais. Evidentemente, o bairro também resistia. Queria estar ali, com essas pessoas, mas de outra maneira. E o cinema não passava em absoluto pelo bairro, ali não se podia fazer nenhum filme. Precisava encontrar um filme que não fosse um filme."[31]

Em que consiste, então, isso de se dar condições de fazer cinema fora do cinema, fora desse cinema, ou dessa maneira de fazer cinema, que se impõe no bairro e que protege o bairro, e de fazer um filme que não seja um filme, esse tipo de filmes pelos quais o bairro não acontece, nos quais o bairro não é outra coisa senão uma matéria-prima com que alimentar o funcionamento da indústria cinematográfica? E, entre essas condições, estão certos limites morais e, sobretudo, uma relação distinta com o tempo. "Impúnhamos um aparato enorme a um bairro já explorado por todo mundo, que não tinha necessidade de, além disso, ser explorado pelo cinema. Já havia a polícia, o desemprego, a droga, os brancos... e o cinema? Por outro lado, uma filmagem tem um lado muito 'policial'. Chegamos como a polícia e depois vamos embora, como a polícia."[32]

À questão que o incomodava tanto em *Ossos*, Costa responde: "A histeria, a angústia permanente que todos os cineastas têm durante a filmagem... Existem 40 mil projetores que conseguem uma imagem muito bela, como o sol caindo sobre as folhas. Quando obtêm esse tipo de beleza, ficam muito satisfeitos. E depois uma figura, da maneira mais idiota, se vira e vê o sol de verdade ou um pequeno pedaço de terra... E diz a si mesmo: vá, talvez isso seja mais bonito. Alguns cineastas olham para os lados, e eu via que sempre era melhor o que estava ao lado. A experiência com o produtor era angustiante: eu lhe dizia 'olhe ali' e ele me respondia 'eu sei, mas não temos tempo'. E eu não podia esquecer daquilo, o que tinha ao lado".[33]

---

[31] COSTA, 2008, p. 36-37.
[32] COSTA, 2008, p. 38.
[33] COSTA, 2008, p. 39.

Pedro Costa filmava em Fontaínhas sentindo que explorava cinematograficamente o bairro, que não tinha tempo para o que na realidade o interessava, que as tecnologias que usava conseguiam formas de beleza convencionais nas quais o bairro não se encontrava, que seu trabalho ali era por demais protegido pelo cinema, que só se liberando do cinema, do dispositivo cinema, poderia fazer outra coisa, poderia entrar no quarto de Vanda. Porque, para fazer um filme que não seja um filme, não basta querer fazê-lo. É preciso que algo venha do mundo, um convite, uma proposta, algo a que responder, e isso é, precisamente, o que faz Vanda depois da estreia de *Ossos*, dos festivais, dos prêmios, das excursões, das entrevistas, das críticas, das polêmicas, das opiniões a favor e contra, da angústia e do desgosto por tudo isso. "Digo-me que *No quarto de Vanda* começa com um convite de Vanda. Mesmo quando ela não o formulara desse modo, era algo como: 'venha fazer minha cena em meu quarto, eu sou uma moça, você é um rapaz, evidentemente minha irmã e eu gostamos muito de você, somos duas no quarto e você vem passar um tempo com duas moças em uma casa para fazer algo de que você gosta, o cinema'. Esse convite é o sonho de todo cineasta – heterossexual, ao menos [...]. Convidaram-me a algum lugar, gostam de mim, gosto delas: isso é o que faz um filme [...]. Iria lá porque gostara de Vanda, o bairro, vê-lo pela primeira vez, fazer o filme mais formoso do quarto, do bairro, de Portugal, do mundo. Então me instalei."[34]

No convite de Vanda não há uma intenção documental convencional. Vanda não se oferece como um caso que se possa utilizar para explicar qualquer coisa, para conscientizar sobre qualquer coisa, para sensibilizar, para informar. Vanda oferece sua casa, oferece a si mesma (como disse Costa: seus silêncios, sua fadiga). E o cineasta decide instalar-se por amor, porque sente que o bairro e a casa são lugares estranhos, duros, difíceis, mas também formosos, habitáveis, e talvez bons para fazer um filme que não seja um filme.

---

[34]COSTA, 2008, p. 47.

À pergunta sobre se Vanda o incitou a filmar o bairro, Costa responde com outra formulação do convite de Vanda que também é muito formosa: "Vem ao meu quarto filmar-me, talvez também a minha irmã, e em minha casa você é um rapaz e nós, moças. Através do que vou lhe contar, revelar, talvez você vá descobrir este bairro e este mundo. Vou lhe contar coisas, como nos organizamos, por que fumamos droga ou não, por que minha mãe é assim, por que meu pai me fez isso, por que falo crioulo... é minha palavra que vai mostrar o bairro a você, não necessita sair do quarto".[35]

Costa decide aceitar o convite de Vanda e ficar ali para estar com ela, para habitar o bairro de outra maneira, para ensaiar a possibilidade de fazer um filme que não seja um filme, para ensaiar também a si mesmo, para encontrar sua própria maneira de fazer cinema (fora do cinema), para se converter em outro cineasta.

Costa não filma Fontaínhas como mais uma representação desses bairros miseráveis que rodeiam as grandes cidades de todo o mundo. O quarto de Vanda também não é a representação dessas casas pequenas e abarrotadas nas quais transcorre a vida dos pobres. Às vezes é uma praça pública, às vezes um santuário, às vezes um escritório de hospital, às vezes um confessionário, às vezes um quarto de adolescente em que duas moças jovens escutam música, fumam droga e falam de seu passado. O tempo em que Vanda vende verdura pelas casas ou fuma droga no seu quarto, ou o em que Ventura se dedica a perambular pelo bairro, não é o tempo cativo da necessidade e da sobrevivência. O espaço e o tempo em que habitam os personagens de Costa estão dissociados de qualquer "condição" miserável e, portanto, estão construídos a partir da igualdade com o espaço e o tempo de todos ou de qualquer um. Mas também a linguagem e o pensamento estão tomados como uma verificação da igualdade. Como disse Rancière, os filmes de Costa mostram "as lentidões, as aproximações, as pausas e as explosões da palavra pelas quais os jovens drogados arrancam

---

[35] COSTA, 2008, p. 54.

da tosse e do abatimento a possibilidade de dizer e de pensar sua própria história, de passar em revista suas vidas e de voltar a ser, um pouco que seja, donos delas".[36]

E é a partir daí que os filmes de Costa não têm nada a ver com a impotência dos pobres, com o que lhes falta, com suas carências e suas debilidades, com suas necessidades, mas sim com sua potência: "Com a capacidade de uns corpos quaisquer para se apoderar de seu destino, com a confrontação de umas vidas com o que elas podem".[37] Ou, em outro lugar: "com desligar-se do potencial poético da decoração sórdida e da palavra atrofiada das vidas atrofiadas, para fazer coincidir, mais além de toda estatização da miséria, as potencialidades artísticas de um espaço e as capacidades dos indivíduos mais deslocados para retomar seus próprios destinos".[38]

4

O que há nas três histórias? Algo que tem a ver com isso de para que e para quem da investigação, com isso de o que faço aqui?, com isso do sentimento de irrealidade, ou do sentir-se viver, com isso de pensar o que se faz, ou pensar o que se diz, ou pensar o que se pensa, algo que tem a ver com a presença, ou com a consciência, ou com a igualdade, ou com a humanidade comum, ou com o fazer as coisas seriamente, algo que tem a ver também com o risco, com o colocar em jogo a si mesmo, com a coragem da verdade.

Nas três histórias há um encargo, ou uma intenção, mais ou menos convencional, mais ou menos institucionalizada, que exige não só que se faça algo (uma reportagem jornalística, uma tese de doutorado, um filme), mas sim, sobretudo, que se faça de determinada maneira, com os métodos disponíveis, a boa

---

[36]RANCIÈRE, J. *El espectador emancipado*. Castellón: Eliago, 2010a. p. 65.
[37]RANCIÈRE, 2010a, p. 82.
[38]RANCIÈRE, J. A carta de Ventura. In: O CINEMA de Pedro Costa. São Paulo: Centro Cultural Banco do Brasil, 2010. p. 102.

consciência disponível, o gênero da escrita (ou fotográfico, ou cinematográfico) disponível. Só é preciso aprender as regras desse lugar altamente normatizado e mercantilizado chamado investigação (ou jornalismo, ou indústria cinematográfica), as regras do ofício (de pesquisador, de jornalista, ou de cineasta) e só é preciso segui-las sem nunca as colocar em dúvida para escrever (ou filmar) sobre outros lugares (o bairro miserável de Fontaínhas, os quartos decrépitos dos hospitais, as casas dos algodoeiros) de maneira que esses textos (ou esses filmes) funcionem bem (vendam bem, tenham êxito). Para isso é preciso buscar e selecionar palavras (ou imagens) que sejam significativas, úteis e edificantes (que transportem uma moral).

Nas três histórias há um momento de perturbação, um o que faço aqui?, e a partir desse momento tudo se torna confuso. Quando o jornalista, o médico ou o cineasta tratam de dar conta do que acontece com eles, começam a aparecer palavras tão estranhas como "humanidade", "presença", "vida", "experiência", "consciência", "ira", "amor", "confusão", "seriamente", "pensamento", "curioso", "obsceno", "aterrorizante". E todos eles começam a suspeitar de que as regras do encargo os habilitam para fazer algumas coisas, sim, mas ao preço de desabilitá-los para outras. E então começam a trabalhar contra si mesmos, contra seu próprio lugar, contra as regras que lhes davam o lugar. E aparecem então detalhes insignificantes, inúteis e nada edificantes, desses que dizem a você, de verdade, de que está feito um mundo. E sentem que precisam estar à altura desses detalhes. E suspeitam de para que ou para quem trabalham. E começam a se perguntar coisas tão estranhas como, por exemplo, como fazer justiça ao cruel resplendor do real, ou como fotografar a força da vida que aparece em um rosto desencarcerado, ou como entrar no quarto de Vanda, ou como filmar as formas de vida (e de morte) que pulsam todos os dias nas vozes balbuciantes e nos gestos imprecisos que acontecem em um quarto malcheiroso que tem, às vezes, algo de igreja, algo de praça pública, algo de confessionário, algo de gabinete médico. E tudo o mais é curioso, para não dizer obsceno e absolutamente aterrorizante, porque não faz outra coisa além de untar a máquina da percepção (essa na qual tudo já está visto, nomeado, pensado de antemão), assegurar a própria posição, ao mesmo tempo que também se assegura que nunca se problematizem esses dispositivos que, ao passo que dão um lugar e ditam as regras, resgatam o esforço de olhar, o esforço de dizer, o esforço de pensar.

E direi, por último, que nas três histórias também há uma possibilidade de problematizar a investigação não a partir do ser (quem sou ou como sou enquanto investigador, como construí minha identidade como investigador) ou a partir do fazer (que faço eu enquanto investigador, quais são minhas ações e seus resultados), mas sim a partir do estar. Isso nos levaria a pensar não tanto nas formas de ser investigador, nas formas de fazer investigação, mas sim nas formas de estar na investigação, ou melhor, nas maneiras de habitar o espaço em que se investiga. A comodidade de Costa com o dispositivo cinema, de Agee com o dispositivo reportagem ou de Bazin com o dispositivo tese universitária tem a ver com o fato de que esses dispositivos constituem formas covardes de estar ali, formas de ocupar o espaço a partir de uma posição de domínio e de exploração, convertendo-o em uma matéria-prima mais ou menos interessante para a produção de filmes, de teses ou de reportagens. Tais dispositivos não lhes permitem se aproximar do lugar de maneira correta e, sobretudo, não lhes permitem estar ali. Porque estar ali não é ocupar um espaço, ou se apropriar de um espaço, ou utilizar um espaço, sem habitá-lo. E para habitar um espaço fazem falta hábitos, rotinas, modos de estar. A partir desse ponto de vista, as três histórias que lhes contei têm a ver também com isso, com que a investigação é uma forma de estar ali que supõe a presença, a igualdade, o corpo, o sentido das distâncias, o uso adequado dos instrumentos, o desprender-se do supérfluo e, inclusive, aspectos mais sutis como o dar-se tempo e o dar tempo, o dar-se espaço e o dar espaço.

Intervalos: ou 20 minutos na fila

Tradução: *Filipe Santos Fernandes*

A Casilda Peñalver, in memoriam.

1

O que quero fazer aqui com vocês é problematizar a relação entre relato e identidade, retomar a questão da identidade narrativa, reformular a questão do relato autobiográfico como o lugar de elaboração e reelaboração da identidade, do que somos, de quem somos, do que nos tornamos, do que acontece conosco, de como nos tornamos o que somos, do que não podemos e não queremos ser, do que já estamos deixando de ser.

Devo dizer-lhes, antes de começar, que a mim sempre incomodou a identidade. De fato, meu primeiro texto sobre esses temas, um texto revisado e corrigido para fazer parte do livro que estamos apresentando neste congresso, intitulava-se "Narrativa, identidad y desidentificación: notas sobre la vida humana como novela",[1] como se quisesse sugerir que as histórias pessoais fazem, mas sobretudo desfazem, isso que chamamos identidade, quer dizer,

---

[1] In: *La experiencia de la lectura: estudios sobre literatura y formación*. Nueva edición revisada y aumentada. México: Fondo de Cultura Económica, 2003. Uma versão desse texto, intitulada "Notas sobre narrativa e identidade (a modo de presentación)", foi publicada no livro deste congresso, organizado por Maria Helena Menna Barreto Abrahão: *A aventura (auto)biográfica: teoria & empiria*. Porto Alegre: EdiPUCRS, 2004.

a coincidência do sujeito consigo mesmo e a maior ou menor estabilidade dessa coincidência no tempo, o que poderíamos chamar de dinâmica da identidade. Por outro lado, meu outro texto sobre autobiografia, um texto a respeito das *Confissões* de Rousseau, intitula-se "Os paradoxos da autoconsciência"[2] e insiste também na escrita de si como um lugar em que se produzem, simultaneamente, a solidificação e a diluição da identidade. Além disso, meus trabalhos sobre o romance de formação[3] têm a ver também com como esse gênero narrativo clássico mostra a impossibilidade de pensar qualquer devir como uma apropriação identitária. Se a isso acrescentarmos as reservas que anunciamos antes sobre a relação entre a construção da identidade e as biopolíticas da identificação, vocês compreenderão que não me sinto confortável com a identidade.

O que vou fazer hoje, dando um passo a mais nessa linha, talvez um passo atrás, ou um passo ao lado, é explorar outra vez a relação entre a experiência, o relato autobiográfico e isso que poderíamos chamar, pelo menos neste momento, o eu, o si mesmo, o sujeito, a relação que cada um de nós temos conosco mesmos, com nossa vida, com o passar do que nos acontece, com o modo como compreendemos ou não a nós mesmos. A experiência é "o que nos acontece", o relato é um dos modos privilegiados de como tratamos de dar sentido narrativo a isso que sucede conosco, e o sujeito da experiência, convertido no sujeito do relato, é o autor, o narrador é o personagem principal dessa trama de sentido e de sem-sentido[4] que construímos como nossa vida e que, ao mesmo tempo, constrói-nos.

Para problematizar essa relação entre experiência, relato e subjetividade, tomarei como pretexto alguns escritos de Imre Kertész, esse húngaro que ganhou o Prêmio Nobel de Literatura em 2002 e que é autor de uma série de romances de caráter

---

[2] Neste livro, p. 27-54

[3] Sobretudo "Do espírito de criança à criança do espírito" e "Três imagens do *Paradiso*", também em *Pedagogia profana*.

[4] Em espanhol, *sinsentido*. [N.T.]

marcadamente autobiográfico nos quais trata de elaborar suas experiências, tanto nos campos de concentração nazistas como na ditadura comunista de seu país. Vou considerar dois romances: *Sem destino* e *O fiasco*.[5] Vou considerar também dois textos mais ou menos ensaísticos em que Kertész diz algumas coisas muito importantes sobre sua própria escrita: o "Ensayo en Hamburgo" e o "Discurso de recepción del Nobel". Por último, vou usar algumas partes de *Diario de la galera*,[6] sobretudo aquelas que se correspondem com a redação dos romances que já havia comentado.

E quero adverti-los também, antes de começar, de que vou tomar a obra de Kertész não porque nos torna as coisas fáceis, mas porque as torna difíceis. Kertész nos fala da impossibilidade da experiência, da desconstrução do sujeito e da incapacidade do relato para produzir sentido. Por isso, o tema desta conferência será, então, a relação entre uma experiência que se sabe impossível, um sujeito que se sabe destruído e um relato que se sabe insignificante.

2

Vou começar lendo o início de uma conferência que Kertész pronunciou em Hamburgo, em maio de 1995.[7] O primeiro fragmento diz assim: "o conferencista [...] nasceu no primeiro terço do século XX, sobreviveu a Auschwitz e passou pelo stalinismo, presenciou de perto, como morador de Budapeste, um levante nacional espontâneo, aprendeu, como escritor, a se inspirar exclusivamente no negativo, e seis anos depois do final da ocupação

---

[5] Neste trabalho foram utilizadas as seguintes traduções em língua portuguesa, publicadas no Brasil: *Sem destino*. Tradução de Paulo Schiller. São Paulo: Planeta do Brasil, 2003; e *O fiasco*. Tradução de Ildikó Sütö. São Paulo: Planeta do Brasil, 2004. [N.T.]

[6] A tradução dos fragmentos das obras "Ensayo en Hamburgo", "Discurso de recepción del Nobel" e *Diario de la galera* foi realizada a partir dos trechos disponibilizados pelo autor no manuscrito deste artigo. [N.T.]

[7] KERTÉSZ, I. Ensayo de Hamburgo. In: *Un instante de silencio en el paredón*. Barcelona: Herder, 1999.

russa chamada socialismo [...], encontrando-se no interior desse vazio voraginoso que nas festas nacionais se denomina liberdade e que a nova construção define como democracia, pergunta-se se servem de algo suas experiências ou se viveu tudo em vão".[8]

Temos um homem cuja vida atravessa o século. Um homem que padeceu a história do século e que, em um momento quase terminal de sua vida, quase fazendo um balanço, pergunta-se pelo valor de suas experiências. Se suas experiências não servem de nada, então haverá vivido sua vida em vão. Suas experiências são sua vida, o que se passou com ele, o que viveu. Por isso, sua pergunta tem a ver com o valor e o sentido dessa vida tanto para si mesmo como para os outros. Uma vida em vão é uma vida insignificante, uma vida sem sentido, sem valor nem para si mesmo nem para os outros; uma vida que não merece atenção ou que a merece justamente por explorar a falta de sentido e de valor de qualquer vida.

E o texto continua assim: "quando falo de minhas experiências, refiro-me à minha pessoa, à formação de minha personalidade, ao processo cultural-existencial que os alemães chamam *Bildung*, e não posso negar que a história marcou com seu selo as experiências que marcaram minha personalidade".[9] Dir-se-ia que Kertész nomeia aqui a relação clássica entre experiência e formação: a experiência é o que acontece conosco e o que, ao acontecer, forma-nos ou nos transforma, constitui-nos, faz-nos como somos, marca nossa maneira de ser, configura nossa pessoa e nossa personalidade. O que Kertész parece dizer é que a história produziu as experiências que determinaram sua personalidade. Ele é o que é pelas experiências que viveu, pelo modo como viveu o que seu tempo lhe permitiu viver, obrigou-lhe a viver. No entanto: "por outro lado, podemos definir como o aspecto mais característico do século XX o fato de ter banido de maneira completa a pessoa e a personalidade. Como estabelecer, pois, uma relação entre minha personalidade formada por minhas

---

[8] KERTÉSZ, 1999, p. 29.
[9] KERTÉSZ, 1999, p. 29-30.

experiências e a história que nega e até mesmo aniquila minha personalidade?".[10]

É como se o século XX nos tivesse levado a viver experiências encaminhadas a destruir a pessoa e a personalidade. E aqui está o primeiro paradoxo: as experiências desse século determinaram nossa personalidade, mas essas experiências têm como efeito a destruição da personalidade: o que determina nossa personalidade é que nossa personalidade foi destruída. E continua: "aqueles que viveram ao menos um dos totalitarismos deste século, seja a ditadura nazista ou a da foice e do martelo, compartilharam comigo a inevitável preocupação com esse dilema. Isso porque na vida de todos eles houve um momento em que pareciam não mais viver suas próprias vidas, em que encontravam a si mesmos em situações inconcebíveis, desempenhando papéis dificilmente explicáveis para o sentido comum e atuando como nunca atuariam se tivessem dependido de seu juízo perfeito; em que se viam forçados a fazer escolhas que não advinham do desenvolvimento interno do seu caráter, mas de uma força externa parecida com um pesadelo. Não se reconheciam completamente nesses momentos de suas vidas que mais tarde recordariam de forma confusa e transtornada; e os trechos que não conseguem esquecer, pouco a pouco, com o passar do tempo, convertiam-se em anedotas e, portanto, em algo estranho que não se transformava em parte constitutiva de sua personalidade, em suas vivências que poderiam ter continuidade e construí-la; em algumas palavras, de nenhum modo queriam ficar como experiência no ser humano".[11]

O que eu vivi, parece dizer Kertész, o que milhões de pessoas como eu viveram, o que milhões de pessoas como eu continuam vivendo nesse vazio que as festas nacionais denominam liberdade e que as constituições definem como democracia, essa vida que transita entre os espaços de produção, de circulação e consumo, todos eles privados, mercantilizados e

---

[10] KERTÉSZ, 1999, p. 30.
[11] KERTÉSZ, 1999, p. 30.

conectados, é a sensação de não ter vivido minha própria vida, a sensação de não ter uma vida própria ou uma vida a qual se pode chamar própria, uma vida da qual podemos nos apropriar. Nós não podemos nos reconhecer no que nós vivemos, e o que vivemos não tem nada a ver conosco, foi algo estranho a nós e, por isso, não se pode converter em parte de nossa pessoa, de nossa personalidade.

O fragmento que queria ler acaba assim: "a não elaboração das experiências e, em alguns casos, a impossibilidade de elaborá-las: essa é, acredito, a experiência característica e incomparável do século XX".[12] A impossibilidade de elaborar as experiências, de lhes dar um sentido próprio. E se as experiências não se elaboram, se não adquirem um sentido, seja qual for, em relação a sua própria vida, não podem chamar-se, estritamente, experiências. E, desde logo, não podem transmitir-se em forma de relato. E, portanto, não podem constituir isso que Kertész chama de uma personalidade, uma pessoa, um indivíduo pessoal, e que nós poderíamos chamar, talvez, de um sujeito.[13]

---

[12]KERTÉSZ, 1999, p. 30.

[13]Esse fragmento de Kertész ressoa claramente o famosíssimo texto de Walter Benjamin intitulado "El narrador" (em *Para una crítica de la violencia y otros ensayos*. Madri: Taurus, 1991) [para esta tradução, utilizamos o texto "O narrador", em *Magia e técnica, arte e política: ensaios sobre literatura e história da cultura*. Tradução de Sergio Paulo Rouanet. São Paulo: Brasiliense, 1987], um texto que começa com a constatação do desaparecimento da figura do narrador e, com ela, o desaparecimento da faculdade de intercambiar experiências. Seu primeiro parágrafo termina com a frase célebre: "É como se estivéssemos privados de uma faculdade que nos parecia segura e inalienável: a faculdade de intercambiar experiências" (p. 112) [ed. bras.: p. 198]. No texto de Benjamin, o relato é a linguagem da experiência, a experiência se elabora em forma de relato, a matéria-prima do relato é a experiência, a vida. Por isso, se o relato desaparece, desaparece também a língua com a qual se elaboram e se intercambiam as experiências; desaparece, pois, a possibilidade de elaborar e intercambiar as experiências. Mas o fragmento benjaminiano, igualmente famoso, que Kertész mais nitidamente ressoa está no segundo parágrafo e diz assim: "Com a guerra mundial tornou-se manifesto um processo que continua até hoje. No final

Não podemos elaborar nossas experiências porque vivemos
nossa vida como se não fosse nossa, porque não podemos entender o que acontece conosco, porque é impossível ter uma vida

> da guerra, observou-se que os combatentes voltavam mudos dos campos de batalha não mais ricos, e sim mais pobres em experiência comunicável. E o que se difundiu dez anos depois, na enxurrada de livros sobre a guerra, nada tinha em comum com uma experiência transmitida boca a boca. Não havia nada de anormal nisso. Porque nunca houve experiências mais radicalmente desmoralizadas que a experiência estratégica pela guerra de trincheiras, a experiência econômica pela inflação, a experiência do corpo pela guerra de material e a experiência ética pelos governantes. Uma geração que ainda fora à escola num bonde puxado por cavalos se encontrou ao ar livre em uma paisagem em que nada parecera inalterado, exceto as nuvens; e debaixo delas, num campo de forças de torrentes e explosões, o frágil e minúsculo corpo humano" (p. 112) [ed. bras.: p. 198]. Os homens viveram a guerra, mas estão mudos, não podem contar nada, ou, simplesmente, não têm nada a contar. Além disso, quando chegam em casa, tudo ao redor mudou, encontram-se em um mundo que não compreendem, apenas corpos humanos frágeis e quebradiços, apenas uma pura vida nua, meros sobreviventes. E continuam mudos. No centro de um campo de forças tão devastador e incompreensível, ficam sem palavras. As palavras que teriam, as que poderiam elaborar e transmitir em forma de relato algumas experiências ainda próprias ou apropriáveis, já não servem. E as palavras que poderiam servir ainda não existem. Nesse jogo de ressonâncias, outro texto me ocorre, o início do prólogo de um livro de Giorgio Agamben (*Infancia e historia: ensayo sobre la destrucción de la experiencia*. Buenos Aires: Adriana Hidalgo, 2001) [para esta tradução, utilizamos o livro *Infância e história: destruição da experiência e origem da história*. Tradução de Henrique Burigo. Belo Horizonte: Editora UFMG, 2005]. Esse prólogo começa com uma homenagem a Benjamin e diz assim: "Todo discurso sobre a experiência deve partir atualmente da constatação de que ela não é mais algo que ainda nos seja dado fazer. Pois, assim como foi privado da sua biografia, o homem contemporâneo foi expropriado de sua experiência: aliás, a incapacidade de fazer e transmitir experiências talvez seja um dos poucos dados certos de que disponha sobre si mesmo. Benjamin, que já em 1933 havia diagnosticado com precisão esta 'pobreza de experiência' da época moderna, indicava suas causas na catástrofe da guerra mundial" (p. 7) [ed. bras.: p. 21]. Até aqui, Benjamin: a impossibilidade de ter e transmitir experiências. No entanto, o texto continua: "Porém, nós hoje sabemos que, para a destruição da experiência, uma catástrofe não é de modo algum necessária, e que a pacífica existência cotidiana em uma grande cidade é, para esse fim, perfeitamente suficiente. Pois o dia-a-dia do

própria, porque nossas vidas são insignificantes, intercambiáveis, alheias, vazias de sentido ou dotadas de um sentido falso ou falsificado, algo que nos é vendido no mercado como qualquer outra mercadoria. A experiência de quem somos é que não somos nada ou que o que somos é falso.

A primeira tese é que a experiência foi destruída e que, em troca, é-nos dada uma experiência falsa. A segunda tese, correlativa da primeira, é que não há linguagem para elaborar a experiência, que nos faltam palavras ou que as palavras que temos são tão insignificantes, tão intercambiáveis, tão alheias e tão falsas como o que sucede conosco, como nossa vida. A

> homem contemporâneo não contém quase nada que seja ainda traduzível em experiência: não a leitura do jornal, tão rica em notícias do que lhe diz respeito a uma distância insuperável; não os minutos que passa, preso ao volante, em um engarrafamento; não a viagem a regiões ínferas nos vagões do metrô nem a manifestação que de repente bloqueia a rua; não a névoa dos lacrimogêneos que se dissipa lenta entre os edifícios do centro e nem os súbitos estampidos de pistola detonados não se sabe onde; não a fila diante dos guichês de uma repartição ou a visita ao país de Cocanha do supermercado nem os eternos momentos de muda promiscuidade com desconhecidos no elevador ou no ônibus. O homem moderno volta para casa à noitinha extenuado por uma mixórdia de eventos – divertidos ou maçantes, banais ou insólitos, agradáveis ou atrozes –, entretanto nenhum deles se tornou experiência" (p. 8) [ed. bras.: p. 21-22]. Benjamin e a Primeira Guerra; Kertész, os regimes totalitários e esse vazio que se chama liberdade ou democracia; Agamben e a vida cotidiana em uma grande cidade. O século XX. Um século em que se põe em funcionamento massivo uma série de dispositivos que tornam impossível a experiência, que falsificam a experiência ou que permitem nos desembaraçarmos de qualquer experiência. Talvez possamos pensar que essas experiências das quais falam Kertész, Benjamin ou Agamben, que podem ser atrozes, mas também banais, que podem ser extraordinárias, mas também ordinárias, dizem-nos que nossa vida não é nossa vida, que o que nos acontece nada tem a ver conosco. O texto de Benjamin está atravessado de nostalgia, é um texto elegíaco. O texto de Kertész está atravessado de desespero, é um texto desesperado. O texto de Agamben, entre nostálgico e desesperado, tenta abrir um espaço para pensar a experiência de outro modo, não como algo que perdemos ou como algo que não podemos ter, mas como algo que talvez, agora, dá-se de outra maneira, de uma maneira para a qual, talvez, ainda não temos palavras.

terceira tese é que não podemos ser alguém, que tudo o que somos ou o que podemos ser foi fabricado fora de nós, sem nós, e é tão falso quanto imposto, que não somos nada ou que o que somos é falso. Portanto, falar da experiência, ou da formação, ou das linguagens da experiência, ou do relato como linguagem da experiência, é falar da mais pura banalidade, de algo que é falso, de algo que só existe como nostalgia ou como desejo, mas, em qualquer caso, como impossibilidade.

3

Detenhamo-nos, agora, nas últimas páginas de *Sem destino*, as que contam a volta do protagonista para sua casa após a liberação dos campos, um regresso tão absurdo e tão carente de sentido como a despedida do pai, como a captura na estrada, como o amanhecer na estação de Auschwitz, como a liberação, como a vida mesma.[14] Vamos partir de uma conversa do protagonista

---

[14] Queria fazer uma caracterização breve e, sem dúvida, superficial de *Sem destino*, sobretudo do que a obra não é. Certamente, a obra não é um romance moral ou moralista: não há nenhuma construção moral dos personagens nem dos acontecimentos. O que se passa é descrito com absoluta neutralidade, com absoluta indiferença, como se fosse um fenômeno da natureza. Se "chover" é um acontecimento impessoal, "alguém morrer", "alguém ser torturado" ou "alguém passar fome" também são, nesse romance, acontecimentos impessoais, coisas que se sucedem "porque sim", sem mais. E coisas que sucedem, também, a personagens sem sequer interioridade, sem sequer consciência. A obra não é, tampouco, um romance psicológico. Não há construção psicológica ou existencial do sujeito que vivencia os acontecimentos. Como se o narrador e o protagonista fossem idiotas, ou seres meio passados, embrutecidos, que contam as coisas como se não as tivessem vivido, como se estivessem ausentes delas, como se não houvessem acontecido a eles, quase com orações impessoais, sem nenhuma distância crítica ou reflexiva, sem nenhum sentimentalismo, sem nenhuma profundida pessoal nem existencial, sem nenhum sentido. Em um dos trabalhos incluídos no livro desse congresso, há uma citação do meu amigo Marcos Villela que fala da experiência como uma marca da subjetividade e que diz assim: "a marca é um estado da prática do sujeito que tende a vibrar mais forte que as outras forças que

com um homem que conhece no bonde e que o leva da estação
ferroviária até a sua casa, um homem corpulento e barulhento

> atuam na zona de subjetivação. Ao vibrar mais forte, a marca dá o tom
> da orquestração" (*A estética da professoralidade: um estudo interdisciplinar
> sobre a subjetividade do professor*. 1996. 297 f. Tese (Doutorado em
> Educação) – Pontifícia Universidade Católica de São Paulo, 1996).
> Se a experiência dá o tom do sujeito, o tom psicológico, moral,
> existencial ou pessoal do sujeito, *Sem destino* seria um romance atonal.
> Em seus diários, Kertész diz assim: "Um romance atonal. O que é a
> tonalidade do romance? A diminuição contínua de uma moralidade
> determinada, o tom que ali sussurra em todos os momentos. Existe
> esse tom fundamental? Se existe, está esgotado. Um romance em que
> não apareça nenhuma moral estática, mas apenas as formas originárias
> do viver, a vivência em sentido puro e mistério de palavra" (*Diario de
> la galera*. Barcelona: Acantilado, 2004. p. 67). De fato, a tonalidade
> supõe uma música subjetiva, expressiva, emocional, uma linguagem
> que oferece ao sujeito dispositivos de desintegração-integração que
> trabalham entre a ameaça do descentramento e o alcance desse
> centramento reparador, entre a perda provisória e a posterior afirmação
> de um eixo subjetivo. A música tonal é uma dança dramática na qual
> o drama é, precisamente, o território em que se jogam os avatares
> da subjetividade. Poderíamos dizer, generalizando muito, que a
> tonalidade constitui uma linguagem para o drama da subjetividade,
> que a tonalidade é a projeção sonora da aventura subjetiva. A música
> atonal, por sua vez, deve supor uma certa dissolução tanto do sujeito
> como da experiência. Um "romance atonal" seria, então, como um
> romance sem aventura, sem drama, sem experiência, sem sujeito,
> um romance cheio de puras variações seriais sobre nenhum tema,
> "a vivência em sentido puro e mistério de palavra". A partir daqui
> poderíamos situar *Sem destino* nessa estirpe narrativa que se relaciona,
> provavelmente, com *O estrangeiro*, de Camus, esse romance no qual
> se contam certos episódios da vida de Mersault, um estrangeiro
> para si mesmo e para o mundo, um ser puro e, portanto, absurdo,
> que está como se não estivesse, que é como se não fosse, como um
> intruso em sua própria vida, como um ser alheio a si mesmo que vive
> indiferentemente em uma pura duração bergsoniana, sem reflexão,
> sem antes nem depois, cuja primeira pessoa narrativa tem o valor
> neutro de uma terceira pessoa. Trata-se de uma estirpe narrativa que
> persegue a experiência pura, inocente, neutra, sem abstrações, sem
> interferências subjetivas; uma estirpe que atravessa o *Nouveau Roman*
> e que culmina com Peter Handke, grande poeta da dessubjetivação e
> do estranhamento, o incansável caçador da experiência pura.

que lhe paga o bilhete e que, suspeitando de que o narrador volta de Auschwitz, trata de fazê-lo falar.

Já no bonde, a atitude desse homem contrasta com a atitude do homem uniformizado que controla os bilhetes, o que cumpre seu trabalho, o que, ao saber que o nosso protagonista não tem dinheiro para pagar, responde-lhe que "a viagem tinha regras criadas não por ele, mas por seus superiores. 'Se não comprar um bilhete, vai ter que descer' – ponderou".[15] E contrasta também com uma senhora idosa que, incomodada com sua presença, talvez se sentindo acusada por ela, afasta-se dele e olha com um olhar distante e uma expressão irritada para fora do bonde. Nenhum dos dois quer saber. O cobrador se esconde em suas rotinas de trabalho, no cumprimento de suas obrigações; a senhora olha para o outro lado. Certamente, o mesmo que fizeram durante os anos em que muitos de seus vizinhos eram detidos e deportados: seguir trabalhando e distanciar o olhar. Um modo como qualquer outro de seguir vivendo. Mas aquele homem não é como eles. Ele se diferencia dos outros depreciando-os, dizendo enfaticamente que "alguns teriam de se envergonhar".[16] Ele não tem vergonha nem deveria tê-la. Ele se interessa pela vítima, quer ajudá-lo, quer com ele falar e dele escutar. Construindo sua superioridade moral por contraste com a maldade dos outros, ao modo do fariseu, o homem do bonde quer fazer notar que ele não é como os outros. No entanto, o texto dá a sensação de que, aos olhos do protagonista, o cobrador e a senhora resultam menos suspeitos, menos perigosos e, inclusive, mais compreensíveis que esse homem que se interessa por ele dessa forma tão estranha e surpreendente.

O homem do bonde começa a perguntar com uma atitude compreensiva, mobilizando toda sua boa vontade. Perguntava como se já soubesse o que o outro iria dizer, como se já tivesse o nome adequado para aquilo que o outro passou, como se já

---

[15] KERTÉSZ, I. *Sin destino*. Barcelona: Acantilado, 2001. p. 246. [Ed. bras.: p. 165.]

[16] KERTÉSZ, 2001, p. 246. [Ed. bras.: p. 165.]

soubesse de antemão qual é o valor e o sentido das experiências do sobrevivente dos campos. O homem, um jornalista que trabalha em um jornal democrata, pronuncia as palavras comuns, tranquilizadoras, as palavras que convertem o que se viveu em clichê, as que permitem desembaraçar-se da experiência, as que roubam a experiência pelo simples mecanismo de nomeá-la, de identificá-la, de falsificá-la. O homem fala do "inferno nazista" e dos "horrores" dos campos, diz que "o importante é que tudo acabou", que o importante é "a cicatrização das feridas sangrentas e a punição dos culpados", que o que faz é "dar a conhecer os horrores", "mobilizar a opinião pública", lutar contra "a apatia, a indiferença, a dúvida"; diz que o que vai fazer é uma "exposição da verdade" para que possamos "confrontá-la". Temos, aqui, um caçador de testemunhos, um militante da memória, um ativista da verdade. Trata-se de alguém que pensa que as experiências do sobrevivente podem ter sua utilidade, sua função, sua razão de ser, seu sentido. Alguém que pensa que essas experiências podem servir para algo, que aquela vida não foi em vão, que o que passou "não é mais uma questão sua. É de todos, do mundo". Em seguida, ele propõe escrever uma série de artigos baseados no que o protagonista lhe contar. Tentará, inclusive, fazer uma fotografia com ele e outra do momento de sua volta para casa, "transformar o acaso do reencontro num 'acaso feliz'".[17]

Todos vocês conhecem esse personagem, de sua versão mais nobre à sua versão mais degradante: o militante obcecado pela ética do testemunho e sua relação com a justiça, o historiador que dedica sua vida ao resgate de memórias anônimas e alheias, o escritor que usa a vida dos demais como material de trabalho, o apresentador de um programa de televisão confeccionado ao modo dos *reality shows*, o repórter sensacionalista que entra em um galpão de um campo de refugiados (em Kosovo, na Costa do Marfim, no Paquistão ou em qualquer um desses lugares nos quais se instalam os circos midiáticos para

---

[17] KERTÉSZ, 2001, p. 247. [Ed. bras.: p. 166-169.]

produzir notícias que satisfaçam nosso insaciável apetite por informações e escândalos) com uma nota de 100 dólares na mão e perguntando: "há aqui algum refugiado que fale inglês?". A operação sempre consiste em dar a palavra, em fazer falar, em construir sentido, em fazer com que os acontecimentos de uma vida sejam significativos ainda que os contextos e os modos de significação sejam os mais diversos e heterogêneos, alguns profundamente preocupados com a ética do relato e outros perfeitamente imorais.

Ao sobrevivente, o ativista da verdade que encontra no bonde faz lembrar o tio Vili e o tio Lajos, dois personagens que conhecemos no início do romance, na cena de despedida do pai, véspera de sua deportação. Ao tio Vili se respeitava porque havia sido jornalista, porque tinha informação, porque tinha opiniões solventes sobre o que estava passando. O tio Vili é aquele que vê as coisas de cima, de um modo geral, em contextos amplos, entendendo sua razão de ser e adiantando o possível curso dos acontecimentos. O tio Lajos era rabino. Ele também entendia o que estava passando, mas de outra perspectiva: a partir do destino comum dos judeus, da perseguição que sofrem há milênios, do castigo divino pelos pecados cometidos no passado. Nessa cena, ambos atuaram também como intérpretes legítimos dos acontecimentos, como proprietários de seu sentido, como aqueles que sabem de antemão o que se passa conosco e como devemos responder ao que se passa conosco. Ambos trataram de explicar à criança que nada entendia qual era o sentido do que estava passando, o que significava o que estava vivendo, como teria de se comportar, o que deveria pensar e o que deveria sentir. Eles fizeram algo semelhante ao que era feito, agora, pelo ativista da verdade: todos eles lhe constroem um destino. E isso pelo simples procedimento de inserir o que lhe acontece ou o que lhe aconteceu em uma trama, em um fio narrativo, em um argumento que vem de algum lugar e que vai para algum lugar, em um tecido de sentido em que suas experiências significam algo que tem a ver com o geral, com o social ou político, com o histórico.

No entanto, o personagem de *Sem destino* resiste teimosamente a essa captura de suas experiências, a essa construção do seu destino que só entende como uma falsificação. O que lhe aconteceu é o que lhe aconteceu. O que fez não foi outra coisa senão adaptar-se a uma situação arbitrária e imposta, tentar entender sua lógica e comportar-se de acordo com ela, viver e continuar vivo. Algo que lhe parece completamente natural e banal, absolutamente insignificante. O mesmo que fizeram o cobrador e a senhora do bonde: passar o tempo como podem, tratar de seguir vivendo. O mesmo que fizeram os que no campo estavam do lado dos guardas: seguir trabalhando e desviar o olhar quando se passava algo vergonhoso ou insuportável demais, adaptar-se à situação, continuar vivendo nas circunstâncias que a cada um tocava, cumprir com suas obrigações. Uma hora depois da outra. Um dia depois do outro. Um ano depois do outro. Nada especialmente significativo. Nada que signifique outra coisa. Nada que não seja completamente insignificante: tão insignificante quanto a própria vida.

O relato que o jornalista lhe oferece, tal como os que lhe ofereciam os tios, não se interessava pela sua experiência, mas por sua versão seletiva, mutilada, trucada; uma versão sociológica, política, religiosa ou moralmente falsificada. O jornalista quer construir um sentido que o sobrevivente não tem. O jornalista lhe pede suas experiências e lhe oferece, em troca, um sentido para suas experiências e um destino para o seu protagonista. Mas o narrador parece perceber vagamente, sabendo sem saber, que se lhe entregar suas experiências as perderá; que suas experiências, e ele mesmo como sujeito de suas experiências, serão aniquilados.

4

O grande momento da conversa com o ativista da verdade é a descrição do tédio nos campos. O narrador resiste a imaginar os campos como um inferno, dizendo: "Nesse caso, eu o imaginaria [o inferno] como um lugar onde não haveria como se entediar [...], num campo de concentração o tédio era possível, até mesmo em Auschwitz – guardadas determinadas condições, é claro".[18] Ante a surpresa do jornalista por essas palavras, o narrador explica que isso é possível com o tempo, pelo uso constante do tempo, pelo passo gradual do tempo, passo a passo. E continua: "tentei explicar-lhe como era diferente chegar, por exemplo, a uma estação, se não exatamente luxuosa, mas no todo aceitável, limpa e bem-cuidada, onde, devagar, em ordem, aos poucos, tudo se aclara diante de nós. Ao passar por uma etapa, sabemos que depois de nós virão os seguintes. E assim sabemos de tudo, compreendemos tudo. E ao compreendermos tudo não ficamos sem agir: realizamos o nosso trabalho, vivemos, lutamos, movimentamo-nos, cumprimos as nossas exigências de cada nova etapa. Por outro lado, se essa sequência não existisse e se todo o conhecimento despencasse sobre nós de uma vez, é possível que o nosso cérebro e o nosso coração não suportassem".

E continua: "o equívoco, ou melhor, a desvantagem, é a necessidade de ocupar o tempo de algum modo. Vi, por exemplo, [...] prisioneiros que estavam ali havia quatro, seis ou até doze anos – mais precisamente: sobreviveram no campo de concentração. Esses homens tiveram de preencher todos os quatro, seis ou doze anos, ou os doze vezes trezentos e sessenta e cinco dias, ou seja, doze vezes trezentos e sessenta e cinco vezes vinte e quatro horas, e mais doze vezes trezentos e sessenta e cinco vezes vinte e quatro vezes... e tudo de novo a cada instante, minuto a minuto, de hora em hora, dia a dia. E também [...] é exatamente isso que deve tê-los ajudado porque se todo esse tempo de doze vezes trezentos e sessenta e cinco vezes vinte e quatro vezes sessenta e de novo sessenta vezes desabasse de uma vez num único golpe, na cabeça deles, nem eles teriam resistido – como resistiam –, nem com o corpo, nem com o cérebro. [...] É assim que devemos imaginá-lo".

Diante disso, o ativista da verdade esconde o rosto com as mãos e, antes de recuperar todos esses automatismos de sentido

---

[18]KERTÉSZ, 2001, p. 248-249. [Ed. bras.: p. 167.]

que lhe garantem a segurança em si mesmo e em seu trabalho, hesita por um instante e diz: "Não, não se pode imaginá-lo", e o protagonista pondera em pensamento: "deve ser por isso que o chama de inferno".[19] Aqui, a vida em Auschwitz, o que se vive em Auschwitz e a experiência de Auschwitz são contados, simplesmente, como passagem do tempo, como um emprego ordenado e sucessivo do tempo no qual acontecem essas coisas banais e insignificantes relacionadas com qualquer experiência do passar do tempo, como, por exemplo, o tédio.

O tédio, o passar do tempo, o encaminhamento dos dias e das horas, das semanas e dos meses, dos minutos e dos segundos: o que não se pode contar. Mas não porque seja terrível, mas sim porque é banal, atrozmente banal ou banalmente atroz, insignificante, sem história. O passar do tempo não se converte em relato, visto que se define por sua monotonia e por sua insubstancialidade, ainda que essa monotonia e essa insubstancialidade sejam feitas de extremo sofrimento físico e rodeadas pelo cheiro de cadáveres em decomposição. E isso é precisamente o que o jornalista não pode nem quer suportar. Isso e o fato de que o sobrevivente não tem nada a dizer. O fato de que o sobrevivente se mantenha em sua inocência, em sua pureza, em sua idiotice, teimosamente resistindo à compreensão, à inteligibilidade, à representação, ao sentido. O fato de que queria manter ou guardar sua vida como incompreensível, como ininteligível, como irrepresentável, como carente de sentido. O sobrevivente rejeita qualquer sentido com o qual se envolve a sua experiência e, com essa rejeição, mostra a falsidade de qualquer um desses sentidos. A impressão que se tem é a de uma absoluta exterioridade entre o ativista da memória e o sobrevivente, como se não tivessem nada a ver um com o outro, como se não houvesse relação possível entre eles. O tédio nos campos é, sem dúvida, terrível; mas não é essa forma de horror que quer o jornalista. Ao mesmo tempo, o horror que o jornalista deseja é percebido pelo sobrevivente como uma

---

[19] KERTÉSZ, 2001, p. 249-250. [Ed. bras.: p. 167-168.]

falsificação. De quê? Da insignificância, da ausência de sentido, de algo que ao narrador parece completamente natural e insignificante: adaptar-se à situação, adaptar-se aos fatos, tratar de seguir vivo em qualquer circunstância, deixar o tempo passar.

5

Depois dessa conversa, após jogar fora o pedaço de papel em que o jornalista havia anotado seu número de telefone e, com isso, a possibilidade que lhe foi oferecida de dar um sentido qualquer a suas experiências – seja esse sentido testemunhal, exemplar, político, ético ou histórico –, o narrador chega em casa. Em seu apartamento, agora, vivem outras pessoas que não lhe permitem entrar. Na volta para a escadaria, para no apartamento vizinho e então aparecem o rosto cinzento do Sr. Fleischmann e a barriga avantajada do Sr. Steiner, dois judeus que também conhecemos desde o primeiro capítulo, dois velhos que também assistiram à cena de despedida do pai. Após cumprimentos exaltados, informaram ao rapaz as novidades: seu pai morreu, sua mãe havia perguntado por ele, sua madrasta casou-se novamente. E os velhos começaram a contar: "Aqui em casa também não foi fácil".[20] Depois de escutar os relatos, o narrador comenta: "Do relato deles me vieram impressões, traços nebulosos de acontecimentos desordenados, confusos e impossíveis de acompanhar, que no fundo não fui capaz de vislumbrar ou compreender muito bem. Na ladainha deles notei mais a repetição frequente, quase cansativa, de uma palavra com que designavam toda a mudança, transformação, movimento: assim, por exemplo, 'veio' a casa da estrela, 'veio' o 15 de outubro, 'vieram' os nazistas, 'veio' o gueto, 'veio' a margem do Danúbio, 'veio' a libertação. E ainda o erro costumeiro: como se os acontecimentos já apagados, irreais, inimagináveis e, nos detalhes – como me parecia –, também para eles impossíveis de serem reconstruídos, tivessem ocorrido na sequência normal

---

[20]KERTÉSZ, 2001, p. 255. [Ed. bras.: p. 171.]

dos minutos, horas, dias, semanas e meses, embora, por assim dizer, todos de uma vez, num único rodopio, numa vertigem, digamos, numa reunião vespertina estranha, tornada dissoluta quando os muitos participantes – uns, sim; outros, não – de súbito perderam a razão e por fim nem sabiam mais o que faziam".[21]

Após essa narração dos tempos difíceis em Budapeste, nos quais tudo "veio", paulatinamente, ordenadamente, uma coisa depois da outra – ainda que no relato retrospectivo tudo parecia fazer parte de um turbilhão enlouquecido –, os vizinhos lhe perguntam por seus planos para o futuro, dizendo-lhe que "devia esquecer os horrores", que tem de esquecer "para poder viver", que precisa se libertar desse fardo para "começar uma nova vida". O rapaz lhes dá razão, mas ao mesmo tempo não entende como vai esquecer essa vida se ela é, precisamente, a vida que viveu; e acrescenta: "Além disso [...] não vi horrores".[22] Ante a surpresa por essa resposta, similar àquela do jornalista quando, ao perguntar ao sobrevivente pelo inferno dos campos, escutou sobre o tédio, o protagonista pergunta-lhes sobre o que fizeram durante aquele tempo. "'Bem... vivemos', ruminou um deles. 'Tentamos sobreviver' – completou o outro." A isso, o narrador comenta: "Ou seja: eles deram passos – observei. O que significava 'deram passos?', perguntaram, curiosos, e eu contei para eles como isso se passava em Auschwitz. Para cada carregamento – não digo que fosse sempre igual, pois não tinha como saber –, temos de contar cerca de três mil pessoas. Tomemos os homens, digamos, mil. Para o exame, calculemos de um a dois segundos – na maioria das vezes, um – para cada caso. Não contemos o primeiro e o último, pois esses nunca contavam. Porém, no meio, onde eu também estava, temos de imaginar de dez a vinte minutos de espera até a chegada ao lugar onde se decide: gás de imediato ou uma chance temporária. Enquanto isso a fila se move, avança, e todos dão um passo, menor, maior, segundo a velocidade exigida".[23]

---

[21]KERTÉSZ, 2001, p. 255. [Ed. bras.: p. 171.]
[22]KERTÉSZ, 2001, p. 256. [Ed. bras.: p. 172.]
[23]KERTÉSZ, 2001, p. 256-257. [Ed. bras.: p. 172.]

As coisas chegam umas atrás das outras, mas nós também avançamos, passo a passo. Essa é a textura da experiência. Isso é o ininteligível, o incompreensível, o que não tem outro sentido distinto *desse* – se é que *desse* se pode chamar sentido. Ninguém sabe o que chega enquanto está chegando, ninguém sabe para onde avança enquanto avança, enquanto dá passos. Só um olhar projetivo ou um olhar retrospectivo podem dar um sentido geral a esse passar do tempo. No entanto, esse sentido geral é falso: "independente de olharmos para trás ou para frente, ambos são perspectivas equivocadas – refleti. Afinal, vinte minutos num momento desses, ou tomados em si, são muito tempo. Todo minuto começou, durou, encerrou-se antes de se iniciar uma vez mais o seguinte".[24]

Os passos desses 20 minutos e os passos de toda a vida, de qualquer vida, não são essencialmente distintos. Todos estavam dando passos enquanto podiam: o tio Lajos e o tio Vili, o senhor Fleischmann e o velho Steiner, o jornalista, o cobrador do bonde, a senhora que desvia o olhar, as vítimas e os carrascos, os comprometidos e os indiferentes, os mortos e os sobreviventes; e também o protagonista, não só na fila de Auschwitz, mas antes, em sua casa, com seu pai, com sua mãe, com sua vizinha Annamária, com sua madrasta, com sua irmã mais velha... E depois também continuará dando passos, um após o outro, nesse porvir incerto e desconhecido que chega aos poucos e no qual seguimos vivendo. As últimas linhas do romance parecem uma prefiguração da falta de sentido desses passos futuros: "Minha mãe me esperava e vai ficar feliz de verdade, a coitada. Lembro que um dia seu plano era que eu fosse engenheiro, médico ou coisa parecida. E assim será, com certeza, como ela deseja; não há impossibilidade que eu não possa viver, naturalmente, e sei que no meu caminho me espreita, como uma armadilha inevitável, a felicidade. Pois lá, entre durezas, havia, na pausa das torturas, alguma coisa que se assemelha à felicidade. Todos perguntam apenas das condições, dos "horrores", ao passo

---

[24]KERTÉSZ, 2001, p. 257-258. [Ed. bras.: p. 172-173.]

que, para mim, a experiência mais memorável é esta. Sim, da próxima vez, se me perguntarem, eu deveria falar disso, falar da felicidade nos campos de concentração. Se me perguntarem. E se eu não me esquecer".[25]

A textura da experiência é esse passo a passo em que cabe o tédio e, às vezes, como uma armadilha inevitável, a felicidade. Dir-se-ia que Kertész está descobrindo a vida nua, essa vida genérica determinada como sobrevivência que os gregos nomearam com a palavra *zoé*, oposta de *biós*. *Zoé*, de onde vem "zoologia", nomeia a vida genérica, a vida como sobrevivência, essa vida cuja qualidade se mede por sua duração e pelo balanço entre prazer e dor, essa vida que não é de ninguém porque é de qualquer um, porque é para todos igual e porque, em relação a ela, todos somos substituíveis e intercambiáveis. *Biós*, de onde vem "biologia", no entanto, refere-se à vida de alguém, aquela que é susceptível de se converter em biografia, essa vida propriamente humana, individual, única e insubstituível, tanto que está tramada em uma rede de sentido ou de sem-sentido, essa vida que é de cada um e de cada um distinta, a cada um a sua, essa vida para a qual as experiências têm um sentido próprio, singular, subjetivo, de alguém. Dir-se-ia que Kertész está tramando de mostrar sem dizer, como fazem os artistas, que a condição dos campos e, por extensão, a do totalitarismo e, também por extensão, a do século XX é a redução da experiência à *zoé*, à pura sobrevivência. Trata-se apenas de viver a qualquer preço, de continuar vivendo. Passo a passo.

Os indivíduos não podem dar sentido a suas experiências porque carecem justamente de tudo aquilo com o que poderiam tecer esse sentido. Os indivíduos simplesmente se adaptam. A quê? Aos fatos, a qualquer desses absurdos que chamamos fatos. O tempo se converte, assim, em um tempo vazio, morto, feito de morte e de administração da morte, que tem de chegar e tem de passar. E isso é precisamente o obsceno, o que é deixado de fora da cena, o que não se pode dizer, o que não cabe em nenhum dos grandes relatos da história, do progresso, da política ou da

---

[25]KERTÉSZ, 2001, p. 262-263. [Ed. bras.: p. 175.]

religião. O que não cabe em nenhum romance entendido como construção articulada e grandiloquente da experiência. O que não cabe sequer em um pequeno relato pessoal e existencial ancorado no mito da profundidade da alma. O que não se converte em relato é a vida cotidiana, essa vida ridícula, idiota, incontável, aderida aos acontecimentos elementares. Essa vida que, precisamente por estar vazia de sentido, é uma vida na qual tudo o que passa resulta gratuito, súbito, arbitrário ou brutal.

A questão aqui é qual seria o relato capaz de deixar aparecer a experiência tal como é, em sua radiante idiotice, em sua banalidade mais pura, sem acrescentar nada. Qual seria o relato capaz de capturar a impossibilidade da experiência, a ausência de sujeito. Qual seria o relato capaz de se apresentar a si mesmo como o relato insignificante de alguém insignificante que vive uma vida insignificante. Qual seria esse relato em que nas entrelinhas se lê o que não está relatado. Qual seria o relato capaz de dar o ponto de vista não daquele que escolhe entre vários destinos, não daquele que quer dar um sentido a sua vida e triunfa ou fracassa, mas o do homem esmagado pelo destino, do homem que se adapta a viver na falta de destino. Qual seria o relato que nos daria a sabedoria de ver que não somos, de compreender que não compreendemos, de saber que não sabemos, de viver que não vivemos. Qual seria o relato desse não ver, desse não compreender, desse não saber e desse não viver que, uma vez intuído, já nunca nos abandonará.

Para mim, as 20 últimas páginas de *Sem destino* são exemplares a esse respeito. Diante do narrador, duas alternativas se abrem. A primeira é a destruição da experiência pelo esquecer. Simplesmente, tem de seguir vivendo e, para isso, tem de esquecer esses 20 minutos na fila. Essa é a posição do tio Vili e do tio Lajos. Assim, sua experiência se reduzirá, com o passar do tempo, a uma vaga impressão e a algumas anedotas. A segunda alternativa é a falsificação de suas experiências pelo recurso de fazê-las significativas. Essa é a posição do jornalista. Tem de sentir esses 20 minutos na fila como algo insuportável e inventar com isso um relato que os aniquile ao mesmo tempo que os falsifique.

Outra forma de destruição da experiência. Essa é a posição dos fabricantes de sentido, dos redentores e dos consoladores de todas as espécies, dos que querem salvar aos demais e salvar-se a si mesmos do delito de não ser ninguém, do pecado de não ter nada a contar, nada a dizer, que não seja essa experiência falida, fragmentária, insignificante, banal; essa experiência da ausência da experiência. Para mim, a lição de Kertész é manter-se fiel a esse *sem destino*. Tratar de vê-lo e de fazê-lo ver, de compreendê-lo e de fazê-lo compreender, de sabê-lo e fazê-lo saber, de vivê-lo e de transmiti-lo. Kertész trata de se manter fiel a essa idiotice, a essa inocência, a essa sensação de irrealidade, a essa falta de sentido.

6

Os 20 minutos de fila na chegada de Auschwitz, esses 20 minutos de espera diante dos médicos que vão decidir quem vai ou não seguir com vida, constituem, provavelmente, o episódio mais importante de *Sem destino*, o mais inassimilável por seu conteúdo e o mais surpreendente do ponto de vista formal, dado o modo como está contado. Esse episódio tem um papel fundamental nas reflexões que seguem a rejeição editorial do romance, tal como se conta no longo prólogo de *O fiasco*. E também a esse episódio se dedica Kertész em boa parte de seu discurso de recepção do Nobel, na cidade de Estocolmo, em 7 de dezembro de 2002.

Em algumas das páginas de *O fiasco*, Kertész dá-se conta de suas experiências acerca do que significa escrever para outros. Primeiro, em uma entrevista com os responsáveis da editora à qual havia entregado seu manuscrito, percebe imediatamente que "estava sentado diante de um humanista profissional" cujo desejo está voltado para invalidar suas experiências. Para esse humanista profissional, o importante é que Auschwitz não maculasse o Ser Humano e que, tampouco, maculasse os que leem o romance "com a maior boa vontade",[26] quer dizer, os outros humanistas como ele.

---

[26] KERTÉSZ, I. *Fiasco*. Barcelona: Acantilado, 2003a. p. 41. [Ed. bras.: p. 39-40.]

Segundo, a propósito da carta em que a editora lhe comunicava que não iria publicar seu romance. Nessa carta diz-se que o tema é impressionante e chocante, mas que não pode converter-se em uma experiência também impressionante e chocante para o leitor, visto que "a redação artística de seu enredo não foi muito feliz", especialmente "as estranhas reações, para dizer o mínimo, do protagonista". O que surpreende ao editor é a descrição quase bucólica do amanhecer na estação de Auschwitz, o fato de que o protagonista considera "suspeita" a aparência dos prisioneiros de cabeça raspada que se encarregam de descarregar o vagão, a sensação de "se tratar de uma travessura de estudantes" que deriva do modo como conta a maneira de enganar os médicos para que lhes considerem aptos para o trabalho. O comentário final diz assim: "Seu comportamento, suas observações embaraçosas, repelem e ofendem o leitor, que lê, aborrecido, também o desfecho do romance, pois o comportamento do protagonista até esse ponto, sua indiferença não dão base para que ele possa julgar moralmente, ou responsabilizar alguém (por exemplo, as reprimendas feitas à família judia que morava em sua casa)".[27]

Terceiro, em uma conversa com alguns colegas escritores na qual estes lhe aconselham o que poderia fazer para que o manuscrito fosse publicado: fazer-se um nome, tratar um tema desses que estão no ambiente, ou desses que podem ser úteis a algum grupo organizado como argumento ou como contra-argumento, como bandeira ou como obstáculo, ser preso para poder ser apresentado como um escritor perseguido por suas ideias, unir-se a uma corrente literária ascendente, ficar nu em uma recepção oficial, professar em um estranha seita, divorciar-se e voltar-se a casar, ser internado em um hospital psiquiátrico ou realizar qualquer uma dessas operações trivialmente escandalosas que fazem que um nome circule nos jornais.

A ninguém interessam esses 20 minutos na fila, a ninguém parecem interessantes e, portanto, ninguém os lê ou, o que é

---

[27]KERTÉSZ, 2003a, p. 59-60. [Ed. bras.: p. 55-56.]

dizer o mesmo, todos os leem, mas a partir do que não são: não são 20 minutos "humanistas", não são 20 minutos "impressionantes e chocantes", não são 20 minutos a partir dos quais se podem emitir juízos morais corretos, desses que condenam os que são obviamente os maus, sempre os outros, e santificam os que pertencem ao grupo dos bons, sempre nós. Os editores só poderiam lê-lo se pudessem apropriar-se de suas experiências, dar-lhes um sentido, fazê-las significativas para uma ou outra causa, utilizá-las e, portanto, falsificá-las e destruí-las. Por outro lado, a ninguém interessa o homem ao qual esses 20 minutos aconteceram, a ninguém ele parece um homem interessante: não é nada, não pretende representar nada, nem sequer pode ser consumido como um personagem estranho ou extravagante.

No discurso de Estocolmo, Kertész diz que se houvesse pensado no mercado do livro, sem dúvida teria buscado uma forma romancista mais brilhante. Poderia, por exemplo, fragmentar o tempo da narração para contar apenas os acontecimentos mais chocantes, mas "a linearidade exigia que cada situação se cumprisse integralmente. Impedia-me, por exemplo, de saltar alegremente vinte minutos, simplesmente porque esses vinte minutos abriam-se diante de mim como um abismo escuro, desconhecido e espantoso, como uma fossa comum. Falo desses vinte minutos que passávamos na plataforma de chegada do campo de Birkenau-Auschwitz, antes que as pessoas que desciam dos vagões se encontrassem com o oficial que fazia a seleção. Eu mesmo recordava em grande parte aqueles vinte minutos, mas o romance exigia que desconfiasse de minha memória. Todos os testemunhos, confissões e recordações dos sobreviventes que li, no entanto, estavam de acordo no fato de que tudo acontecia muito rápido e na maior das confusões: as portas dos vagões abriam-se violentamente em meio a gritos e latidos, os homens e as mulheres eram separados e, em meio à multidão insana, se encontravam com um oficial que lhes dava uma rápida olhada, sinalizava algo com o braço estendido e, sem se dar conta, já iam vestidos de prisioneiros. Eu tinha outra recordação desses vinte minutos. Fizeram chegar às minhas mãos uma série de fotografias que um SS havia feito da chegada à plataforma de Birkenau e que os soldados norte-americanos encontraram em um campo liberado de Dachau, em um antigo quartel da SS. Olhei essas fotos com perplexidade: caras bonitas e risadas de mulheres, jovens de olhar responsável, cheios de boa vontade e dispostos a cooperar. Então, compreendi por que esses humilhantes vinte minutos, de inação e de impotência, haviam sido apagados de sua memória. E quando pensei que tudo isso se repetiu dias após dias, semanas após semanas, meses após meses, durante longos anos, pude ter uma ideia da mecânica do terror; entendi como a natureza humana podia voltar-se contra a própria natureza humana".[28]

Além da evidente falsificação que supõe escrever para outros, para capturar o que se supõe ao interesse dos outros, Kertész é também consciente dos paradoxos e da impossibilidade de escrever para si mesmo. Algumas páginas de O fiasco têm a ver com isso, com essa dupla impossibilidade de escrever para si: com a impossibilidade de ler o próprio relato como se fosse alheio e com a impossibilidade de lê-lo como se fosse próprio. O relato, para o escritor, não é próprio nem alheio, ou é, ao mesmo tempo, próprio e alheio. O protagonista de O fiasco, enfrentando a rejeição de seu romance, encontra-se diante da impossibilidade de dizer se seu romance é bom ou ruim. Primeiro, tenta lê-lo como se fosse alheio, mas é incapaz de saltar sobre si mesmo para ler seu próprio relato de uma distância adequada. Depois, tenta lê-lo como se fosse próprio, mas o relato não pode ser seu; o único que pode ler, o único que existe, é uma história pertencente a sua imaginação, uma história escrita. O que ocorreu, então, à matéria da experiência no fato de descrever com ela um relato? O narrador sente que Auschwitz estava em seu interior, que qualquer coisa estimulava a recordação e, portanto, o relato. O narrador sente que, ao escrever, estava tomado por sua própria

---

[28]KERTÉSZ, I. ¡Eureka! Discurs de recepció del premi Nobel de literatura. In: *Central: lectura, memória i tolerància*. Barcelona: Companya Central Llibretera, 2003b. p. 85.

vida; sente que está rico, pesado e maduro de sua própria vida. Mas, nessa tessitura, sente que é como um pereiro silvestre que está disposto a dar pêssegos. A escrita lhe parece uma atividade de consumo de experiências, um trabalho feito a partir de uma coleção de experiências armazenadas e armazenáveis, cada vez mais tênues e distantes, cada vez mais estereotipadas na memória, que, para serem comunicadas, têm de ser transformadas em material artístico. Tornar comunicável a experiência significa escrever para outros, converter a própria vida e a própria pessoa em objeto, usar signos abstratos e impotentes. Escrever significa, portanto, enganar e enganar-se, começar a sentir em si mesmo o cheiro de livro mofado.

7

Provavelmente seja suficiente. No entanto, há outra fila e outros passos na obra e na vida de Imre Kertész que não posso deixar de comentar, visto que elas constituem a origem dessa fúria literária da qual emerge o Kertész escritor. Estamos no final de *O fiasco*, o final de um romance de contornos autobiográficos no qual se conta a vida na Hungria comunista. Uma vida na qual o protagonista, Köves, dá passos, um após o outro, buscando entender uma realidade absurda na qual as coisas chegam; segue vivendo dia após outro, passo a passo; vivendo como se sua vida não fosse sua, muitas vezes entediado e, em outras, surpreendido por algo que se assemelha à felicidade. Estamos em uma manhã de primavera de 1956. Chegou ou estava chegando o que ainda não se sabe que será a Revolução Húngara, um levante popular contra o stalinismo que será esmagado pouco depois. Os amigos de Köves, nervosos e alvoroçados em um café chamado Mares do Sul, preparavam um cartaz com as palavras "Queremos viver!". Os diretores do escritório em que trabalha também estavam inquietos, como que pressentindo a mudança, preparando-se para algo que ainda não sabiam o que era. Alguns aproveitavam a súbita desordem para preparar a saída do país. Anunciava-se outra "liberação".

Köves estava no escritório, em um corredor em forma de "L", esperando que alguém o recebesse. De repente, escutou passos em ritmo de marcha na outra parte do corredor. Sem dúvida se tratava de uma só pessoa, de um escriturário que ia de uma sala a outra. Mas Köves sentiu como uma imensa marcha, como uma multidão que o atraía, arrastava-o, incitando-o a aderir a ela, a seguir os passos entusiasmados dessa multidão em fila, a se unir ao seu calor, à sua segurança, à sua cegueira. E nesse mesmo instante, "enxergou alguma coisa também no corredor – uma visão sombria, indistinta, que se parecia com o fantasma afogado que perseguia em seus sonhos. Claro, Köves só via o afogado da mesma forma que ele enxergava a multidão: isto é, ele não tinha nem um nem outro; no entanto, sua sensação era de estar vendo – era sua unicidade que estava se debatendo ali, sua vida abandonada, sem dono".[29] Köves percebe, sombriamente, que se se unir a esses passos que o chamam, submetendo-se a esse "queremos viver!" que move a multidão, trairá esse estranho afogado nebuloso que também é ele mesmo. Sabe também que, se saltar da fila, esse afogado o arrastará consigo para sua profundidade. E, nesse momento, ele, ou algo nele, decide afastar-se da fila e escrever o romance.

No discurso de Estocolmo, Kertész refere-se a esse momento em uma reflexão sobre o porquê de sua escrita. Conta, então, da força de atração desses passos, seu magnetismo tentador, seu convite ao abandono de si mesmo. Conta da intensidade dessa experiência, seu caráter revelador, sua qualidade de tomada de consciência existencial. Dessa experiência, diz o seguinte: "não ofereço minha arte – para a qual demorei muito tempo para ter as ferramentas –, mas minha vida que quase perdi. Tratei da solidão, de uma vida mais difícil, de sair desse namoro inebriante, dessa história que deixa o homem sem sua personalidade e o converte em um ser sem destino. Constatei com espanto que dez anos depois de voltar dos campos nazistas e, de alguma forma, com o pé sobre o terrível encantamento

---

[29] KERTÉSZ, 2003a, p. 363. [Ed. bras.: p. 357.]

do horror stalinista, não me ficaria outra coisa que não uma impressão vaga e algumas anedotas. Como se tudo isso não tivesse passado a mim".[30]

É necessário sair da fila motivada pela vontade de viver, pela cega obsessão em seguir vivendo em qualquer circunstância, minuto a minuto, dia a dia, ano após ano, a qualquer preço. Temos de nos afastar desse desfile em que todos caminham juntos, passo a passo, rumo a uma morte mais distante ou mais próxima, mais normal ou mais brutal. Trata-se de recuar, de renunciar à vida, de deixar mentir e mentir-se. Trata-se de escrever: "Tudo o que tinha acontecido e estava acontecendo, o que a ele tinha acontecido e estava acontecendo, e nada poderia acontecer no futuro sem essa consciência afiada. Enquanto ele ainda estava vivo – já quase havia vivido toda a sua vida –, de repente viu, a uma grande distância, algo como uma forma fechada, perfeita, redonda, tanto que foi surpreendido por sua estranheza. Como poderia imaginar a possibilidade de se esconder, de se livrar do fardo de viver como um animal em sua jaula? Não, não. Assim, devemos viver a partir de agora, com o olhar cravado na existência, contemplando-a por longo tempo, com olhar penetrante, espantado e incrédulo, e não deixaria de contemplar até descobrir nela algo que quase já não pertencia mais a essa vida, algo palpável, agarrado à essência, indiscutível e acabado como as catástrofes, algo que se desprendia pouco a pouco dessa vida como um cristal de gelo, algo que qualquer um poderia levantar para observar sua forma definitiva e passá-lo a outro a fim de examinar essa notável estrutura da natureza".[31]

---

[30] KERTÉSZ, 2003b, p. 85.

[31] Relacionei antes a escrita de Kertész com Camus, com o *Nouveau Roman*, com Peter Handke. Mas o final desse fragmento não cessa de me fazer pensar em Clarice Lispector. Também a Macabéa, de *A hora da estrela*, faz parte desses inocentes, desses idiotas, desses seres que quase não são ninguém ou nada, desses personagens sem interior, sem consciência, quase sem palavras; desses sujeitos que não são sujeitos, que não têm história, que não têm nada a contar. Também a Macabéa de *A hora da estrela*, de Lispector, como o Mersault de *O estrangeiro*, como o Mathias de *El mirón*, de Robbe-Grillet,

8

Disse-lhes no início de minha intervenção que não sabia se esta conferência ia ser um passo à frente, um passo atrás, ou um passo ao lado, nisso de problematizar a relação entre relato, experiência e subjetividade. Disse-lhes também que pensar não é algo que nos torna as coisas mais fáceis, mas que, pelo contrário, torna-nos mais difíceis e que, justamente por isso, vale a pena. Além disso, disse-lhes que talvez atiraria pedras sobre o nosso próprio telhado. Agora, tenho a sensação de que não fiz nada disso. O que fiz foi, simplesmente, contar-lhes minha leitura das últimas páginas de *Sem destino* tratando de expressar, com elas, algumas de minhas perplexidades. No entanto, fui incapaz de converter essas perplexidades em algo que se pareça com a fundamentação ou a crítica disso que chamamos pesquisa (auto) biográfica. A partir dessa leitura de Kertész, está claro, ao menos par mim, que nós estamos mais próximos do jornalista e dos tios Vili e Lajos do que de qualquer um dos outros personagens do romance. A radical exterioridade entre qualquer tipo de pesquisador – seja um juiz, um jornalista, um historiador, um pedagogo, um sociólogo, um antropólogo, etc. – e as existências que usa como objeto ou produto de seu trabalho. Um pesquisador sempre produz sentido. Busca que as experiências com as quais trabalha signifiquem algo, representem algo. Busca que, através delas, algo se compreenda. Porém, a experiência singular sempre tem algo de incompreensível, de ininteligível, de irrepresentável e de inidentificável; algo ao qual deve-se exercer traição e violência para que se converta em outra coisa. É possível que o que chamamos experiência e o que chamamos identidade não sejam nada mais que o resultado dessa violência e falsificação.

---

como o Bloch de *El miedo del portero al penalty*, de Handke, encarnam a existência como "algo que quase já não pertencia mais a essa vida, algo palpável, agarrado à essência, indiscutível e acabado como as catástrofes, algo que se desprendia pouco a pouco dessa vida como um cristal de gelo, algo que qualquer poderia levantar para observar sua forma definitiva e passá-lo a outro a fim de examinar essa notável estrutura da natureza".

Como produzir sentido sem mentir, sem violentar, sem falsificar? Para isso teríamos de problematizar constantemente o que nosso olhar tem de vertical, de assimétrico, de colonizador. Teríamos de problematizar também o que o nosso olhar tem de homogeneizador, de banalizador, de falsamente igualitário; o que o nosso olhar tem de estereotipados, de generalizações, de abstrações identitárias e identificadoras. Nós somos os senhores da língua, os donos da representação, os proprietários do sentido. Nós, os universitários, os pesquisadores, os intelectuais, os escritores, os que trabalham com as palavras e com as ideias, somos como o jornalista de *Sem destino*. Nós somos os que estabelecem a relação legítima entre as palavras e as coisas, entre a experiência e o sentido, os que clarificam, ordenam e escrevem o mundo, os que têm a arrogante pretensão de conhecê-lo, julgá-lo, transformá-lo. Nós somos os moralistas, os que falam dos outros para justificar a nós mesmos, os que falam em nome dos outros para ter algo a dizer, os que convertem as experiências e as subjetividades dos outros em experiências e subjetividades compreensíveis, inteligíveis, representáveis, identificáveis. Nós somos os que convertem as vidas e as palavras dos outros em saber, em conhecimento, em informação, em cultura, em mercadoria. Teríamos de problematizar constantemente nossos conceitos, nossas teorias, nossos métodos. E para essa problematização, ao que me parece, deveríamos atender às lições dos escritores, dos narradores, dos poetas. Ainda que não saibamos o que fazer com elas. Ainda que nos deixem, às vezes, perplexos, sem palavras.

Quero lhes dizer agora, para terminar, que eu, como vocês, vou seguir construindo relatos, nomeando experiências, tramando sentidos, produzindo subjetividades. Vou continuar contando e escutando, escrevendo e lendo relatos de experiências. Vou continuar habitando esse emaranhado de relatos, experiências e subjetividades que é a vida. No entanto, ao mesmo tempo, e graças ao trabalho e à honestidade de pessoas que têm escavado mais fundo e que têm percebido com mais precisão, tratarei de conservar a suspeita de que não é a vontade de saber o que faz justiça à vida, de que no fundo *não sei*. Graças a alguns artistas da insignificância, não me abandonará nunca esse saber que não sei, esse compreender que não compreendo, essa certeza de que a experiência é uma matéria tênue e fugidia que se destrói e se falsifica quando se quer dominar, quando a ela se comete uma violência; e que escapa entre os dedos, como a água, como uma pele amada, como a vida mesma, quando lhe desejamos paz, quando a tratamos com ternura. Não me abandonará nunca essa sensação de que é precisamente quando não somos ninguém em particular que a experiência se dá com especial intensidade ao tempo que nos faz inapropriados em sua insignificância. Queria advogar aqui por essa ternura. Uma ternura que não está desprovida de atenção, de paciência, de respeito, de sofrimento e, às vezes, de silêncios. E que tem a ver, de forma não desenhável, com algo que, por falta de uma expressão melhor, chamarei de honestidade na linguagem, na escrita.

Inutilidades:
ou políticas da igualdade

Tradução: *Cristina Antunes*

A June.

Um *saber realmente útil* é o título de uma exposição que aconteceu entre 2014 e 2015 no Museu Nacional Centro de Arte Reina Sofía, de Madrid, e que provocou certo ruído midiático e algumas reações interessantes. A apresentação da exposição desenvolvia seu título da seguinte forma: "O conceito de 'saber realmente útil' surgiu no início do século XIX, quando os operários tomaram consciência da necessidade da autoformação. Nas décadas de 1820 e 1830, as organizações operárias do Reino Unido introduziram essa frase para descrever o *corpus* de conhecimentos que abarcava diversas disciplinas 'pouco práticas', como a política, a economia e a filosofia, caracterizadas como opostas aos 'saberes úteis', proclamados como tais pelos empresários que haviam começado a investir cada vez mais no desenvolvimento de seus negócios por meio de financiamento de programas educativos destinados aos operários e centrados em 'competências aplicáveis' [...]. Enquanto o conceito de 'saber útil' serve como ferramenta de reprodução social e proteção do *status quo*, o 'saber realmente útil' exige a mudança enquanto revela as causas da exploração e rasteia suas origens".[32]

---

[32]WHAT, How & for Whom. In: UN SABER realmente útil. Madrid: Museo Nacional de Arte Reina Sofía, 2014. p. 19.

A ideia que inspira o projeto começa assinalando que a separação dos saberes em úteis e inúteis (uns para operários e para filhos de operários, e outros para os burgueses e os filhos dos burgueses) implica também a separação das pessoas. Portanto, a contestação dessa distribuição desigual dos saberes é também uma contestação da ordem social, do modo como a sociedade estabelece diferentes posições para os sujeitos, diferentes posições para os saberes e diferentes posições para a relação entre os sujeitos e os saberes.

O que esses operários faziam era reivindicar para eles e para seus filhos os saberes inúteis (a filosofia, a história, a política, a sociologia, a literatura, a economia), uns saberes que eles consideram como "realmente úteis", visto que são os que podem esclarecer as causas da exploração e como começar a subvertê-la. Começando por esse ponto de partida, a exploração se articula sobre a distinção entre o saber útil e o saber realmente útil. Os "saberes úteis" eram saberes destinados aos operários, com o objetivo de formá-los como operários e, certamente, tomando como ponto de partida as "necessidades educativas" dos operários, tal como essas "necessidades" eram definidas pelos empresários.

Era o momento em que os poderes econômicos começavam a se interessar pela educação e começavam a investir em educação. E isso não fez nada além de aumentar: tanto as iniciativas educativas e culturais que vêm dos poderes econômicos como também, o que é mais alarmante, o modo como os poderes públicos estão colocando nas mãos de poderes econômicos a própria definição de políticas públicas em educação e cultura.

Os saberes inúteis, aqueles que os operários consideram como "realmente úteis", são esses saberes que não os fixavam à sua própria condição, que não se ajustavam às suas "necessidades", que não se adaptavam à sua identidade, ou à sua posição, ou ao seu perfil. Mas, exatamente por isso, os operários os viam como saberes emancipadores. Porque os saberes emancipadores são aqueles que igualam qualquer um com qualquer outro e, de passagem, permitem a cada um não apenas tomar consciência de sua condição, mas também, sobretudo, colocar essa condição à distância e imaginar outras possibilidades de vida. A emancipação intelectual, que é também emancipação política, não é senão a afirmação, por parte de cada um, de uma capacidade ou de uma potência comum a todos, igual a todos. O que esses operários fizeram foi contestar a ideia de "utilidade" dos poderosos e colocar em jogo outra ideia segundo a qual o que era "realmente útil" era, exatamente, o que os empresários consideravam "inútil" para eles. E, ao mesmo tempo, contestar a maneira como a definição utilitária do saber feita pelos poderosos fixava os operários em uma posição, em uma condição, em uma identidade. O saber útil posicionava os operários como operários, quer dizer, como o tipo ou a categoria de pessoas que "necessitavam" desse tipo de saber precisamente por sua condição de operários. Mas o que os operários reclamam é o saber realmente útil, esse que é considerado pelos empresários como social e economicamente inútil, o único que para eles, para os operários, pode ser emancipador. E isso se dá por duas razões.

Primeiro, porque é um saber que não fixa as pessoas em seu lugar, porque não é o tipo de saber do qual as pessoas necessitam em função de sua condição, de sua identidade e de sua capacidade, mas que, exatamente por isso, permite às pessoas irem mais além de sua condição, de sua identidade e de sua capacidade. E segundo, porque é o saber que contém as possibilidades de analisar e subverter as lógicas da submissão, essas que fazem com que cada um esteja em seu lugar, que coincida com seu lugar, ou seja, que se identifique com sua condição, com sua identidade e com sua capacidade.

A discussão, portanto, não tem a ver somente, nem fundamentalmente, com a definição do que é o útil. Esses operários visionários já suspeitavam dessa lógica, tão comum hoje em dia, da determinação do perfil dos saberes, isso que atribui a cada um o saber de que necessita, o que corresponde, o que convém, o que se ajusta com o que cada um é, com a condição de cada um, com a identidade de cada um, com a posição de cada um, com a capacidade de cada um. Para esses operários, no entanto, a emancipação passa pelo acesso a um saber que não lhes corresponde, de que não necessitam, que não lhes convém, que não foi pensado nem organizado para eles, que não lhes é útil nem adequado. E isso porque, para eles, a emancipação passa pelo acesso a um saber que lhes permite escapar dessa condição, dessa identidade, dessa posição, dessa capacidade. A um saber, em suma, que lhes permite deixar de ser o que são, escapar de si mesmos, experimentar a igualdade de qualquer um com qualquer outro.

1

O catálogo da exposição contém um artigo de um grupo indiano que se chama Raqs Media e que começa assim: "Que coisas do século XX valem a pena recordar? Uma coisa memorável é o silêncio que aconteceu depois da manifestação feita por um operário numa noite de verão da última década do século em Faridabad, ao norte da Índia. O que foi que ele disse? Esse operário acabou sendo expulso da fábrica temporariamente. Aparecia todas as manhãs nas portas da fábrica para ver se haviam anulado sua ordem de expulsão e para entrar na biblioteca dos operários. Ali se reuniam muitos operários munidos de livros e jornais. Naquele ano havia bloqueios de apoio em Liverpool e Bombaim. Tudo precisava ser debatido. Discussões, acordos, discrepâncias e mais conversas. Durante a noite os operários subiam para o terraço e continuavam conversando. Porém, no decorrer da noite falavam de um modo diferente. Falavam de outras coisas. De que outras coisas? Coisas. Como o que disse o operário naquela noite. E o que ele disse? Enquanto contemplava o céu noturno, sentenciou: 'O clamor do metal não impregna tua cabeça quando contas as estrelas. Que alívio não ter que entrar na fábrica'. O que significa isso? Em 2011 fizemos a obra *Strikes at Time* (Rupturas do tempo), em parte com a intenção de compreender a importância que tem para um operário contar estrelas".[33]

---

[33] RAQS MEDIA COLLECTIVE. Essa coisa que pertence ao mundo inteiro: epílogo ao diário de um autodidata (UN SABER realmente útil, 2014, p. 81-82).

Durante o dia os operários são operários, atuam como operários: trabalham, ou vão à porta da fábrica para ver se podem trabalhar, ou conversam entre si sobre os problemas dos operários, sobre as dúvidas dos operários, sobre as vitórias e sobre as derrotas dos operários, sobre a vida operária, sobre a luta operária, sobre a condição operária. Mas durante a noite esses mesmos operários falam de outras coisas e falam de outro modo: falam de que a cabeça na fábrica está saturada pelo clamor do metal, de que na fábrica não se pode contar as estrelas. E dizem que é um alívio contar as estrelas porque então não se está na fábrica nem se quer estar na fábrica, porque quando se contam estrelas não se ouve o clamor do metal, a cabeça não está na fábrica nem está saturada pela fábrica. O que torna a fábrica inumana não é só a maneira como captura, para explorá-lo, o corpo dos trabalhadores, sua força de trabalho, mas sim a maneira como captura sua cabeça e como anula sua capacidade de contar estrelas.

O texto continua assim: "Em *Strikes at Time* eram feitas leituras do diário informal de um operário chamado Heeraprasad, que viveu e se suicidou em Delhi, que fazia longos passeios noturnos pelo subúrbio da cidade, por essa 'terra de ninguém' que a mente lúcida arrebata da fadiga da jornada laboral, no qual inserimos uma discreta anotação de *A noite dos proletários*, de Jacques Rancière. Eis aqui uma das entradas do diário: 'Hoje amanheci especialmente para mim. Voltei para casa às 4:45 da madrugada. 180 rúpias para a eletricidade. 10 rúpias para o leite. O que significa pertencer a todo o mundo? Quando o céu fresco crepuscular adquire um tom azul escuro e se transforma em uma imagem de infinitude, produz uma interferência incessante. Essa coisa que pertence ao mundo inteiro, essa coisa que suscita desejo ou qualquer sensação no corpo ou na mente estabelece em algum lugar uma conexão entre nós. Hoje foi o melhor dia. Todo o mais é normal e corrente'".[34]

Existe o ordinário e o extraordinário, o que é normal e corrente e o que não é. O que é corrente é o trabalho, a dureza

---

[34] RAQS MEDIA COLLECTIVE, 2014, p. 82-83.

das condições de vida, o preço da eletricidade ou do leite, a vida diurna, o que é próprio de cada um, da condição de cada um. Mas também existe o extraordinário, a vida noturna, o céu crepuscular e esse sol que parece amanhecer especialmente para uma pessoa, o que pertence ao mundo inteiro, o que conecta você com os demais, o que é emancipador, justamente porque não pertence a cada um, porque não é próprio de cada um, mas sim pertence a todos em geral e a ninguém em particular, porque iguala qualquer um com qualquer outro.

E mais adiante: "Esse desejo de ir além dos horizontes limitados do que os operários 'supostamente' deviam conhecer e pensar é talvez o que os operários britânicos radicais começaram a chamar de 'saber realmente útil' já em 1832 [...]. A realidade de um operário consiste nas coisas que lhe permitem trabalhar melhor na máquina, ou consiste em se questionar sobre se é ou não possível outra forma de vida coletiva? Um aspecto fundamental dessa outra forma de vida é que deve ser concebida em uma ordem diferente do tempo e do espaço. Um tempo liberado do ritmo da produção incessante, um espaço extraído dos confins da fábrica".[35]

A divisão dos saberes (e das pessoas, e das capacidades) é também a divisão dos tempos e dos espaços. A reivindicação de um saber que não corresponde à própria condição é também a de um tempo e de um espaço que não correspondem a ela. Os operários exigem não só um saber inútil, mas também um tempo inútil (liberado dos ritmos da produção) e um espaço inútil (extraído dos confins da fábrica). A emancipação passa então pelo acesso a outro espaço, a um espaço que não é próprio, mas sim impróprio, que não é o que corresponde à identidade e à condição de cada um, mas que é de qualquer um. A emancipação também passa pelo acesso a outro tempo, a um tempo que não é próprio, mas sim impróprio, que não corresponde à condição e à identidade de cada um, mas que é de qualquer um. E, por último, a emancipação passa pelo acesso a umas dimensões e a

---

[35]RAQS MEDIA COLLECTIVE, 2014, p. 84.

umas práticas, a umas atividades que tampouco são próprias, mas sim impróprias, que não correspondem às que são próprias de cada um, de cada condição, de cada identidade, mas que pertencem ao mundo inteiro, ou seja, que são de todos em geral e de ninguém em particular, e que só podem acontecer em um tempo e em um espaço não produtivo: estrelas para contar, crepúsculos nos quais passear, céus para contemplar, tudo isso que não é normal e corrente. Além disso, são esses tempos e esses espaços, essas dimensões e essas atividades, justamente porque são de todos e de ninguém, exatamente porque são de qualquer um, os que nos tornam iguais, os que nos recebem a todos a partir do ponto de vista da igualdade (uma igualdade que, sem dúvida, não deve ser confundida com homogeneidade).

2

Há várias referências à obra de Jacques Rancière no texto do Reqs Media. Não só essa citação discreta colocada no meio do diário de um autodidata, como também essa distinção entre o dia e a noite (durante a noite os operários falam de outras coisas); essa afirmação de que a divisão dos saberes implica também uma divisão de pessoas, de capacidades e, sobretudo, de tempos e espaços; essa concepção do saber emancipador não como o que corresponde à própria condição, mas sim como o que permite escapar da própria condição, o que pertence ao mundo inteiro; e essa ênfase em uma igualdade que não é percebida como um resultado a ser alcançado, mas que já está dada em algumas práticas, essa ideia da emancipação como verificação da igualdade, como exercício concreto e prático da igualdade, como acontecimento da igualdade de qualquer um com qualquer outro, quer dizer, como ruptura das distribuições socialmente dadas entre saberes, tempos, espaços, dimensões, atividades e capacidades. Parece, então, que a obra de Rancière tem a ver com os operários que contam estrelas, com essa terra de ninguém que uma mente lúcida arrebata da fadiga da jornada laboral, com o que pertence ao mundo inteiro, com esses saberes realmente úteis que os operários reclamavam na primeira metade do século XIX.

Como se sabe, Rancière se formou como arquivista do movimento operário, ou talvez melhor, como arquivista da palavra operária. E o que descobriu nos arquivos é que o que lhe dizem as palavras dos operários não é sempre a condição operária. Muitas vezes, as palavras dos operários são capazes de transcender os tempos e os espaços "operários", podem dizer mais e outra coisa além do que se pode dizer (e pensar, e ver) a partir dos tempos e dos espaços (e das maneiras de falar e de pensar) que determinam a condição operária. As palavras dos operários, então, são capazes de escapar de sua própria condição, de sua própria identidade, de suas próprias determinações, e fazem isso abrindo um outro tempo, o tempo da noite, um tempo que escapa da dominação.

Isso é o que importa em *A noite dos proletários: arquivo do sonho operário*. O prólogo do livro começa afirmando que seu tema não é tanto a condição operária, "as dores dos escravos das manufaturas", mas sim o que dizem "o olhar e a palavra, as razões e os sonhos" de algumas centenas de operários que eram jovens em 1830 (nos alvores do movimento operário, muito antes da Comuna da Paris, massacrada em 1871, e antes também do Manifesto Comunista, publicado em 1848). Esses operários, disse Rancière, haviam decidido "não suportar mais o insuportável". Mas o insuportável não era só a miséria, a fome, a insalubridade das casas, a brutalidade da exploração, mas, sobretudo, o uso do tempo, a redução da vida operária a esse tempo proletário que não é outra coisa senão tempo de trabalho. O insuportável é, diz Rancière: "A dor do tempo roubado a cada dia para trabalhar a madeira ou o ferro, para costurar roupas ou para colocar pregos em sapatos, sem outro fim que o de conservar indefinidamente as forças da servidão junto às da dominação; o humilhante absurdo de ter que mendigar, dia após dia, esse trabalho onde a vida se perde. Acabar com isso, saber porque ainda não se acaba, mudar a vida".[36]

---

[36] RANCIÈRE, J. *La noche de los proletários: archivos del sueño obrero*. Buenos Aires: Tinta Limón, 2010. p. 19-20.

O que esses operários não podem suportar é um tempo em que não se vive a vida, mas que se perde (porque a vida não é senão tempo que passa, e nossa forma de viver a vida não é senão a maneira como passamos o tempo). E para isso, para viver a vida, esses operários têm de encontrar tempo e espaço (um tempo separado do tempo produtivo, um espaço que não seja o da fábrica). "A subversão do mundo começa nessa hora em que os trabalhadores normais deveriam desfrutar do sonho aprazível daqueles cujo ofício nos obriga a pensar [...], nesse esforço para retardar até o limite extremo o ingresso no sonho que repara as forças da máquina servil [...], nessas noites arrancadas da sucessão do trabalho e do repouso: interrupção imperceptível, inofensiva, dir-se-ia, do curso normal das coisas, onde se prepara, se sonha, se vive já o impossível: a suspensão da hierarquia ancestral que subordina aqueles que se dedicam a trabalhar com suas mãos a aqueles que receberam o privilégio do pensamento. Noites de estudo, noites de embriaguez. Jornadas laboriosas prolongadas para aprender, sonhar, discutir ou escrever. Manhãs de domingo adiantadas para ir juntos ao campo ver o amanhecer".[37]

O tempo da subversão do mundo, diz Rancière, é o que se rouba da noite para fazer outras coisas além de dormir, e outras coisas que não são trabalho nem estão relacionadas com o trabalho. Os personagens dos livros são, por exemplo, um fabricante de compassos que é músico e que escreve canções satíricas, um carpinteiro que é poeta e que escreve cartas, um poceiro que também é poeta. Ou seja, pessoas que são operárias mas também algo mais que operárias e outra coisa além de operárias, pessoas que, durante a noite, em suas atividades noturnas, roubadas do descanso ou da embriaguez embrutecedora, desafiam o imperativo de que cada um tem de ser o que é e somente o que é. Esses operários, diz Rancière, roubam um tempo que interrompe o curso normal das coisas (o que é normal e corrente) e, sobretudo,

---

[37]RANCIÈRE, 2010, p. 20.

a separação entre os que pensam e os que não pensam, entre os que estudam e os que não estudam, entre os que cultivam o inútil e os que estão condenados ao útil. Esses operários, diz Rancière, abrem na noite um tempo para escutar, para aprender, para discutir, para cantar, para escrever, para sonhar, para ver amanhecer, para sentir que outra vida é possível, para contar as estrelas, para fazer passeios solitários, para se conectar ao que pertence ao mundo inteiro, para se sentir iguais a todos os outros, para subverter o mundo.

Alguns desses operários rememoram o tempo livre da infância, esse tempo intermediário dedicado a errar, a aprender e a sonhar "entre a idade da inconsciência e a do serviço".[38] Outros contam como aprenderam a ler nas horas em que se envolviam as lentilhas, em fragmentos de papel recolhidos do solo, nas escolas da vila dirigidas por freiras monárquicas, ou instruídos por uma mãe analfabeta que aplica, sem saber, o método de emancipação intelectual de Joseph Jacotot, esse que convida a ensinar o que não se sabe. Todos eles identificam seu mal e sua desgraça com o ingresso no trabalho embrutecedor e asfixiante, mas "não devido às condições ou ao salário do emprego, mas sim à necessidade do trabalho em si mesma",[39] à necessidade de vender não só seu corpo, como também sua alma (à possibilidade de cultivar sua alma).

Com o vocabulário da época, o que têm à sua disposição, esses operários sentem que o trabalho lhes devora a alma. Mas a essa distinção entre o corpo e a alma eles superpõem outra distinção, a que distingue o tempo escravo e o tempo livre. Da mesma maneira que tratam de resistir a esse uso embrutecedor do corpo que satura as possibilidades da alma, também tratam de resistir "ao tempo da servidão necessária que ocupa o tempo da liberdade possível".[40] O que os faz sofrer e se encolerizar não é somente a consciência da exploração, mas também "o

---

[38]RANCIÈRE, 2010, p. 81.
[39]RANCIÈRE, 2010, p. 87.
[40]RANCIÈRE, 2010, p. 92.

pensamento abandonado".[41] O problema que se propõem então é: "Como introduzir nos intervalos da servidão o tempo outro de uma liberação que não seja insurreição dos escravos, mas sim o advento de uma sociabilidade nova entre indivíduos que se despojaram, cada um por sua conta, dessas paixões servis que, no entanto, o ritmo das horas de trabalho, os ciclos da atividade e do repouso, da ocupação e do desempenho reproduzem indefinidamente?".[42]

O problema não é tanto o dia de escravidão, mas a noite em que se anuncia outro mundo possível, outra vida possível, "[a]li onde a alma se estende obstinadamente até os prazeres do estudo, quer se abstrair das preocupações do trabalho e da necessidade, e consagrar a noite ao prazer de aprender".[43] Em uma entrevista realizada para a edição argentina do livro, Rancière insiste na questão do tempo, nas máquinas que fazem funcionar o tempo (entre as quais destaca o trabalho e a escola), e em como a emancipação consiste na interrupção desses dispositivos temporais: "Há um tempo 'normal' que é o da dominação. Esta impõe seus ritmos [...]. Fixa o tempo de trabalho – e de sua ausência –, tanto como a ordem de aquisição dos conhecimentos e dos diplomas. Separa entre quem tem tempo e quem não tem [...]. Os proletários estão submetidos à experiência de um tempo fragmentado, de um tempo medido pelas acelerações, os atrasos e os vazios determinados pelo sistema. Sua emancipação consiste em se reapropriar dessa fragmentação do tempo para criar formas de subjetividade que vivam outro ritmo diferente daquele do sistema".[44]

Abrir um outro tempo e explorar sua potência, criar momentos de igualdade, romper com o sistema da dominação vivendo nele de outra maneira, viver a desigualdade segundo o modo da igualdade. Não só interromper, por um tempo, os

---

[41]RANCIÈRE, 2010, p. 97.
[42]RANCIÈRE, 2010, p. 101.
[43]RANCIÈRE, 2010, p. 101.
[44]COLECTIVO SITUACIONES; RANCIÉRE, J. Desarrollar la temporalidad de los momentos de igualdad (RANCIÈRE, 2010, p. 9).

dispositivos temporais do sistema, mas experimentar nessas interrupções, na prática, "[m]utações efetivas da paisagem do visível, do dizível e do pensável, transformações do mundo dos possíveis".[45] A desigualdade é o comum, o curso normal das coisas, essa ordem da dominação na qual cada posição social determina o que a partir daí pode ser visível, dizível e pensável, a ordem dos saberes úteis, do prático e do instrumental, do que cada um necessita conforme sua identidade, sua condição. Mas às vezes se criam, ou se abrem, outros tempos e outros espaços e outras relações em que essa ordem é quebrada e em que aparece, pelo menos por um instante, a igualdade de qualquer um com qualquer outro. Em um comentário ao diário desse operário indiano que em um passeio noturno descobriu o que pertence a todo mundo para afirmar depois que tudo o mais é normal e corrente, Rancière escreve: "O extraordinário começa com a decisão de escrever, de comprar um caderno e uma caneta esferográfica. A escrita do diário é o primeiro passo para escapar do normal e corrente, do mesmo modo que o ponto de partida para a emancipação intelectual segundo Jacotot pode consistir simplesmente na visualização de um calendário, a escrita de uma oração ou a repetição da primeira frase de *Telêmaco*".[46]

E o grupo Raqs Media termina assim seu artigo: "Para onde nos leva esse desejo de horizontes? A aparência anil da noite busca sinais de vida nas estrelas e nos confins da cidade. Pode haver outra vida? O que mais podemos ler através das traduções entre o corriqueiro e o extraordinário, entre o útil e o realmente útil [...]? Uma jovem encontra o surpreendente diário de seu tio. Cada dia tem sua entrada correspondente com listas de gastos, empréstimos, dívidas, e no final de cada página aparece a mesma frase: tudo o mais é normal e corriqueiro. O que tem de especial? Não muito. Somente a diligência do autor do diário

---

[45] COLECTIVO SITUACIONES; RANCIÉRE, 2010, p. 9.
[46] RANCIÈRE, J. I No Longer Have Faith in Time. In: HIRSCH, N.; SARDA, S. (Ed.). *Cybermohalla Hub*. Berlin: Stenberg Press, 2012.

que anotou minuciosamente o cotidiano em cada página. Mas assim se começa a compreender a diferença entre o saber útil e o realmente útil".[47]

3

Como se sabe, Simone Weil experimentou o trabalho em cadeia na fábrica parisiense da Renault, onde trabalhou entre dezembro de 1934 e agosto de 1935. Dessa experiência resulta *A condição operária*, um livro cuja publicação foi apoiada por Marcel Camus e cuja inteligência foi elogiada por Hannah Arendt. Nesse livro, Weil teoriza que a alienação não se refere somente ao produto do trabalho, mas também ao estranhamento da própria humanidade. O trabalho é uma vida que não é vida, uma vida não apenas roubada, mas também degradada, humilhada. Para Weil, o pior da fábrica não é tanto a exploração econômica, mas a imersão dos trabalhadores em formas embrutecedoras e destrutivas de relação com o mundo que são repetitivas, automáticas e, sobretudo, que não permitem parar para pensar: "O pior atentado, que talvez merecesse ser comparado ao crime contra o Espírito, e que não tem perdão se não fosse cometido provavelmente por inconscientes, é o atentado contra a atenção dos trabalhadores. Mata na alma a faculdade que constitui nela a própria raiz de toda vocação sobrenatural. A baixa espécie de atenção exigida pelo trabalho inspirado no sistema de F. W. Taylor[48] não é compatível com nenhuma outra porque esvazia a alma de tudo que não seja a preocupação pela rapidez. Esse gênero de trabalho não pode ser transfigurado, é necessário suprimi-lo".[49]

Para Simone Weil, a luta operária não tem a ver somente com uma repartição equitativa dos benefícios do trabalho, ou

---

[47] RAQS MEDIA COLLECTIVE, 2014, p. 91.

[48] Sistema de organização do trabalho devido a F. W. Taylor, que consiste na análise prévia de todas as operações para determinar a melhor maneira de executá-las com a maior economia de esforço e de tempo. [N.T.]

[49] WEIL, S. *La condición obrera*. Madrid: Trotta, 2014. p. 66.

com a suavização das condições de sua realização, mas sim deveria se dirigir para a eliminação de um tipo de trabalho que é, por sua própria natureza, indigno da condição humana. O trabalho não só produz mercadorias, como também produz, ao mesmo tempo, o corpo (exausto) e a alma (degradada) do trabalhador. Por isso, para Weil, o trabalho da fábrica é, em si mesmo, um atentado contra a alma. E a emancipação dos trabalhadores não tem a ver somente com a melhora do trabalho, mas também com a invenção de formas de vida que suponham uma relação com o mundo e consigo mesmo diferente da do trabalho, ou seja, distintas da utilidade. Por isso, o que Simone Weil reivindica é a possibilidade para os operários de dar atenção a outras coisas e, sobretudo, de dar atenção de outro modo.

4

Os operários do Reino Unido e os proletários franceses por volta de 1830. Os operários franceses 100 anos depois, por volta de 1930. Como um eco, os operários indianos na última década do século XX. Sempre a mesma separação dos tempos (o tempo de trabalho de uns, o ócio para outros), dos saberes (os saberes úteis para uns, os inúteis para outros), das pessoas (os que simplesmente trabalham e os que pensam, ou estudam, ou divagam). Sempre a mesma contestação e essas separações que são, no fundo, a mesma separação. Sempre a afirmação, ou a busca de uma outra vida, de uma vida emancipada, em que se possa experimentar, ainda que seja por pouco tempo, a igualdade de qualquer um com qualquer outro. E algo parecido pode ser encontrado também na Espanha, na experiência das Missões Pedagógicas da Segunda República, entre 1932 e 1935.

Refiro-me a seu artefato mais louco, ao mais inútil, concretamente o Museu Circulante, ou Museu do Povo, a um dispositivo pedagógico e cultural portátil que consistia em 14 cópias (de tamanho real) de grandes obras do Museu do Prado (Ribera, Zurbarán, Murillo, Goya, Velázquez e El Greco), além de cópias, de tamanho menor, de algumas das gravuras das séries dos *Caprichos*, dos *Disparates* e dos *Desastres da guerra* de Goya. Esses quadros eram levados aos vilarejos mais pobres e mais remotos da Espanha, instalados em escolas ou ajuntamentos para que os camponeses pudessem vê-los, e isso não porque pudessem ser de alguma utilidade para eles, mas pela única razão de que eram seus. Nas palavras de Manuel Bartolomé Cossío, o diretor das Missões: "Quero ensinar (estes tesouros) às pessoas que nunca os tinham visto. Porque também são seus. Mas em absoluto quero dar a elas uma lição. Só quero que saibam que existem e que ainda que estejam guardados no Museu do Prado, também são seus".[50]

Os missionários, sem dúvida, sabiam aonde levavam o museu e a que tipo de gente iam mostrar os quadros, mas não havia nenhuma elaboração disso que hoje é chamado de perfil, ou as características, ou os interesses, ou as necessidades dos destinatários (aquilo que pudesse ser mais útil a eles, ou mais adequado), a não ser que levavam o que era melhor para eles, o mais interessante e o mais digno que podiam entregar, o que para eles constituía o maior tesouro. Por isso o gesto de compor e montar o Museu Circulante é um gesto que significa igualdade, e não desigualdade. Assim conta Ramon Gaya (um dos encarregados do museu) do que disse Cossío antes de sair em missão: "Cossío nos disse: 'eu o deixo em suas mãos. Porque são vocês os que vão me dizer como deve funcionar o museu. E a única coisa que lhes digo é que não quero que tenha nenhum caráter pedagógico'. Depois nos disse: 'há uma palavra, a palavra Missões, pela qual tenho estado lutando, mas não se encontrou outra. Quisera eu que vocês não tivessem nada de missão, e tampouco que o que digam a essas pessoas nada tenha de escolar ou de brando'. Cossío escreveu umas palavras que lemos na primeira saída, mas ele mesmo, quando as entregou para nós, nos disse: 'creio que têm um ar um pouco comum. Eu, a princípio, pensava que tinham de ter um tom paternal, mas vejo que esse tom é ofensivo. Procurem

---

[50]Palavras citadas em OTERO, E. (Ed.). *Las Misiones Pedagógicas: 1931-1936*. Madrid: Amigos de la Residencia de Estudiantes, 2006. p. 80.

não ofender as pessoas. Vocês vão ensinar coisas a elas, mas não vão planejando desconfiar delas".[51]

Quando Cossío nos diz que não quer que o museu seja pedagógico, que não quer que tenha nada de missão, que não quer que o tom com que se dirija às pessoas seja brando ou paternalista, que não quer que seja um tom escolar, que não quer que seja um tom pedante e, sobretudo, quando diz uma coisa tão formosa como "procurem não ofender as pessoas", o que está dizendo é que não os tratem como tontos, ou como ignorantes, ou como crianças, ou como inferiores, ou como camponeses, ou como analfabetos, mas sim que os tratem de igual para igual. E esse gesto de igualdade está, fundamentalmente, no caráter desinteressado ou, se preferir, inútil do museu. Gaya diz isso assim: "As pessoas sempre nos perguntavam: 'mas isso serve para alguma coisa?'. Eu nunca quis responder a essa pergunta, porque ela inutilizava toda a ideia de Cossío. Cossío não queria que servisse para nada concreto, só queria que existisse, queria presentear isso de uma maneira desinteressada".[52]

Por isso Cossío insistia que no Museu do Povo não se ensinasse rigorosamente nada. Para ele era o bastante que os camponeses sentissem e apreciassem esses quadros como se fossem seus. E o que mais lhe interessava era que soubessem que, mais além do trabalho com que ganhavam o sustento, havia um mundo de prazeres intangíveis a que tinham direito, e que podiam exercer esse direito. "Para sentir as coisas por si mesmas, para contemplá-las, para apreciar sua beleza, não como um meio, mas como um fim".[53]

Era justamente essa inutilidade do museu o que reparava a injustiça ancestral de que o povo sofria: a de haver sido tratado

---

[51] GAYA, R. Mi experiencia en las Misiones Pedagógicas. Con el Museo del Prado de viaje por España. In: BURUAGA, G. S. (Ed.). Val del Omar y las Misiones Pedagógicas. Madrid: Amigos de la Residencia de Estudiantes, 2003. p. 29.

[52] GAYA, 2003, p. 27.

[53] OTERO, 2006, p. 89.

sempre como sujeito do trabalho e da necessidade. A injustiça não está só na repartição desigual da riqueza (também da riqueza cultural), mas está também, fundamentalmente, na repartição desigual do tempo, no fato de que algumas pessoas sejam despossuídas de seu tempo e, portanto, de sua vida, no fato de que, para alguns, nunca haja tempo para outra coisa que não seja a estrita necessidade. Para Cossío, a educação e, especialmente, a arte deviam ser entendidas como prazer e como divertimento, e para isso era essencial manter uma distinção forte entre o trabalho produtivo e o divertimento improdutivo. Por isso Cossío insistia na separação dos tempos e em que a tarefa das Missões devia ser entendida como uma ação para o tempo de ócio, ou melhor, como uma ação que criava tempo de ócio, que presenteava o tempo livre às pessoas, uma forma de tempo antes inexistente, um tempo para se divertir e para ter prazer, para perder, um tempo para nada. Como escreveu Cossío em um pequeno tratado sobre as diferentes artes que produziu para ser lido pelos missionários, se lhes parecesse oportuno, na inauguração de cada uma das instalações do Museu Circulante: "E se os homens inventaram o ato de pintar que, ao que parece, é uma coisa de luxo, séculos, muitos séculos antes que inventassem coisas tão úteis e necessárias como fazer louças, enxadas e arados, e se, além disso, continuaram sempre pintando, talvez pela ânsia irresistível que sentissem de fazer coisas belas, não deve ser inteiramente uma loucura que a obra justiceira das Missões queira levar aos povos camponeses, para o prazer e o ensino de que os cortesãos já desfrutam tanto, umas modestas cópias, ao menos, das melhores pinturas que a nação guarda em seus museus como um magnífico tesouro".[54]

As Missões e, em especial, o Museu do Povo estavam pensados como uma coisa de luxo. E, como é de se esperar, isso era o que incomodava todo mundo. Em primeiro lugar, à Espanha clerical e anti-ilustrada, que acreditava que os camponeses, sem formação de nenhuma espécie, não só não necessitavam da cultura,

---

[54]COSSÍO, M. B. Significación del Museo (OTERO, 2006, p. 369).

como nem sequer podiam se aproveitar dela. O raciocínio era impecável: os trabalhadores não entendem, não podem entender e, portanto, é inútil levar para eles os quadros do Museu do Prado: as Missões são um luxo. Mas também incomodava à Espanha politicamente progressista que utilizava um argumento que, curiosamente, chegava à mesma conclusão: a situação de atraso dos camponeses não é um problema de cultura, mas sim um assunto econômico e político, tem a ver com a exploração e a submissão e, portanto, a tentativa de desenvolver uma atividade cultural sem fazer nada para mudar essas condições não tem sentido. As Missões, desse ponto de vista, seriam um luxo. Além disso, depois do começo da Guerra Civil, em 1936, quando as propriedades mudaram e já não havia muito tempo para luxos, a cultura passou a ser pensada como uma arma de guerra contra o fascismo, quer dizer, como propaganda.

Para uns, as Missões eram coisa de "vermelhos", para outros eram coisa de "moços escassamente comprometidos", e para outros eram coisas de "intelectuais de salão", de "artistas e poetas", de pessoas bem-intencionadas, mas pouco práticas, cegas às enormes necessidades de todo tipo que atacavam a Espanha rural. Quando diziam que isso de levar 14 cópias do Museu do Prado aos rincões mais pobres e afastados da Espanha era "coisa de luxo", o que estavam dizendo era "que não havia tempo para isso", que havia coisas muito mais urgentes e muito mais necessárias para fazer, que era inútil.

O Museu do Povo, no entanto, exatamente por ser inútil, interrompe o que é próprio do povo, o que o distingue e o define como tal povo, e mostra o que lhe é impróprio (não o que o identifica, mas o que o iguala): sua capacidade para experimentar, como qualquer outra pessoa, esse luxo e esse prazer da existência que são os quadros do Museu do Prado. Muitos missionários falam em seus informes da realidade brutal com que se deparam, de sua visão dos meninos maltrapilhos e cheios de piolhos, das mulheres com enfermidades congênitas, das moradas insalubres e sem luz, do trabalho embrutecedor, da necessidade de alimentos e de remédios. Outros, ou os mesmos, viram também nesse povo miserável outro povo mais sábio e mais verdadeiro, que encarnava a riqueza da cultura popular. Os jovens missionários viram o que era próprio do povo, tanto as carências populares quanto a identidade popular, tanto o que o povo "necessitava" quanto o que o povo "era".

Mas, quando instalaram o museu, fizeram algo inédito: criaram um espaço que antes não existia (um espaço que não era próprio do povo, que era uma "coisa de luxo") e colocaram umas dimensões, umas coisas, que antes não existiam (os quadros de Velázquez, ou de Goya, que também eram "coisa de luxo"). Nem o povo "necessitava" desse espaço, desse tempo e dessas coisas, nem, certamente, elas se correspondiam com sua identidade, com sua maneira de ser, com sua experiência, com suas formas de vida. Mas eles fizeram o que era necessário fazer, o que servia para nada, fizeram com que as pessoas olhassem os quadros do Prado. Luis Cernuda viu nesses olhares o resplendor efêmero da possibilidade humana quando escreveu que "[t]inham tal brilho e vivacidade que me afligia pensar como ao transcorrer do tempo a inércia, falta de estímulo e sórdido ambiente afogariam as possibilidades humanas que apareciam naqueles olhares".[55]

Porque o possível, nessa citação de Cernuda, não é a utopia, no sentido de que o que está em espera algum dia será, talvez, real, mas sim remete ao que algum dia brilhou em umas formas de existência que não estavam previstas por suas condições de possibilidade, que significavam um excesso em relação a essas condições, mas que, ao mesmo tempo, já definiam algo assim como a possibilidade de outro mundo. Algo que é emancipador, não tanto porque prometa a possibilidade de escapar, algum dia, da dominação, mas porque oferece, aqui e agora, a possibilidade de viver outras vidas que não as que viviam.

O Museu do Povo dá ao povo um lugar que não é o seu, um lugar que é puro luxo, um lugar em que pode se afastar,

---

[55] CERNUDA, L. Con el Museo del Pueblo: soledades de España (OTERO, 2006, p. 179).

por um momento, de sua própria condição e do âmbito de possibilidades que ela lhe assinala. Dá-lhe também um tempo que não é o seu, um tempo que é puro luxo, um tempo no qual podem se afastar, por um instante, do tempo da necessidade e do tempo do trabalho. E dá também ao povo umas coisas que não são as suas, que não correspondem às suas necessidades, aos seus interesses, aos seus modos de fazer e de viver. O que o Museu do Povo fez foi dar ao povo, como seu, algo que não era seu.

5

A exposição sobre os saberes realmente úteis incluía também práticas organizadas de leitura coletiva. Entre outras, as que o Grupo Subtramas organizou, com o título de "Quatro perguntas para uma utilidade por vir".[56] O Grupo Subtramas, que trabalha na interseção entre a arte, as pedagogias críticas, as práticas colaborativas e o ativismo social, produziu "um programa de mediação educativa e de atividades públicas em torno da exposição" por meio de uma série de "dispositivos de aprendizagem que tratam de aprofundar os modos de ver, interpretar e habitar a exposição". Esse dispositivo constava de três ações. A primeira, mais convencional, era uma série de percursos pela exposição organizados a partir de quatro perguntas: Por que é útil aprender juntos? Como ativamos a imaginação para criar uma felicidade diferente da que organiza o capitalismo? Que aprendizagens emergem dos movimentos sociais? O que ativam, politicamente, as imagens? Porém, a que mais me interessa no âmbito deste texto é a que se intitulava "Ações sobre saberes realmente úteis" e na qual convidaram diferentes grupos para expor sua experiência "na produção de tempos e saberes que não provêm dos espaços autorizados". O assunto era a produção de tempos outros, de espaços outros e de saberes outros.

E aqui a referência também era Rancière, porquanto sua obra mostra o modo como os operários "secretamente

---

[56] UN SABER realmente útil, 2014, p. 127-135.

enamorados do útil" são capazes de romper os estereótipos de sua condição criando tempos livres, tempos liberados, tempos inúteis, que não se correspondem com as divisões do tempo operário, esse que estava constituído no século XIX pela oscilação sem fissuras entre o trabalho e o descanso e esse que está constituído, na atualidade, pela oscilação sem fissuras entre o tempo de trabalho e o tempo de consumo. Nas leituras do Subtramas, tratava-se de refletir sobre a abertura de tempos, espaços e saberes não funcionais, não capitalizáveis, não mercantilizáveis e, em geral, não produtivos, ou, em suas próprias palavras, sobre a abertura de "uma inutilidade atual transferida a outra utilidade por vir".

6

Terminarei falando de três instituições que são muito antigas (de fato as três têm uma origem grega, são invenções gregas), mas que a modernidade codifica de uma forma particularmente interessante: a escola, a biblioteca e o museu. E falarei delas enquanto encarnam a institucionalização de um espaço, de um tempo, e de umas dimensões e uma atividades que se constituem como uma ruptura das distribuições econômicas e sociais apelando, precisamente, à igualdade de qualquer um com qualquer outro. A escola, a biblioteca e o museu são realmente úteis exatamente porque são inúteis do ponto de visto do social e do econômico. E é justamente por isso, porque não se adaptam às demandas sociais e às demandas econômicas, que são emancipadoras. Essas instituições são importantes não porque servem para algo, mas porque criam espaços de igualdade (espaços públicos), tempos de igualdade (tempos livres) e dimensões de igualdade (os saberes no caso das escolas, as artes no caso dos museus e os centros culturais, os livros, no caso das bibliotecas), porque recebem os sujeitos em termos de igualdade de qualquer um com qualquer outro (e não em termos de identidade de cada um com sua própria condição), e porque são de todos e para todos, ou seja, de ninguém em particular e de todos em geral. A partir desse ponto de vista, a tarefa é evitar que essas instituições sejam capturadas pelo útil, quer dizer, pelas lógicas econômicas e sociais que determinam o que cada um necessita, o que cada um pode, o que convém a cada um ou, dito de outra maneira, pelas lógicas identitárias que separam tipos de espaços, tipos de tempos e tipos de saberes para os distintos tipos de pessoas. E não é necessário que se insista em que a utilidade (entendida, além disso, em seu sentido mais estreito: como rentabilidade) é hoje em dia palavra de ordem em todas as políticas educativas e culturais e que, portanto, vivemos maus tempos para a igualdade. Nós, contudo, continuaremos maldizendo ao tirano e, como os operários de que nos fala Rancière, continuaremos secretamente enamorados do inútil e, ainda que seja na obscura clandestinidade da noite, continuaremos tratando de que as pessoas possam ter tempos (livres) e espaços (públicos) para atender a essas coisas (comuns) que pertencem ao mundo inteiro, ou seja, para poder contar as estrelas, que é, como a leitura, como o estudo, uma atividade que não serve para nada, que não acaba nunca e que, sem dúvida, não pode se realizar quando a cabeça está saturada pelo ruído da fábrica ou pelas luzes do *shopping*. *Ars longa, vita brevis*.

Este livro foi composto com tipografia Bembo Std e impresso em papel Off-White 80 g/m² na Formato Artes Gráficas.